U0920452

国家社会科学基金重大招标项目成果

“高校创新创业教育研究”丛书

丛书主编◎黄兆信

众创时代
高校创业教育新探索

Zhongchuang Shidai Gaoxiao Chuangye Jiaoyu Xintansuo

黄兆信 等著

中国社会科学出版社

图书在版编目（CIP）数据

众创时代高校创业教育新探索/黄兆信等著．—北京：中国社会科学出版社，2016.12

ISBN 978-7-5161-9524-6

Ⅰ.①众… Ⅱ.①黄… Ⅲ.①大学生—创造教育—研究 Ⅳ.①G640

中国版本图书馆 CIP 数据核字(2016)第 325584 号

出 版 人 赵剑英
责任编辑 王 曦
责任校对 周晓东
责任印制 戴 宽

出 版 中国社会科学出版社
社 址 北京鼓楼西大街甲 158 号
邮 编 100720
网 址 http://www.csspw.cn
发 行 部 010-84083685
门 市 部 010-84029450
经 销 新华书店及其他书店

印 刷 北京明恒达印务有限公司
装 订 廊坊市广阳区广增装订厂
版 次 2016 年 12 月第 1 版
印 次 2016 年 12 月第 1 次印刷

开 本 710×1000 1/16
印 张 19.25
插 页 2
字 数 320 千字
定 价 88.00 元

凡购买中国社会科学出版社图书，如有质量问题请与本社营销中心联系调换
电话：010-84083683

总 序

2002年我曾经写过一篇短文“高等学校要向学生进行创业教育”，是基于我自1999年高等学校扩大招生以后大学毕业生就业困难而发出的倡议，想说明社会不仅要给大学毕业生提供就业的机会，大学也应该教育学生具备自己创业的意识和技能。2009年我到温州参加他们学校创业教育的课题结题鉴定会，实地参观了他们的创业园，看到学生开的各种公司、创造的产品、经营的状况，感到非常兴奋。今年又一次访问温州，再一次来到他们的创业园，发现他们的创业园不仅规模扩大了，而且在理念上有了更新，从理论和实践上又上了一个台阶。创业教育学院黄兆信院长详细介绍了他们的研究成果和对创业教育的理念，回到北京，又在《新华文摘》上读到转载的黄老师的文章，更加感到他们学校对大学生的创业教育有很深入的研究。

用什么理念来对大学生进行创业教育？是简单地给学生讲授一些创业的知识，还是给学生提供创业的条件，让学生去尝试、体验，毕业以后能够自己创业？黄兆信教授认为，不是那么简单。他认为，“创业是自我实现与自我超越的行为”。因此，“大学教育的目的不仅是传授给学生必要的专业知识和专业技能，更重要的是使大学生更深刻地理解他们所掌握的知识和技能来改变这个世界去实现自我价值的同时为社会的发展作出贡献”。我非常同意他的观点，而且受到启发。创业教育不是大学附加的课程，而是大学本质应有之义。大学的本质是求真育人。求真就是追求科学的真理，创造新的知识和思维方式；育人就是培养具有服务国家服务人民的社会责任感、勇于探索的创新精神和善于解决问题的实践能力的人才。这样的人才就是创业的人才，他在创业中就能实现自我价值和不断地自我超越。

要培养这样的人才，大学教育要改变人才培养模式，深入教育教学改革。在传授知识和技能的过程中，重视创新思维、批判思维的培养。让学生认识到专业知识和技能的社会价值，认识到自身的价值。同时让学生去实践创业。学生创业园的建设就是很好的学生创业平台。学生在创业园中不仅学习到经营产品的技能，而且培养自我创新的意识和管理企业的能力。是一种全方位的体现。

黄兆信教授带领的团队通过十多年的研究和实践，总结了一套“高校创新创业教育研究”丛书。我虽然未能全部阅读洋洋数十万字的全书，但经过这次在温州与他的交谈，已经感受到他的创业教育的深刻思想和他对创业教育的情怀，因此欣然为他的丛书写这几句话。

序

自2015年5月国务院办公厅下发了《关于深化高等学校创新创业教育改革的实施意见》（国办发〔2015〕36号）以来，各部门和省市已出台多项政策文件促进、支持和鼓励高校开展创新创业教育改革。但是，面对经济转型升级的战略需求，高校如何思考和有效地开展新环境下的创业教育，这既是一个重要的理论问题，也是一个亟待解决的实践问题。黄兆信教授的新著《众创时代高校创业教育新探索》，就是在这种形势下，以新时期大学生创业教育为研究对象，对创业教育的重大理论和实践问题进行多维度综合研究的成果，在我看来，可以概括为以下三个方面。

第一，该书提出、建构并阐述了我国经济转型升级时代背景下高校开展创业教育应秉持的新理念。我国高校的创业教育经过二十余年的探索和尝试之后，开始向纵深层次发展。但是，随着时代需求的变化以及高校综合改革的深化，有关创业教育的深层次问题随之浮出水面。该书结合当前高校创业教育存在的问题以及亟待深化改革的现实，抽象并提炼出一些既具有现实针对性又有理论概括性的新理念。如岗位创业教育理念、内创业理念等。作者认为岗位创业教育是一种不同于创办公司企业的创业教育理念，是对大学生进行某特定职位工作所应具备的创业心态和创新思维等素质以及在岗位上创建事业能力的教育。比如，大学毕业生能否在复杂的社会及市场环境中把握住有利时机就是一个关键的创业教育成效观察指标。事实上，那种以为开展创新创业教育就是让大量毕业生一毕业就去独立创办企业的想法是不合实际的；把一个只读了几年书、没有经验、没有资本的二十岁刚过的年轻人简单推向社会，也是不负责任的。基于此，该书花费笔墨，着重提出要在高校开展并强化大学生的岗位胜任力教育，以推动大学生的岗位创业。如何培养大学生的岗位胜任力？该书基于创业教育的新视角，认为可以从以下方面着手：(1) 推进提高学生综合能力的创业教育培养模式；(2) 构建与素质教育理念相符的创业教育长效机制；(3) 创立培养岗位创业者为导向的创业教育体系。此外，该书还详细介绍和分析了逐层递进的以岗位创业为导向的高校创业教育新体系以及“大学生村官”创业等。

第二，为新时期高校创业教育的开展建构了一套比较完整的理论体系。教育部下发的《关于做好2016届全国普通高等学校毕业生就业创业工作的通知》明确指出，加快推进创新创业教育改革，各地各高校要把提高教育质量作为创新创业教育改革的出发点和落脚点。在这里，应当明确：创新创业教育与创新创业教育改革是并不完全等同的概念。创新创业教育改革包括创新创业教育，但又宽于创新创业教育，因为创新创业教育改革是贯穿教育全过程，以课堂教学为主阵地，以培养学生的社会责任感、创新精神和实践能力为重点，以提高人才培养质量为目标的一个深刻的教育改革。这一政策要求意味着，今后的高校创新创业人才培养不再仅仅是口号，而是与人才培养目标紧密结合起来的教育实践。该书结合这一政策背景，在论述创业与创新、创业教育与人才培养以及创业教育与专业教育二者关系的基础上，提出高校创业教育转型过程中理论研究与实践发展无法回避的、必须予以关注和施行的五个核心操作体系：(1) 创业教育与专业教育的融合；(2) 高校创业文化的培育；(3) 创业教育课程体系的构建；(4) 创业教育体系的保障机制；(5) 创业教育师资队伍的培养。此外，该书还构建了当今时代大学生创业教育的全面革新体系图，并勾勒出革新大学生创业教育的路线图，即变革大学生创业教育的理念，打造高品质大学生创业教育生态系统，构建分层分类的大学生创业教育体系，完善大学生创业教育的支撑机制。这一路线图至少在理论上使创业教育体系的建设更加系统化、完善化和全面化。

第三，提出并阐述了深化高校创业教育实践的一系列新路径。在这本专著中，出现了很多很新颖的名词，如“创客”“网创”“大学生村官创业”“社会创业”等。这些名词，我们虽有所了解，但如何与高校创业教育结合起来，却是一个新的话题。该书另辟蹊径，将这些名词或话题作为高校扩展和深化大学生创业教育的新载体，论述创新创业教育发展的新路径。这样做，无疑具有很重要的理论意义和实践价值。如就该书阐述的社会创业（也称“公益创业”）来讲，作者在厘清“社会创业”内涵、过程及影响因素的基础上，通过问卷调查的研究方法，深入探析了我国大学生社会创业的现状。与此同时，还以实践调查结果为依据，归纳总结了目前大学生社会创业的五个特征：大学生大都能积极组织和参加学校的志愿者活动，但很少参与社会创业；大学生选择社会创业的动因大多热情有余而理性不足；大学生社会创业所需的社会支撑体系不完善；大学生社会创业涉及的内容及形式过于单一，对社会及市场需求把握不足，项目重复率高，缺乏发展前景；尚未形成有效的商业运作模式，可持续发展动力不足。此外，该书还从加快资源整合等几个方面入手，论证了以社会公益理念为导向、兼顾经济效益和社会效益统一的大学生社会创业新路径。

黄兆信教授是一个勤学敏思力行的学者，他抓住大学生创业教育这一重大现实问题，长期研究，成果丰硕。他的新著《众创时代高校创业教育新探索》的出版恰逢其时，对于当今时代背景下高校创业教育存在的问题及其深化改革进程中需要秉持的理念、行进路径、操作模式、方式方法等都作了全面且深入的剖析，同时还系统介绍和分析了新加坡、英国、美国等国家和地区在开展大学生创业教育方面的一些成功做法。该书主题鲜明，既有十足的理性思辨，又充满着人文主义情怀。有通过案例、问卷调查以及访谈、比较借鉴等途径获取的翔实材料和经验性数据作为佐证，书中不乏比较独到的见解，所提出的一些对策建议也很具启发性和积极的参考价值。以上这些，无疑为当前我国高校创业教育领域的理论研究和改革实践探索提供了多维度的新借鉴。

国家教育咨询委员会委员

中国高等教育学会会长

瞿振元

2016 年 12 月

目　录

第一章　创业教育新问题：众创时代下的高校创业教育

自从“素质教育”与“面向21世纪教育振兴计划”战略实施以来，高校创业教育的重要性得以逐步显现。进入21世纪，政府在国家层面相继出台一系列重大政策，在高校开展一流大学建设、创业教育高校试点、本科院校教学质量改革、人才培养质量评估等专项建设，开展创新创业教育的高校数量更是迅速增长。高校创业教育开展与国家推动大众创业、万众创新的国家战略是相适应的，高校也一直在逐步开展教育教学方法改革、产学研结合、创业学院建设、学科发展、现代职业教育体系建设等探索。高校创业教育每一项改革都是问题导向，似乎能很好地满足社会需求，但仍存在不容忽视的问题。面对“众创”时代的战略需求，如何思考和开展大学生的创业教育，既是一个重要的理论问题，也是一个亟待解决的实践问题。

第一节　现实之殇：高校创业教育的“碎片化”

“十二五”以来，高校创新创业教育呈现向纵深方向发展的良好走势，如创新创业教育政策体系逐步完善、大学生创业活动极大发展、创业人数迅速增长。当然，其间也出现了不少争议，如质量、内生力、师资、教学法、评价等，我国政府不断通过人才质量评估工程、教学质量工程、创新创业训练计划、自主创业扶持等措施，积极促进这些问题的化解。但当社会招工难、高校毕业生就业难、“钱学森之问”等深层次问题浮出之后，政府、社会、学术等各界重新反思，提出了不少问题解决思路。2015年5月，国务院颁布《关于深化高等学校创新创业教育改革的实施意见》，高校创新创业教育开始深化改革，但正处于改革的深水期和攻坚期，出现了一些碎片化的倾向。

一　高校创业教育的“碎片化”倾向

（一）创业教育政策机制碎片化

政策机制在高校创业教育体系建立实施中发挥着主导保障作用，是影响大学生创业选择、创业机会、创业成败的重要因素。赫里斯·彼得斯指出：“创业政策的成功与否主要是取决于目标群体能否理解和接受政策的目标和手段。”① 10余年来，为促进高校创新创业教育的开展，我国各级政府和高校虽然陆续出台了一系列创新创业教育政策，但大学生选择创业率极低，说明政策机制出现了制定与执行偏差，存在三重断裂：

1. 各级政府、相关部门在创业、创业教育政策制定与执行上的断裂

近年来，我国各级政府与高校对大学生创业教育方面政策出台逐年增加，但不少政策只是囿于某一部门的权限，可操作性低，难以统筹有效。从国家与教育部等部委宏观层面看，许多文件表达的是把深化高校创业教育改革作为推进大学生创业的思路，要求地方党政部门和高校积极支持大学生创业，还停留在政策倡导层面。从地方政府中观层面看，出台促进高校创业教育的政策多为粗线条，一些鼓励大学生创业的优惠政策操作手续烦琐，甚至有些只是应付上级政府文件精神的政治呼应。调查发现，“大学生创业者对当前我国政府的创业服务并不满意，认为政府创业服务对其创业行为无帮助者达38.9%，最不满意的方面为：没有为大学生提供优惠政策（40%），服务办事效

---

① 赫里斯·彼得斯：《创业学》，王玉译，清华大学出版社2014年版，第134页。

率差（40%），没有创造公平的环境（20%）”。[①] 就我国公民创业环境而言，虽已有30多年的改革开放发展，但与西方发达国家相比，还留存计划经济模式。一方面，政策可操作性低。据哈佛大学、耶鲁大学、世界银行联合会对84个国家的创业环境全面调查发现：公司注册到开业，时间最短的是加拿大，审批只需2天；中国内地需要7个步骤、110天。注册费用上，英国、美国、加拿大等国只需人均年薪的1%，中国内地为人均年薪的11%。[②] 2014年，我国大学生创业在工商部门登记数量为47.8万人，虽然比上年增加了11.9万人[③]，但6.57%的大学生创业比例，相对于当年727万高校毕业生，相比西方国家差距较大。从一些创业大学生亲身经历看，虽然政府出台“放宽市场准入条件”，如享受创业资金扶持、实行税费减免政策、提供创业园区场地、开展培训指导、申请弹性学制学分等措施，但在具体执行中程序复杂，让大学生望而却步。另一方面，部门政策之间存在相互矛盾的地方。如教育部《国家鼓励普通高校毕业生自主创业政策公告》指出：“按照相关规定可将家庭住所、租借房、临时商用房等作为注册地点及经营场所”，但凭“住宅商用”注册公司要通过复杂的法律程序，过程非常困难，还会与地方一些工商管理条例与公司注册法规相冲突[④]。

2. 高校创业教育政策制定与执行上的断裂

我国各高校多多少少都有制定开展创业教育的措施，以创业教育目标、创业教育内容为主，与专业结合的模拟实践、与企业联合的创业体验也不少，还有团学、招生就业、教务部门提供的大学生创业孵化器、创业计划竞赛、创业场地、大学生创业帮扶资金、创业实践可以抵扣学时学分等。这些措施只能说有利于高校创业文化的形成，从

---

① 许蓉艳：《浙江省扶持大学生创业的政策研究》，硕士学位论文，上海交通大学，2010年。

② 宋广辉：《大学生创业遭遇制度性冷漠》，《中国青年报》2010年4月11日。

③ 人社部：《去年新注册大学生创业人数比上年增加11.9万》，人民网财经频道（http://finance.people.com.cn/n/2015/1027/c1004-27745092.html），2015年10月27日。

④ Charles D. Lincon, *The Policy-making Process in Higher Education*, Prentice Hall, 1997, p. 98.

提高大学生创业的参与率与成功率看并无显著贡献。“存在于大学生内部的学生创业支持系统构成了大学生创业政策体系的起点，教学机构做出的一些变革性措施既可能激励与帮助大学生更有效地实现他们的创业计划，也有可能因为学校的政策制定者不了解创业流程的真实情况，不了解创业活动的复杂性，最终导致只是以文件形式存档的情况发生。”① 因此，不少高校管理者由于缺乏创业经历与创业教育经验，制定政策更多的是实现宣传作用，营造表面热闹的学生业余创新创业图景，实际无法完成对大学生创业的有力持续支持。甚至一些流于形式的创业支持政策与实际创业条件不符，有可能间接扼杀大学生创业的火花。

3. 创业教育政策与大学生之间的断裂

大学生对创业政策措施的知晓率低。我国就业创业政策多散落在各级政府职能部门，难以见到系统的介绍、梳理和汇编，加上就业创业政策每年也有更新，部门、层级之间信息沟通不到位，许多学生并不知晓相关政策。调研政府就业创业政策发现，大学生对当年就业创业密切相关文件的阅读率并不高，每份文件阅读率最高的占 35.1%，最少的仅为 14.3%，绝大多数学生并未阅读甚至不知晓，阅读渠道主要是网络、电视和报纸等媒体。② 上述现状原因有三：首先，一些创业政策只为解决特定时期的特定问题，前瞻性、效益性缺乏，政策零散、重复，没有吸引力。其次，高校创业教育政策针对性不够，在内容与政策手段上没有紧紧围绕大学生这个特定的创业群体及创业行为。大学生创业者既是学生，又是创业者。作为学生，他们拥有较好的专业知识能力，同时又缺乏足够的社会阅历与经营管理能力，在创业中属于政策“庇护”的“弱势群体”。作为创业者，他们不能充分判断并承担创业风险、应付复杂的人际关系、处理不确定的管理问题。最后，现实中高校创业教育政策措施的一些内容设计并不合理，

① 叶映华：《大学生创业政策的困境及其转型》，《教育发展研究》2011 年第 1 期。

② 徐佳丽、朱现平：《武汉市属高校大学就业与创业教育调研报告》，《武汉商业服务学院学报》2010 年第 5 期。

如没有强调知识含量和科技水平，雷同于解决下岗工人就业问题的补助政策。

（二）创业教育模式碎片化

创业教育作为我国高校一种新的教育类型，经过10多年的试点探索和教育行政部门的多元引导，专家认为我国高校创业教育形成了三种典型的发展模式：课堂教学主导型模式、创业意识与技能提升型模式、综合型模式。[①] 以教育部确定的我国首批创业教育试点院校为例，这9所试点高校以不同方式、不同程度开展了创业教育实践，为我国高校创业教育提供了丰富的教育经验与人才培养模式。但从三种类型来看，其创业教育模式也存在不同程度的碎裂状况。

1. 创业教育课堂教学主导型模式

中国人民大学将创业教育融入素质教育全过程，第一课堂和第二课堂共同开展创业教育。学校在第一课堂上调整教学方案，增加提供创业教育选修课的比例，如《企业家精神》《风险投资》《创业管理》等创业教育系列课程，拓展大学生的选择范围；进行教学方法改革，倡导参与式、体验式等教学方法；改革考核办法，激发培养学生创新创业思维。在第二课堂上，引导大学生创造性地投身社会实践、志愿服务等活动，开展创业教育系列讲座，组织各种创业竞赛活动，逐步形成以项目和社团为组织形式的“创业教育”实践群体。[②] 本模式以课堂教学为主，虽也以专业为依托，但第一课堂与第二课堂联系不紧密，导致理论教学与实践教学脱节。

2. 创业意识与技能提升型模式

宁波大学有机整合第二课堂，将分散的第二课堂资源整合为“大学生创新创业训练计划”，包括科研创新训练、创业训练、科技竞赛、人文素养提高和职业技能培训五方面，作为学生必修课内容纳入教学计划，以学分制形式纳入创新人才培养体系，使第二课堂成为第一课

---

① 徐小洲、李志勇：《我国高校创业教育的制度与政策选择》，《教育发展研究》2010年第11期。

② 曹胜利、雷家骕：《中国大学创新创业教育发展报告》，北方联合出版传媒（集团）股份有限公司2009年版。

堂活动的“延展”。黑龙江大学创建校内外创业实践基地，在校内进行大学生创业体验，成立创业实体；在校外建立产学研一体化教育模式，通过校企合作让学生在实训中增长才干；利用暑期社会实践，硕博研究生到社会和企业挂职等，提高大学生创业综合素质。北京航空航天大学侧重商业化运作，建立了大学生创业园，成立“创业管理学院”，专门负责学生创业教育事务，设立“创业基金”，为学生提供创业资金扶持。① 本模式重在实践，能更好地提升大学生创业意识、创业技能，但实际上在学生创业实践的覆盖率提升上成效不高，创业知识与创业实践的结合不够，导致学生在创业路上很难走远。

3. 创业教育综合型模式

这类模式有两个突出特征：一是把创新教育作为创业教育基础，建设有创新人才培养体系的基本框架和基本内容，在专业教学上注重培育学生综合素质。如清华大学在全校开设多门创新创业课程。二是依托各类社会活动，以竞赛为载体，推动创新创业教育的开展。如清华大学最早在全国启动“创业计划大赛”，成立专门的科技创新中心，设立学生“科技创新基金”，对学生的创新创业活动开展指导、咨询和评估。② 该创业教育模式较前两类模式在“持续发展能力取向”上有所加强，覆盖面也广了，在培养大学生创新意识、企业家精神、创业思维能力上均有较好帮助。如何更好地从“创业培训”走向“创业教育”，使其成为创新型人才培养的路径，需要从精英走向大众，结合专业教学，整合“创新、创业、就业”三个概念，将创新创业教育融入高校人才培养的全过程。

（三）创业教育课程碎片化

如果从2002年教育部确定九所创业教育试点院校算起，我国高校开设创业教育课程已有14年，受到不少高校师生的欢迎。但是不论当年还是现在，多数创业教育课程在设计时理念不准确、系统性缺

---

① 曹胜利、雷家骕：《中国大学创新创业教育发展报告》，北方联合出版传媒（集团）股份有限公司2009年版。

② 同上。

乏，重视传授创业知识，忽视情境创设、实践互动的参与式课程。其实，创业教育既需要创业知识的理性传授，也需要“真枪实弹”的创业实践，只有这样才能带动学生提升对创业的理解、认知和参与率。高校创业教育课程的破裂表现在四个方面：

1. 创业教育理念观念层面与设计层面的破裂

多数创业教育课程在设计时理念不准确，系统性缺失，重视传授创业理论知识，忽视情境创设、实践互动的参与式课程。创业教育并没有完全得到高校领导内心认同与重视，不少高校也没有整体设计，仅仅提供创业教育方面讲座，依托“职业生涯规划”“创业计划大赛”等提供相应课程。其实创业教育既需要创业知识的理论传授，也需要“真枪实弹”的创业实践，才能带动大学生提升对创业的理解、认知和参与率。近年来，一些高校把创业教育办成“企业家、老板速成班”，忽视学生创业素养的综合提升和训练，这种窄化创业教育的观念，要引起警惕。

2. 创业教育与专业教育的破裂

不少高校因制度与规划不健全，将创业教育与专业教育割裂开。导致的直接问题是，高校将创业教育列为第二课堂实践，甚至直接列为第二课堂实践活动，没有去挖掘各类专业课程中的创业教育资源，没有发挥第一课堂对学生开展创新创业教育的功能。

3. 创业教育教材建设与实际教育的破裂

美国高校创业经过60多年的发展，已经形成多学科相结合的跨学科创业课程体系，并据此开发了贴近学生、贴近现实的教材，并且建立创业教育案例库，为学生提供鲜活的创业案例。[①] 中国高校缺乏权威、高质量、受师生欢迎的创业教育教材，要么直接翻译使用国外教材或案例，要么运用国外创业教育观念和方法编写教材，要么整理零散的创业教育活动而成。这些教材多由高校教师独立编写，没有结合本土特色，与国内创业环境和创业实践脱节，对创业教育普遍性指

① 梅伟惠、徐小洲：《中国高校创业教育的发展难题与策略》，《教育研究》2009年第4期。

导意义不强。

4. 创业教育线上课程与线下课程的破裂

中国高校创业教育优质课程信息化欠缺，网络资源共享很少。虽然在必修课、选修课方面也推出了一批创业课程，但校与校之间、二级学院（系）之间、师生与师生之间很难共享，而国内教师开设创业教育方面的慕课、视频公开课等在线公开课程着实不多。

（四）创业教育师资队伍的碎片化

创业教育作为一门综合性学科，面临的首要问题是师资建设，当前中国多数高校都面临着创业教育师资的巨大缺口，专门培养创业教育师资的组织太少了，因此创业教育师资的短缺将会长期存在。目前，我国高校创业教育还处于边缘化地位，创业师资特别是有较好的职业素质、讲授技能、创业实践指导能力的高素质创业师资极度紧缺，已成为制约创业教育快速发展的最大“短板”。

1. 创业教育师资的总体数量不够

创业教育是一门新兴学科和课程，我国与美国在创业师资培养方面差距特别大。目前美国既有大量接受了专业创业教育的师资队伍，又有来自商学院、工学院、医学院、理学院采用泛学科性的创业教育师资队伍，支撑美国创业教育从本科到研究生阶段完整的人才培养模式。① 共青团中央近年来通过与国际劳工组织合作培养了一批 KAB 创业教育师资，高校也培养了一批创业管理教学师资，但这些还不能满足创业教育的需要。如再不重视培养，专职创业教育师资、相关专业背景的创业师资缺乏将是常态。

2. 创业教育教师讲授的水平不高

现行高校创业教育很突出的一个问题是：一些没有创业经验的教师在教一些根本不想创业的学生。美国高校创业教育师资一般既拥有创业方面的学术背景，又拥有实际的创业经历。② 我国高校教师多从

---

① 黄兆信：《论高校创业教育转型发展过程中的几个核心问题》，《兰州大学学报》2014 年第 6 期。

② 梅伟惠、徐小洲：《中国高校创业教育的发展难题与策略》，《教育研究》2009 年第 4 期。

高校到高校，接受阶段性创业知识培训后就开始授课，讲解内容也以理论为主，造成创业教育课程学术化，很难培养激发学生的创业意识、创业能力。

3. 创业教育实践指导能力不强

美国高校采用设立创业中心、捐赠席位、聘请企业家担任课程的兼职教师等途径，既保障创业教育师资数量，又大大提高实践指导能力。我国高校原有师资队伍创业教育实践指导能力不强，为弥补这一弱势，不少高校都会聘请一批创业人士担任创业导师。企业家进校园，受到师生的普遍欢迎。但有限的讲授次数，缺乏近距离的指导，零散缺乏系统性，还有部分企业家文化程度不高或缺乏教育经验，指导效果并不尽如人意。

（五）创业教育受众学生碎片化

高校创业教育对象是大学生，党的十八大对创新创业人才培养提出了新要求，面向“大众创业、万众创新”的高校创业教育就要面向全体学生，融入高校人才培养的全过程。以此为衡量标准，大学生在创业教育中至少有三个方面被撕裂：

1. 创业教育受众学生专业背景的撕裂

中国高校专业设置繁多，少则十余个，多则百余个，然而不同专业的大学生在知识背景、专业兴趣等方面差异很大。不少高校没有充分考虑到专业背景的差异，使用单一的创业教育方法，或照搬商贸专业、管理专业等使用过的创业案例，导致无法提高学生的兴趣，更无法激发学生创业意识和培养学生创业能力。

2. 创业教育受众学生学习时间的撕裂

能力培养是一个全面和可持续的过程，但一些高校把创业教育作为应景之作，学生很难有学习时间保障。表现在：一是只在大学某一年级、某一专业开设创业教育课程；二是时间上缺乏连续性，只在学年或学期某一阶段进行零散创业教育；三是缺乏规划性，临时请企业或创业导师暴风骤雨式地开展一下创业讲座；四是缺乏针对性，多数高校未放宽学生修业年限，未允许学生调整学业进程或保留学籍创新创业，未建立创新创业学分积累与转换制度，学生创业时间十分零散，审批手续也很烦琐。

3. 创业教育受众学生受益范围的撕裂

不少高校仅让部分学生接受创业教育，没有形成全体大学生均受益的大氛围。一方面，高等教育进入大众化，创业教育受众同样需要大众化。我国创业教育始于工科学校的创业计划大赛，所以工科类高校创业教育是精英教育，局限于少数学生，仅关注少数大学生创业竞赛成绩的优异。另一方面，不能让多数学生沦为“看客”，而要成为“创客”。高校提供的大学生创业平台，如“创业园”“创业街”“创新实验班”“创业协会”“科技创新孵化器”等，都是要经过激烈竞争留少数优秀学生参与的机构，不少学生由于自身或学校条件限制，走不进具备创业精神和创业意识的“创客”空间。实际上，就是这样的“创客”小空间，也举步维艰。

二 问题解决的方向与思路

高校创业教育“碎片化”产生的原因可以归结为以下几个方面：一是高校改革的头绪众多。从工业社会走向信息社会，开展创新创业教育的近20年里，我国正是从计划经济转向社会主义市场经济、从经济欠发达国家迈向中等发达国家，高等教育从精英教育跨向大众化教育的重要阶段。社会、经济、政治都在转型期，促使教育也要加快转型。面对复杂多变的高校改革，创新创业教育也需要解决众多问题。二是创新创业教育政策是由多个部门出台。政府是一个总牵头的概念，实施还是由具体的部门和个体的人进行。每个部门和每个人都会有主观的愿望和做好本职工作的希望，改革要求高，目标需求急，措施难免出台多。每个部门出台政策措施的初衷都是好的，出发点都是有利于教育改革的开展，而且也确实促进了工作进展，但部门、层级的政策和改革过多会增加高校的忙碌感，导致政策“虚化”，甚至“落空”。三是创新创业教育是由高校具体组织实施的。我国高校开展创新创业教育多源于起大学生就业难、推动科技成果转化和国家技术创新等外因的压力。创新创业教育单在高校内部难以“实化”与“落地”，需要政府、社会、企业和非政府组织提供平台和资源共同完成。以高校为中心主动吸引和汇聚各方资源，形成教育合力，共同帮助学生提供全面发展能力。因此，高校是创新创业教育的实际组织者、各方资源的整合者、社会关系的联结者，以高校为中心，方能形成全社会共同营造创新创业教育的大网络。于是，有疑问的是：如果都是积极的因素，高校创新创业教育向纵深发展，为什么依然缓解不了“就业难”与“招工难”，依然解决不了“钱学森之问”呢？答案只有一个，单个组织和个体都对，可走在一起就不行了，所以需要协同发展，即要采取推动高校创业教育发展的协同发展思路。具体包括以下两个方面：

（一）落实高校创新创业教育体系的整体建设

碎片化有利于创新创业，却不利于创新创业教育。“跨界协同”的高校创新创业教育体系有效实现对高校、政府部门、企业行业、市场、创新园区等互补性资源的需求对接、整合与利用。从创新创业教育现状看，尽管一些高校也在探索产学研创合作教育模式，但协同各方关系并不紧密，需求对接点没有吻合，而且缺乏有效的协同培育体系。笔者将高校创新创业教育体系分为内部、中部、外部三个边界，其中，内部边界是教师与学生的创新创业教育需求融合，中部边界是高校与政府部门的政策对接，外部边界是高校与行业、企业、市场、资本的协同选择（见图1－1）。

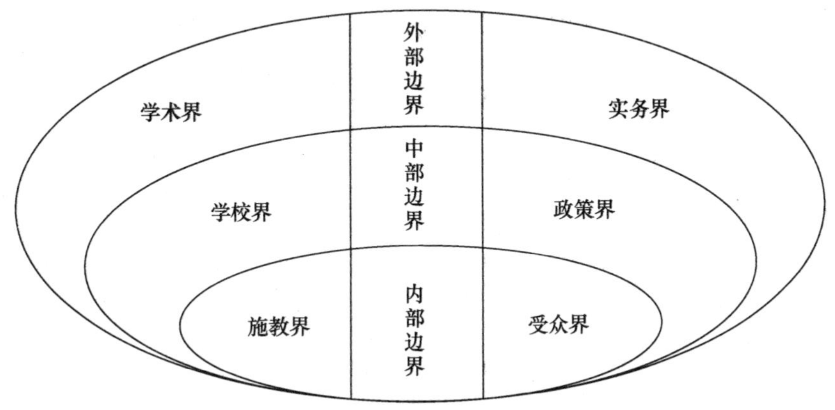

图1－1　“跨界协同”的高校创新创业教育体系

1. 内部边界（施教界与受众界）：教师与学生的创新创业教育需求融合

《国务院办公厅关于深化高等学校创新创业教育改革的实施意见》提出，要增强教师创新创业教育教学能力。内部边界是确保创新高校创业教育人才培养质量的关键，其中最重要的是将对教师的要求和学生的需求相对接，对“创新创业导师团”的遴选、培训、职责确定以及指导学生内容、方法等，都会在创新创业人才培养过程中产生直接而深远的影响。

（1）导师团的遴选组建。高校创新创业教育既要走出去也要引进来，通过组建“创新创业导师团”，充分发挥来自各行各业导师的专业优势。导师的遴选标准必须与学生需求紧密结合：如对来自高校领域的导师重点考量在创新创业教育领域研究成果的前沿性、创新性，在创新创业教学方式和内容上的适应性、前瞻性；对来自行业企业的导师着重考量在科学技术与管理上的应用性、先进性。

（2）导师团的职责分工。不少高校创新创业教育导师团经常采用“导师团集体指导，主管导师总负责，其他导师协助”的教育方式，实际上形成了主导师和副导师的格局。综观导师团的教育实践经验，仅有这种有主有次的职责分工是不明确的，会造成学生无所适从，也不利于导师优势发挥。导师团要来自不同行业专业领域，因此，以学校、科研院所、企业园区为划分区域，以导师的专业特长和创业经验为划分标准，明确导师职责分工，有效整合不同领域、不同专业的导师资源，才能促进创新创业人才培养。

（3）导师团的指导方法。对于创新创业教育而言，人才的培养更需要导师与教师的联合作战。高校教师一般是知识的传播者；而导师既担任教师传授的角色，还要教授学生学习方法、课程学习体系、引导学生创新性地开展创新创业实践。建立导师团后，导师应根据职责分工，从创新创业的理论、实验、实践等方面指导学生，逐步培育学生在创新创业的热情，领悟创新创业的真谛，提高创新创业技能。

2. 中部边界（学校界与政策界）：高校与政府部门的政策对接

比利时的伊莎贝尔·格瑞罗（Isabel Grilo）和荷兰的罗伊·苏里

克（Roy Thurik）认为："财政环境、劳动力市场条例、行政复杂性、知识产权、破产法、教育和技能提升等都是决定创业活力的至关重要的因素。"① 这说明创新创业教育是个系统工程，其中政策的制定与实施起着非常重要的作用。

不同于欧美发达国家的创新创业教育，中国高校创业教育发展终究受制于学校决策层的认同与支持，这种自上而下的推动程度差异会带来政策倾斜、资源分配方面的巨大不同，形成我国高校创新创业教育区域发展、校校发展等方面的不平衡。《国务院办公厅关于深化高等学校创新创业教育改革的实施意见》的出台，让高校创新创业教育从台后走向台前、台前走向台中央，统领高等教育综合改革和人才培养。综观未来发展趋势，中国高校创业教育亟待完善政府层面的宏观规划制度、部门层面的中观协调制度、高校层面的微观执行制度。

（1）政府宏观层面：高校创业教育的统一领导与顶层设计。这一层面的领导机构成员一般应由国务院牵头，教育部、人力资源与社会保障部、科技部、财政部、团中央等国家部委办局组成，制定国家层面的创业教育改革与发展规划。同时，一方面，鼓励各部委办局制定积极的创业政策、配套措施，包括融资政策、场地提供、税收减免、知识产权、创客指导、孵化平台、转化市场等激励政策与措施。另一方面，通过全国性纸媒体、户外媒体、网络媒体和移动媒体等多种形式加大政策宣传推送，发挥创新创业教育专家的调研、指导、评估作用。

（2）部门中观层面：创新创业政策规范的细化与具体落实。这里的部门特指省市教育主管部门，在高校创新创业教育中起上传下达的主要作用。国家的一些宏观创业与创业教育政策特别是优惠措施到地方后，由于重视程度、社会经济发展、地域环境、人员基础等方面差异，难以直接具体落实。因此，第一，需要地方政府部门根据本省（市、区）实际情况，细化、优化、规范化创业政策措施，发挥教育

---

① Grilo, I., & Thurik, A. R., "Entrepreneurial Engagement Levels in the European Union", *International Journal of Entrepremship Education*, No. 2, 2005.

行政部门牵头作用，联合相关部门“有钱出钱、有地出地、有力出力”，开展试点推广。第二，成立创新创业教育专家指导委员会，提供研究、咨询、指导和服务。第三，加大引导学生了解、熟悉并用好各类创新创业政策。

（3）高校微观层面：促进创新创业政策的“天地一体”。在创新创业教育中，政策是“天”，学生是“地”。开展高校创新创业教育既要看“天”的变化，也要接“地”的落实。高校必须负起创新创业教育的主体责任，在创新创业政策落实中可分三步走：一是成立校一级的工作领导机构，可由学校主要领导、分管领导和相关部门组成，负责制定目标、统筹规划、总体布局、机构设置，根据政策措施、教育资源和对象的实际，厘清一定时期的创新创业教育发展目标与发展规划，出台完善配套政策、管理办法和实施细则。二是成立专家指导委员会，可由分管领导、教务处、学生处、团委、招生就业处、科研处所与二级学院负责人组成，这个委员会应该作为常设机构，负责提出与落实创业政策、措施、培养方案，开展教育改革、师资队伍建设、创业平台拓展、孵化平台建设、创业学院建设等，组织实施协调解决创新创业教育融合专业教学等具体问题。通过设立“创新创业教育发展论坛”、“创新创业人才培养学院院长对话”等，为学校与二级学院提供教育思路、改革举措、交流平台、协作机会。三是通过专业教师宣传政策，提升对创新创业的认知；通过科研教研等产学研活动开展创业教育研究，吸收学生参与教师课题研究与创新创业活动，引导教师在课程教学中重视培养学生创新创业意识和能力，探索新知识、新方法和育人新途径。

3. 外部边界（学术界与实务界）：高校与行业、企业、市场、资本的协同选择

协同选择是建设高校创新创业教育体系的重要内容，决定了协同育人的实施质量。高校在培养创新创业人才中，合作各方首要考量如何选择市场环境、合作对象、合作模式。

（1）协同环境的选择。协同环境是指市场环境，市场是驱动创新创业教育协同的重要动力。在全球化、信息化的市场竞争中，经济、

社会、技术都在发生深刻变化，只有基于市场环境驱动的创新创业人才培养，才可以有效整合高校、科研机构、行业企业等各界智力、信息、经济资源，有针对性地培养市场需要的创新创业人才。

（2）协同对象的选择。协同对象包括行业、企业、风投机构、创业园区、科研院所等，合作对象的选择直接关系到合作的目标和效率的实现。高校与协同各方是一个互相选择的过程，选择时应考虑两点：一是根据人才、技术、资金、项目、培训、实训条件等方面目标资源的互补，选择创新创业教育联盟的可行性；二是全面考虑区域位置、教育理念、政策、人事制度、信任程度等方面因素产生的影响，尽量遵循就近就便原则，有良好合作基础的对象是重点选择目标。

（3）协同模式的选择。协同模式是指创新创业人才的合作培养模式，不同合作模式对各方的要求不同，不同层次类型的创新创业人才教育方式也不同。例如，“校校”、“校地”、“校所”以及国际合作等“共建式”模式需要各方长期合作，协同关系和方式较为紧密，一般以一种或几种方式开展。又如，针对实现某个目标的“项目式”模式协同周期可长可短，协同关系和方式也较为松散。因此，协同前需要分析合作方在人才需求、项目周期、技术研发、资金安排、人事制度等方面的诸多差异，求同存异确定协同方式。

（二）从四个驱动上加强机制保障

建立完善机制是深化高校创新创业教育改革、实现协同育人的支撑点。笔者将从协同驱动、共享驱动、特色驱动和考评驱动四个方面构建“跨界协同”视野下的高校创新创业教育体系协同的保障机制。

1. 协同驱动机制

协同驱动机制有利于确保跨界各方形成统一共识，是协同育人的理念保障。缺乏协同驱动，各方就会没有合作动力，直接影响创新创业教育协同的紧密程度甚至协同基础。创新创业人才的协同驱动力培养来源于外部与内部两方面：外部驱动力源自政府、政策、市场或者环境需求；内部驱动力源自“经产学研金介用（经济、产业、学校、研究院所、金融机构、中介、用人单位）”各方的研发需求、利益关系和人际关系等。

2. 共享驱动机制

共享驱动机制有利于维系跨界各方达成长久合作，是协同育人的利益保障。可以开展合理的利益共享，前提是尽可能达成合作共赢、互惠互利，实现各方的共同愿景。需要明确的是，任何利益分享都需要先实现创业人才培养这一目标，跨界各方都要为创业教育创造良好条件。所以，高校只有密切开展与社会各界的产学研创合作，才能维系彼此的依存关系。

3. 特色驱动机制

特色驱动机制有利于高校创新创业教育差异发展，是协同育人的需求保障。世界一流大学、行业特色大学、区域高水平大学、应用技术高校、职业技术学院的办学模式、治理模式甚至教学方式和教师特点都要有明显的不同。① 首先，要特别注意维护好高校创新创业教育原有的特色、已有的发展共识，这肯定是政府、市场和高校多年协调推进的成果。其次，高校类型多样，每一大类里又有小类，需要实事求是地遵循本类本校规律，发挥学校的主观能动性，实现有差异的发展和评价。最后，社会需求和产业结构需要学校育人的差异，正是市场的不同需求又促进同类学校的新特色，学校办学自主权就是体现特色办学，占领应有的人才市场份额。

4. 考评驱动机制

考评驱动机制有利于约束和规范跨界各方的协同关系，是促进协同的制度保障。加大行业产业和企业对高校创新创业教育的管理参与，构建新型治理与考评架构。一方面是外部考评，上级政府部门要把创新创业教育质量作为衡量高校办学水平、企业创新驱动及其他协同方产生的经济效益、社会效益的重要评估指标，也邀请第三方对政府及部门促进高校创新创业教育的绩效进行评估，接受社会监督。另一方面是内部考评，协同各方应该立足人员调配、资源投入、岗位职责、项目执行、奖惩措施等方面进行绩效考评，明确各方职责、权利

---

① 马陆亭：《高等教育支撑国家技术创新需有整体架构》，《高等工程教育研究》2016年第1期。

和准则，开展协作方式、人员调动、资源对接、产权归属、利益分配方面的冲突协调，不断健全“跨界协同”创新创业教育体系的管理制度。

第二节　理性之思：高校创业教育的转型发展策略

2008 年，教育部联合财政部在全国设立了 30 个国家级人才培养模式创新实验区，这标志着高校创业教育的重心从关注大学生的创业实践转向了以系统推进的模式培养创新创业人才。创业教育的理念与内涵也发生了巨大的变化，主要体现在：一是创业教育不仅仅是解决大学生就业问题的有效途径，更是创新人才培养的有效途径，因此创业教育应该与高校人才培养模式和方案相融合；二是单纯依靠模仿、借鉴他国创业教育的经验已无法满足我国不同地区、不同层次高校创业教育的发展需求。作为一个区域经济、社会发展仍很不均衡的国家，我国高校在创业教育的发展模式上也不可能采取整齐划一的方式，也不可能单纯地以科技创业、知识创业、理论教学等形式作为创业教育的唯一路径。30 个创新实验区的设立，恰恰表明了国家希望各高校能够因地制宜，充分结合区域经济社会发展的状况、人才需求以及自身的办学优势，探索出不同路径的创业教育发展模式。也正是在这种面临大转变、迎接大发展的背景下，有必要对创业教育所涉及的理论性问题进行再研究，以为我国创业教育未来转型发展的需要提供理论性支撑。基于此，本节从不同理论视角出发，对高校创业教育的内涵、特征或发展模式等核心问题进行重新梳理和研究，以探索出适合我国国情的高校创业教育转型发展之路。

一　利益相关者视角下高校创业教育的转型发展

自“利益相关者”这一概念出现以来，已经被广泛应用到了商业、政府、公共部门等不同类型的组织变革分析和研究之中。而对于高校教育来讲，其利益相关者则涵盖了高校创业教育实践过程中所有相关的组织或个人，也由此成了高校创业教育转型发展中的一个重要的观察视角。

（一）利益相关者与高校创业教育

近年来，国内外学者对利益相关者展开了大量的理论探讨，而高校与利益相关者的互动关系则是学界最为关注的。如德里克·博克则从组织成长的角度，认为高校与外部利益群体之间的合作至关重要，传统的"以自我为中心"或"象牙塔"的学术组织形态已经无法适应现代社会知识生产模式的变化，高校需要建立起不同主体共同参与的模式。[①] 罗索夫斯基按照密切程度将高校利益相关者分为了最重要群体、重要群体、部分拥有者和次要群体四个层次，并明确界定了不同类型利益相关者的边界和性质。[②] 米泰尔的"多维细分法"模型则将利益相关者及其组成看作是动态变化的，任何利益相关者的个人或群体在组织发展的不同阶段都可以获得。[③] 此外，还有一些学者从整体重建的角度考虑整合不同利益群体的需求来持续改进学校。如斯特林菲尔德在《重建学校的大胆计划：新美国学校设计》一书中提出了综合设计的概念，并认为需要着重变革那些影响教育决策和计划的外在系统来进行单个学校之外的运作。[④] 纳斯波尔在《纠结在学校》一书中也试图把握并描述学校和社会组织之间多种复杂的、彼此联系的相互影响方式。[⑤]

在这一理论视角的影响之下，一些欧美国家的创业教育已经走向了以开放、互动、去中心化等为特征的、社会不同利益群体共同参与的治理模式。如美国大学的创业教育就早已经形成了由政府、企业、非政府组织、金融机构、新闻媒体、公众利益群体等不同类型利益群

---

① 张燚、张锐、高伟：《高校利益相关者理论的研究现状及趋势》，《高教发展与评估》2009 年第 11 期。

② ［美］德里克·博克：《走出象牙塔——现代大学的社会责任》，浙江教育出版社 2001 年版，第 1—8 页。

③ 同上。

④ ［美］斯特林菲尔德：《重建学校的大胆计划：新美国学校设计》，窦卫霖译，华东师范大学出版社 2003 年版。

⑤ 钱贵晴、刘文利：《创新教育概论》，北京师范大学出版社 2009 年版。

体间的互动合作网络，强调通过构建利益相关者群体间的互动关系网络促进创业教育的发展。[①] 这些机构和个人（不同的利益相关者）围绕“创新、创业”这一路标，通过积极的参与、有效的沟通、及时的反馈，从而建立起了基于彼此互动关系的价值链。与此同时，这种模式也将高校创业教育与各利益群体的实际需求结合起来，促成了高校创业教育持续性的组织创新与变革，从而也推动了创业教育走向繁荣。

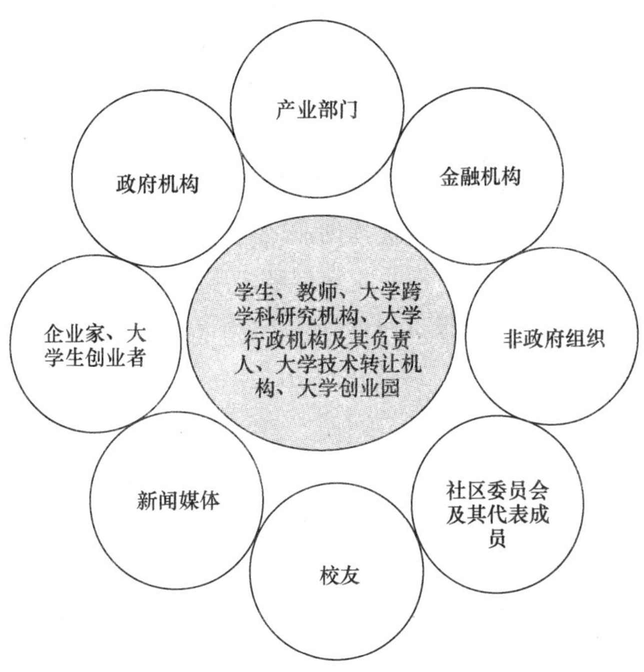

图1－2　高校创业教育的利益相关者群体示意

（二）高校创业教育需要开放性的多方参与

目前，欧美的一些发达国家在开展创业教育时，也开始越来越多

① Czuchry A., Yasin M., Gonzales M., “Effective Entrepreneur Education: A Framework for Innovation and Implementation”, *Journal of Entrepreneurship Educaiton*, Vol. 7, No. 2, 2004, pp. 39－56.

地关注各种利益相关者，如社区、中小企业、服务机构、创业者、毕业校友等（见图 1－2①）。他们注重的是全社会的广泛参与、各利益群体的协调沟通以及不同组织机构的互动学习。早在 2010 年，《国家中长期教育改革和发展规划纲要（2010—2020）》中就明确指出要“加强就业创业教育和就业指导服务，创立高校与科研院所、行业、企业联合培养人才的新机制”。② 但是，令人遗憾的是，国内开展创业教育所采用的模式大都只注重高校与企业及企业家的合作，而忽略其他社会组织的参与，社会力量参与创业教育的广度和深度都远远不够。

从我国目前情况来看，政府和高校对创业活动寄予很高的期望，希望通过引导更多大学毕业生通过自主创业，在解决自身就业问题的同时创造更多的就业岗位，但创业教育的成效却很不令人满意。如有数据显示，国内大学毕业生选择创业的不到 1%，在有的国家重点高校，每年三四千毕业生，创业的只有寥寥几人或十几人，这与高校轰轰烈烈开展的创业教育很不相称。③ 另据不完全统计，全国大学生创业成功率只有 2%—3%，即使在成功的大学生创业案例中也往往存在企业成长性差、长效发展难等问题。④ 笔者认为，之所以会出现这一尴尬局面，一个很重要的原因就是目前高校创业教育仍然处于封闭运行的环境中，缺乏对外部环境的开放性，全社会共同参与高校创业教育的氛围尚未形成。

创业教育本是一项很复杂的系统性工程，虽需要高校承担主体责任，但绝非高校自身所能完成，它应是包括高校在内的政府机构、企业及企业主、非政府组织等社会各界的共同责任。为此，就需要以更

---

① Mitchell, “Toward a theory of stakeholder identification and salience: Defining the principle of who and what really counts”, *Academy of Management Review*, Vol. 22, No. 4, 1997, pp. 853－886.

② 《国家中长期教育改革和发展规划纲要（2010—2020）》, http://www.moe.edu.cn/publicfiles/business/htmlfiles/moe/moe_ 838/201008/93704.html。

③ 严毛新：《我国高校创业教育发展目标及实现路径研究》，《中国高教研究》2009 年第 3 期。

④ 赵红路：《对高校创新创业教育的若干思考》，《现代教育科学》2009 年第 7 期。

广阔的视角来看待创业教育，即构建高校、政府和企业等各方力量之间分工合理、良性互动的创业教育机制，最终形成全社会参与的高度开放性创业教育模式。[①] 这同时也意味着，我们的相关研究也不能仅仅停留在对国外经验总结与介绍的阶段，亟须从理论层面将利益相关者的分析纳入高校创业教育的分析框架之中，通过理论研究和实证研究，分析高校创业教育过程中各利益相关者的互动、激励与协调，以及由此带来的高校组织创新与变革、治理结构创新等方面的问题。

二　创业型大学视角下大学生创业教育的转型发展

作为崇尚知识创新创造的创业型大学，其与创业教育具有天然的逻辑联系。创业教育的有效开展是创业型大学的应有之义，而创业型大学的形塑也必将带动创业教育的转型发展。为此，作为更具包容性的创业型大学，就成了研究与探讨新的时代背景下高校创业教育发展的又一个理论视角。

（一）创业型大学与创业教育

创业型大学也被称为“进取性大学”（Proactive University）。[②] 亨利·埃兹科维茨教授认为，所谓创业型大学，就是能“经常得到政府政策鼓励的大学及其组成人员，对从知识中获取资金日益增强的兴趣正在使学术机构在精神实质上更接近于公司，公司的这种组织形式对于知识的兴趣也总是与经济的应用紧密相连”。[③] 我们从这一最具代表性的阐释可以看出，创业型大学一个鲜明的特征就是其对知识生产结果商业化扩散的极大兴趣，与传统的、偏重学术探究的高等教育机构相比，创业型大学在重视科学研究和各种发明创造的同时，也要求大学必须为这些创新的成果最终转化为满足人类各种精神和物质需求的创新产品而做出努力。就其特征来讲，伯顿·克拉克的总结最为经典：大学自身作为一个组织具有创业性；大学的成员一定程度上能变

---

① 黄兆信、王志强：《论高校创业教育与专业教育的融合》，《教育研究》2013 年第 12 期。

② 向春：《创业型大学的理论与实践》，《高等工程教育研究》2008 年第 4 期。

③ Etzkowitz H. et al. , “The future of the university and the university of the future: evolution of ivory tower to entrepreneurial paradigm”, *Research Policy*, No. 29, 2000, pp. 313 – 330.

成创业者；大学与周围环境的互动遵循创业模式。①

与传统大学相比，创业型大学在观念和行为上发生了巨大的变化，其中最为明显的就是在大学内部组织制度和发展动力机制上的变革。如一些学者认为大学需要具有强有力的领导核心、大量的扩展机构、多元化的经费来源、激活的学术中心地带之外，还有一个很重要的变革就是需要整合的创业文化。② 创业型大学具有一种弥漫整个校园、以追求创新为使命的文化。与传统大学在历史文化的积淀过程中形成的文化不同，创业型大学更像是一个教育组织与企业组织的结合体。它追求对于未知事物的各种探索和科学研究活动，需要在校园内广大行政管理人员、师生当中普遍存在创业精神。

在朝向创业型大学的变革发展进程中，创业教育也必然面临着深刻的转型及新的发展。其中，关于创业教育的组成要素及其功能结构方面还相应存在大量需要研究的问题。如就高校创业教育未来转型发展的基本特征来看，应该是以创业为导向的、将与创业相关的所有资源进行整合、以建立大学与区域范围内各要素间相互关联的、共生演进的生态系统。高校创业教育如果仅仅是将大学作为研究与实践的自然边界，而不是将它作为整个创业生态系统的一部分并与之建立连接关系来看待，那么创业文化及其氛围就很难在校园内形成，创业型大学也就无从谈起。为此，在当前时代背景下，首先要做的就是在厘定高校创业教育的构成要素并对其进行分类和梳理的基础上，明确创业教育转型发展的方向，进而推动创业教育在实践层面的革新。

（二）高校创业教育转型发展需要内、外部要素的共同促进

一般来讲，高校创业教育由内源性要素、基础性要素和发展性要素构成，它们彼此之间构成了由内向外、逐层扩展的格局，从而保证创业教育的内涵发展与外延发展的和谐统一。从系统论的观点来看，如同自然界生态系统的内部机制一样，大学校园各种要素如精神文

---

① ［美］伯顿·克拉克：《建立创业型大学：组织上转型的途径》，王承绪译，人民教育出版社 2000 年版。

② 同上。

化、制度文化、物质文化和行为文化等之间相互依存、相互制约，通过各要素之间的张力保持一个相对均衡的生态秩序，从而达到系统内部的平衡。当大学变革来临时，原有的文化生态的稳定性将会被打破，其合理的部分被保留、吸收，并逐渐形成新的文化生态系统范式及创造性的毁灭，而这也是创新的本质。

就创业教育的内源性要素来看，高校具有创业精神的历史传统及其办学理念，无疑是推动创业教育发展的文化核心，它也是整个创业型大学的精神内核，规约着一系列制度、物质和行为等文化要素的发展，是内在起作用的决定因素，即内源性要素。这种开放、多元、包容的内源性要素支撑了高校师生的学术创业活动，维护了创业文化在高校校园中的孕育、创业教学与创业实践的开展，并同时形成了一种规范化的约束机制，从而使整个高校创业教育实践活动（如学校内部在创业方面所投入的资源、物质和制度）能始终围绕这个文化核心在运转而不偏离。[①] 此外，当我们看到美国麻省理工学院和斯坦福大学这两所高校所坚持的那种教育为现实世界服务的实用主义，坚守自己的办学理念并形成了学术创业的规范制度之时，我们更加坚定地意识到，一所高校创业教育要实现真正的转型发展，其第一要务就是必须形成支撑和维护创业教育发展的精神文化、物质文化和制度文化并将三者高度统一。同时，高校还应该将这种文化具体化、生活化，并在整个校园中体现这种创业文化的传承、内化与更新。如此，高校才能在长期的知识生产、传播、应用的循环过程中，坚守创业文化和创业理念，形成创新思想和创业活动的支撑体系，促使创新思想和创业活动的不断涌现，而在此种氛围之中生活、工作和学习的师生则能有不断求新求异的不懈动力。

如果说内源性要素是高校创业教育实现新的发展的核心，那么居于外围的则是基础性要素，一般是指高校推动创业教育发展的执行层

---

① 黄兆信、赵国靖、唐闻婕：《众创时代高校创业教育的转型发展》，《教育研究》2015 年第 7 期。

面[①]，它包括行政管理机构如创业教育指导委员会、创业教育教学委员会、专职副校长及相应的行政机构、技术转移中心、知识产权办公室、产业—大学合作研究中心、开展创业教育和创业活动的实质性机构如创业园、科技园、国家实验室、工程研究中心、创业企业孵化器等。不同类型和功能的机构共同组成了高校创业教育的生态系统，如加州大学洛杉矶分校的副校长就认为："创业是一种思考的方式，包括改变、冒险、竞争和将一个好主意变成现实的不确定性。我们需要在灵活、个性的大学制度中创造创业文化，我们正在建立的 UCLA 创业生态系统将会培养高效、透明、推动创造和创新的文化。"[②] 而从功能上讲，这些不同机构和部门承担了创业教育的计划、组织、协调、反馈等功能，保证了一所高校创业文化和理念在实践层面的实现和持续发展。

至于发展性要素，它与内源性要素和基础性要素相比，更多的是以一种促进创业教育发展的内部循环形式产生，一般包括创业教育的课程体系、教学管理体系、专业化师资队伍、跨院系交流的创业计划和创业联盟。此外，发展性要素还包括为学生建立不同学科、不同专业之间创业合作的网络。[③]

三　内创业理论视角下我国高校创业教育的转型发展

（一）内创业者及其特质

内创业理论（intrapreneurship）最早是由美国学者 Pinchot 在其 1985 年出版的著作《创新者与企业革命》中提出，其核心是研究如何在大的、已建立的组织内进行创业活动。该理论把内创业者定义为"能够在现行公司体制内，发挥创业精神和革新能力，敢冒风险来促成公司新事物的产生，从而使公司获得利益的管理者"。这里的管理者并不仅仅指企业创立者本人，更多的是指企业的中层管理人员。他

① 伯顿·克拉克：《建立创业型大学：组织上转型的途径》，王承绪译，人民教育出版社 2000 年版。

② 殷朝晖、龚娅玲：《美国加州大学洛杉矶分校构建创业生态系统的探索》，《高教探索》2012 年第 8 期。

③ 周兆农：《美国创业教育对我国高等教育的启示》，《科研管理》2008 年第 12 期。

们处于企业最高拥有者和基层之间的结合部，是企业革新的中坚力量。内创业理论一经提出，即在学术界引起广泛讨论，学者们对此有不同的界定。一部分学者从资源约束的角度给出内创业的定义：Vesper（1989）提出“内创业就是在企业内部打破常规约束，寻求机会做新的项目”①，Stevenson 和 Jarillo（1990）指出：“内创业是指组织内部成员不顾当前控制的资源而去努力追求创业机会的过程。”② 另一部分学者则认为内创业是目标驱动下去创造新事物的过程，是公司创业精神的一种体现（Carrier，1994；③ Herriot et al.，1997；④ Antoncic & Hisrich，2001⑤）。本书更倾向于强调内创业活动是公司内部创业意识和创新精神的一种释放，它不仅促使企业内新业务领域的产生，而且也包括其他的创新活动或导向，如新产品、服务、技术、管理技能的开发，新战略的形成等，这些内创业活动的成功实施，能对企业发展起到强有力的推动作用。

内创业活动往往能激发企业内的创新活力，使企业具有高度的竞争力。日本松下公司是实施内创业活动的典范。该公司自 2000 年起就开始建立员工创业的激励机制，拿出高达 100 亿日元成立“松下创业基金”（Panasonic Spin Up Fund），每年进行三次员工创业计划征集活动，激励员工尝试创新活动。同时，该项计划更是鼓励员工创建与松下业务相关的独立公司，由松下公司入股 51% 以上。如果以后事业进展顺利，可通过股票上市或者从松下公司购回股份获得回报。即使创业失败，松下公司也允许其 5 年内再回公司工作。这一举措是松下公司得以长期保持高度创新活力的重要因素。

---

① 袁登华：《内创业者及其培育》，《商业研究》2003 年第 12 期。

② Stevenson H. H.，Jarillo J. C.，“A Paradigm of Entrepreneurship：Entrepreneurial Management”，*Strategy Management Journal*，No. 11，1990，pp. 17–27.

③ Carrier C.，“Intrapreneurship in Lager Firms and SMEs：A Comparative Study”，*International Small Business Journal*，Vol. 12，No. 3，1994，pp. 54–61.

④ Herriot P.，Manning W. E. G.，Kidd J. M.，“The Content of the Psychological Contract”，*British Journal of Management*，No. 8，1997，pp. 151–162.

⑤ Antoncic B.，Hisrich R. D.，“Intrapreneurship：Construct Refinement and Cross–cultural Validation”，*Journal of Business Venturing*，No. 16，2001，pp. 495–527.

内创业活动能帮助陷入发展“瓶颈”的企业脱离困境。中国巨人网络有限公司是一家知名的网络游戏企业。但由于运营游戏单一，公司在经历飞跃式发展后，于2008年遇到了发展“瓶颈”。公司果断做出战略调整：新游戏的开发决策不再“由上自下”推行，而是鼓励基层团队提出开发新游戏的方案，由公司对其提供资金、技术和运营推广支持。同时承诺盈利团队可获得最高20%的利润分成。若运营良好，可将该新项目拆分为新公司，由母公司入股51%—80%，该团队可技术入股。这一鼓励企业员工进行内创业活动的决策，在两年内就获得了巨大回报，巨人公司的主营游戏从原来的2个增加到5个，另有5个游戏正在筹备上线，公司的营业收入增长率也恢复到了其黄金时期的水平。

众多的理论研究和实践经验都表明，内创业活动对企业发展乃至社会经济的增长能起到相当有效的推动作用。但若要对内创业活动有更深入的理解，我们必须先深入了解内创业活动实施主体——内创业者的特质。

创业者往往为追求利润机会而对消费者的需求进行创新性的满足，在此过程中不断寻求资源，并加以合理利用。因此，创业者的思维通常是：根据机会寻找资源，并将创新性贯穿于该过程之中。

而管理者的思维方式通常是：如果我拥有什么资源，将能干成什么事？因此，相对于创业者的机会驱动型而言，管理者更多的是资源驱动型，他们的目标就是将手头有限资源的利用率最大化。换个角度讲，创业者是在企业外部形成的，而管理者是在已经创立的企业中才拥有的。

内创业者既具有创业者的特质，也具有一般管理者的特质。“管理学之父”彼得·德鲁克（Peter F. Drucker）在其著作《创新与企业家精神》一书中把企业内部具有创新意识和创新精神的管理者称为企业家型的管理者，即我们所说的内创业者。表1－1对内创业者、创业者和一般管理者的部分特征进行了比较，以便我们能进一步了解内创业者的特质。

表 1－1　　内创业者、创业者和一般管理者的部分特征比较

特征	一般管理者	创业者	内创业者
主要目标	维持良好的企业秩序，保持正常的运转	创造新的机会，创立企业，获得利润	利用企业内的资源，从事创新活动，获得奖励和晋升机会
组织结构	依赖于企业的组织结构和规章制度	创立自己的企业结构和规范	建立在企业内部，一定程度上受到组织和规章的约束
关注焦点	主要是企业内部的事情	主要是技术和市场定位	兼顾企业内外的事情：向企业传递市场的要求，并关注顾客的要求
行动方式	根据授权实施行动，大量精力用于监管和报告	直接行动	在授权的基础上行动，注重创新性
技能	通常受过商学院教育；使用抽象的管理工具、人员管理和政治技巧	具有比管理或政治技能更大的商务洞察力，具有较好的统筹能力	统筹能力要求低于创业者，但往往在某方面具有技术专长
风险承受力	风险较小	承受极大的风险，一旦失败，很难东山再起	有一定的风险，由企业与其共同承担

从表 1－1 我们可以看出，内创业者的活动是建立在既有组织内部，并在一定程度上受到政策、行业规则以及企业规章等制度的限定。内创业者不能像创业者一样享有充分的自主决策权，其创新行为要取得所在企业的认可。此外，由于是企业内部的革新者，其创新行为可能会挑战企业现存的组织秩序，这将阻碍内创业者能力的施展。虽然内创业者在进行创新活动中会有以上困难，但相对于创业者来说，其优势也是明显的。首先，内创业者的资源基础是坚实的，通过合理利用资源，能将把握住的机会较为便利地转换为现实，其成功的可能性更高；其次，内创业者所承担的风险较小，其冒险行为会在企

业所能承受的范围内进行，即使失败，大部分风险也由企业与其共同承担；最后，内创业者的专注性要高于创业者，创业者要兼顾企业创立的各种事项，而内创业者不用面面俱到，只要将所设定的创新目标完成即可，在此过程中，还可以调用各种既有的资源。一般情况下，内创业者主要具有以下几个特质：

1. 创新精神

内创业者不愿墨守成规，对待事物具有批判精神，并在批判的基础上进行创新活动。即使当前从事的是简单的、机械式重复的劳动，他们也会想尽办法进行创新，将其变成富有挑战性的高效率工作，并把攻克难关当成一种乐趣。

2. 自主工作和持续学习的能力

内创业者一般都拥有鲜明的个性，有自己的观点和工作方式，具有较强的独立工作能力，能够设法解决工作中碰到的棘手问题。同时，他们不愿受到刻板的工作形式和物化条件的约束，强调工作中的自我引导，倾向于拥有一个自主的工作环境以及宽松的组织氛围。此外，随着企业的发展、知识的进步，内创业者所掌握的知识会在激烈的竞争中逐渐老化。为了确保其所从事的创新活动成功，内创业者必须有持续、迅速学习各种新知识的能力。

3. 相应的专业特长

只有拥有一技之长，企业的基层员工才能拥有核心竞争力，才有较大可能进入企业的管理层，成为一名内创业者。因此，内创业者不仅仅只是简单的管理者，其内涵必须是某一方面的专业人才，并在此基础上进行创新活动。

4. 强烈的成就动机

内创业者的创业动机大部分来自对事业成功的强烈追求，这正是他们不满足于一般管理工作的原因。McClelland 研究发现，具有强烈成就动机的人更愿意承担富有开创性的工作，敢于在工作中做出自己的决策。① 内创业者的强烈成就动机，促使其甘冒事业失败的风险，

① ［美］彼得·德鲁克：《创新与企业家精神》，上海人民出版社 2002 年版。

去接受富有挑战和创造性的工作，旨在从促进企业的成长中实现自我价值，并期望得到社会认可。

当然，我们应该清楚地认识到，拥有以上特质的人员仅是成为内创业者的必要条件而非充分条件，内创业者的培养是一个双向的、长期的过程，除了具备以上的个人特质外，其成功与否还受到外界因素的影响，诸如企业的规章制度、奖励机制、创新氛围等。

（二）内创业理论视角下我国高校创业教育的转型发展

内创业者对企业的发展具有举足轻重的作用，员工的创新活力已成为当代企业竞争力比拼的一个决定性因素。[①] 企业要不断超越、发展，很大程度上必须依靠其自身源源不断的创新能力。然而企业的创新不仅仅是企业家的事。同样，一个社会生产力的进步也不能仅指望有源源不断的创业者去创办新企业来实现。德鲁克曾明确指出：把创新和企业家精神的焦点局限在创业者身上就过分狭窄了，如果创办新企业是创新的主要或唯一中心，那么社会就不可能持续发展。在产业饱和度较高的社会中，让现存企业保持充沛的活力和良好的发展势头，在某种意义上比创造更多新的企业更加重要。因此，为既存的企业培育和输送内创业者具有深远的意义。

高校的创业教育是培养创新型人才的重要途径，对社会发展起到不可估量的作用。然而，如果高校创业教育的人才培养目标是以经济管理领域的创业者为指向，旨在培养出能够创造更多工作岗位的企业家，使他们成为自谋职业、创业致富的社会成员，这就过于狭隘，也是不切实际的。内创业者的培养为高校的创业教育提供了一条新思路：高校应着重培养学生的创业意识和创新精神，让学生先尝试以“就业者”的身份融入企业，凭借自身过硬的专业技能和创新意识，在几年的时间内逐渐进入企业的管理层，进而在企业内部率领团队进行创新改革，成为企业不可或缺的一部分。这样的人员，往往是企业内部创业意识和创新精神的最佳体现者，将来还可能是企业重要部门

① 戚振江、赵映振：《公司创业的要素、形式、策略及研究趋势》，《科学研究》2003年第12期。

的领导者甚至是最佳CEO人选，成为企业可持续发展的一支重要力量。①

四 生态系统视角下高校创业教育的转型发展

有关生态系统的理论观点，也可以作为研究与探讨高校创业教育可持续发展的一个很具代表性的研究视角。我们可以把以高校为主体的创业教育看成是一个生态系统，从而需要在该系统内部各因子之间、系统与外界环境之间进行稳定的能量交换，以促进该系统的自我发展与完善。

（一）生态系统与创业教育

所谓高校创业教育的生态系统，就是将高校在创业教育实施过程中的各种因子看作是彼此之间具有一定关联性的有机整体。② 就其内涵、要素、结构及其功能边界来讲，高校创业教育生态系统就都有其自身独特的逻辑。如从其构成要素来讲，创业教育的生态系统涵盖了高校、研究机构、政府、企业、风险投资机构等多种因子，但是又以高校作为其中的核心因子；从功能结构来讲，高校创业教育的生态系统更加强调创业文化的培育及大学生创业技能的提升，承载着大学生个体成长与高等教育培养目标之间有机融合的功能；从运行机制来讲，创业教育生态系统的内部和外部因素都对创业教育起着激励、制约、调控等作用，影响着创业教育的发展、延续和自我完善。但作为一个独特的生态系统，高校创业教育不仅有其不一样的研究对象（见表1-2），还具有以下几个很明显的特征：

---

① Brazeal D. V.，"Managing an Entrepreneurial Organization Environment"，*Journal of Business Research*，Vol. 35，No. 1，1996，pp. 55-67.

② Luísa Carval，Creating an entrepreneurship ecosystem in higher education，http：//www. prweb. com/releases/prwebCurveballLtd2012/CyprusEntrepreneurship/prweb10132564. htm.

表1－2　　生态学视域下的高校创业教育生态系统

生态学视域中的生态系统		创业教育生态系统	
研究对象	定义	研究对象	定义
物种	具有相同基因型的生物个体	大学生	具备创新精神和创业意愿的学生个体或团队
种群	同一地域中，同物种个体所组成的复合体	创业种群	单个创业实体的群聚
群落	同一地域中，生物群落和非生物群落所组成的复合体	创业群落	不同的创业种群聚集在一个特定区域内
生产者	构成食物链上第一级营养层次的可进行光合作用的绿色植物或化能合成的细菌	高等教育机构	开展创业教育、培育创业者的知识型组织
消费者	以其他生物为食的各种动物	消费者	消化或吸收创业成果的组织或个人
食物链	生态系统中不同生物之间在能量关系中形成的网络关系	创业链	由不同创业种群的知识流、信息流转换所形成的网络关系
环境	生物个体与族群生活的特定区域	创业环境	影响创业活动的外部环境，如公共政策、法律制度、产权制度、基础设施等
信息传递	生态系统内部信息的流动与转移	知识与信息流	知识、信息、资源在创业教育生态系统中的流动

1. 创业教育生态系统的各因子之间是一种有生命力的组织活动

提出构建高校创业教育生态系统这一想法最初来源于外部环境的压力，进而引发高校内部的变革诉求。在一系列旨在提高大学生就业率、缓解大学毕业生就业难的政策推动之下，创业教育在世界各国的高等教育机构中占据了愈加重要的位置。当然，与欧美发达国家相比，我国创业教育在源起与发展上都具有明显的不同。我国高校的创业教育一直以来就是一个外部力量推动的过程，其目标和功能始终被认定为解决大学生就业难等一系列现实性的问题。而就美国高校来讲，在20世纪80年代以来的高等教育市场化发展浪潮中，少数教师和学生开始尝试与创业教育相关的课程、教学等方面的改革，这可以看作是高校创业教育生态系统的孕育期；当创业教育在高校的少数院系取得成功之后，就开始扩散到大学的各个层面并形成了全校性创业教育的浪潮。在这一过程中，创业教育的发展开始得到了来自学校层面的有力支持，与此同时，有关创业的理念也渗透到了高校的组织、制度、文化之中，从而使高校逐步转型为“创业型大学”。这个阶段的高校创业教育生态系统已经得到了扩展，其推动因子也涵盖了高校的各个层面，可以被认为是创业生态系统的种子期；随着高校创业教育的进一步演化，高校开始注重与外部环境之间建立稳定长期的创业合作关系，从外部环境中汲取必要的有形或无形资源。这一阶段高校创业教育进入了发展期；最终，高校开始有意识地从战略层面重新思考创业的本质，将创业教育与学生的全面发展融合在一起，创业也真正内化为一所高校的精神，成为高校创新人才培养的主要途径，高校与外部环境之间建立起了稳定的资源整合与信息交换系统，高校创业教育的生态系统也由此进入了成熟期。

2. 创业教育的生态系统的发展过程遵循着相互依存、共生演进的原则

创业教育生态系统是一个由内源性要素、发展性要素、支持性要素等不同要素组成的复杂系统。在它自然形成与发展的每一个阶段中，无论是大学内部的学术机构之间抑或是学术机构与行政力量之间，甚至包括了高校与以产业部门、研究机构、政府机构、社会组织等为代表的外部要素之间，都存在相互依存、开放合作、共生演进的密切联系。于是，培育个体创新创业能力、发展区域创业型经济的目标也就成了该系统内不同因子之间的共同使命。在此背景下，高校与外部环境建立起了全面的合作关系，高校创业教育的生态系统也就如同生物体一般不断地从外部汲取知识、信息、资源等要素，从而丰富并扩展了高校的创业教育与创业活动，而生态系统内的其他因子也通过高校这一知识中心获取了自身成长所需要的营养，彼此之间的良性互动促使生态系统有序健康地运行，最终使创业教育的生态系统循环

往复地发展。①

3. 创业教育生态系统的形成有赖于一定的创业环境

广义的创业环境包含了影响一定区域内创业活动的所有内外部资源和环境。创业环境则指的是以一所或多所高校为核心、围绕高校创业教育的发展，旨在为不同要素的整合创造各种必要条件的外部空间。② 创业环境是高校开展创业教育、推动创业实践、高校与其他创业教育的利益相关者之间建立合作网络的活动空间，它决定着高校创业教育生态系统的初始状态、存在条件、运行机制和发展方向。创业环境的开放性、动态平衡性、循环递归性等特征决定了不同高校之间创业教育生态系统的差异。以斯坦福大学、麻省理工学院、得克萨斯大学奥斯丁分校、剑桥大学等为代表的世界一流大学在近年来的发展过程中，都形成了以这些高校为核心的区域创业生态系统，而一个良好的创业环境却是这些高校创业教育生态系统能够健康发展的重要因素。高校创业教育生态系统需要一个稳定有序的外部环境，这取决于高校所在区域的政治、经济、文化、制度等要素对于创业的理解和支持。但是，高校并非被动地回应外部环境的变化，它也在通过自身的变革努力地适应这一过程，如同生态系统中生物体与生态环境之间的交互作用一样，高校也在直接或间接地塑造着创业环境，这就形成了高校创业教育与创业环境之间相互依存的关系。

（二）高校创业教育的转型发展需要整体看待和推进

在生态系统观之下，高校创业教育的转型发展需要从整体的角度来进行思考：如何整合系统内部的资源？如何充分发挥系统内部不同要素之间的耦合作用？如何保持创业教育生态系统对外部环境的开放性？以上这些问题的解答，对于推动创业教育未来的发展都具有十分重要的意义。

1. 关切校内的每一位大学生

生态系统中最为核心的，应当属于每一个具有独特生命力和无限

---

① 黄兆信、刘燕楠：《众创时代高校如何革新创业教育》，《教育发展研究》2015 年第 12 期。

② 刘林青等：《创业型大学的创业生态系统初探》，《高等教育研究》2009 年第 3 期。

可能性的个体。同样，在高校创业教育未来的转型发展中，也需要借鉴生态系统的理念，即每一名大学生都应当是该生态系统中最为核心的要素。因此，高校创业教育应当回归到从个体生命成长的角度出发，把维系和促进每一个学生创业意识的觉醒、创业精神的培养作为创业教育最为根本的任务。与此同时，创业教育生态系统各个要素之间的协同也必须是以为大学生提供服务作为主导。

2. 为大学生创设良好的内、外部环境

从系统论的观点出发，以营造创业教育生态系统的内、外部环境为主，重视内部各要素与环境之间的关联，重视高校创业教育与创业活动之间的融合，特别要重视培养大学生的创业意识和创业激情，并为大学生的创业实践创设良好的内、外部环境。也就是说，高校创业教育生态系统的演进过程必须是一个自下而上和自上而下相结合的过程，高校要从政策、制度、资源等各方面对大学生的创业进行扶持，更重要的是推动生态系统中每一个个体（主要是大学生）自由、自然地成长。与此同时，高校还应当从理念、组织和制度这三个层面出发，真正转型为创业型大学，要将创业作为一所高校的核心理念，培育以鼓励创业为主体的大学文化，将高校的内部变革与创业教育、创业活动实践紧密地结合在一起。

3. 建立起各机构之间的关系联结

就高校内部而言，除了要拥有鼓励创业的文化、协调激励的组织变革、创业教育生态系统中各要素的融合之外，还应该加强系统不同要素之间的连接。比如，建立大学生创业联盟、创业网络、创客空间等。此外，还要在一定区域范围内建立“大学—产业—个体”之间开放合作的创业平台，注重资源之间的流动，从而形成集群发展的优势。

综上所述，在创新创业以及创业教育面临新的发展的利好形势下，我国高校的创业教育的发展理念、发展模式、发展路径等都需要进行重新分析和研判。为此，我们也自然需要从不同的理论视角出发，来阐释高校创业教育新的发展策略。以上所做的分析，得出的启示就是，高校创业教育要实现新的发展，在利益相关者视角下需要开放性的多方参与，在创业型大学视角下需要内、外部要素的共同促进，在生态系统视角下需要整体看待和推进。

第三节　发展之维：以地方高校创业教育为例

地方高校创业教育的发展普遍被归纳为以课程推动创业教育、以实践推动创业教育、以政府资源推动创业教育三类模式。通过对上述模式的分析，我们可以发现未来地方高校创业教育转型发展将体现在创业教育的目标导向、创业教育教学体系、创业实践平台、制度与文化支持四个维度。地方高校也为创业教育体系的形成设计了良好的制度基础、明确的发展目标和面向全体学生的大众化创业教育。在高等教育变革的推动和社会环境变化的拉动之下，地方高校、企业、科研机构、政府、社会组织之间需要形成互动共享的创业教育参与机制，最终形成以创新驱动为导向的地方高校创业教育发展模式。

一　地方高校创业教育发展模式的多元化

中国的创业教育从初创到探索，再到如今的全面深化，创业教育的分层分类发展已经成为一种现象，而未来的发展趋势也必然是根据各个大学所处区域经济社会发展阶段、大学办学层次、大学办学理念、资源获取多寡、创业文化繁荣程度等方面的因素综合考虑最适宜的创业教育发展路径。多年来，我国部分高校已积累了一些独特的创业教育发展路径，如创业实践教育模式、创业课程教育模式、创业计划项目竞赛模式、创业教育试点班模式；有的高校以大学创业园为基地，为学生搭建创业实践平台，培养学生的创业实践能力；有的高校在全校层面以开设创业教育公共选修课形式，培养学生的创业意识和创业理念；有的高校则以创业设计大赛为平台，着力营造浓郁的校园创业文化氛围；也有的高校针对部分有创业激情的学生开设创业教育辅修专业、双专业改革试点班，培养学生的创业能力。这些实践经验为高校推进创业教育提供了有效的范本。但在追求特色化、分层化办学的高等教育改革和发展的背景下，高校应对接自身人才培养定位、学校办学特色和地方社会经济发展需求，确定相应的创业教育发展思路，设计相应的创业教育课程和训练体系，从而全方位推进创业教育。①

高校的创新创业教育一般也被分为三种模式：第一种模式是将创业教育纳入高校现有的教学计划之中，以教学和课程的改革，促成创业教育与专业教育的融合。第二种模式则是依托大学生创业园或科技园，以各种实践性的创业活动提升大学生的创业能力。此种做法在我国理工类高校较为普遍。这些高校充分利用了自身在科学研究、专业设置和科研成果转化方面的优势，鼓励教师和学生进行各种创业类活动，通过真实的创业提升大学生的创业能力。第三种模式则是由政府的相关政策文件加以推动和引导。如部分省市出台了多项鼓励大学毕业生创业的政策文件，对大学生创业提供资金支持、税收减免、程序简化、创业指导等多项扶持政策，位于这些省市的高校则在政府的重视和推动之下，鼓励大学生争取政府资源的支持继续推动自主创业活动。如辽宁省政府、教育行政主管部门在全省给予了18所高校“创业教育示范校”的冠名；杭州市政府出台一系列鼓励和扶持大学生自主创业的政策、建立大学生创业园、组建创业导师队伍、设立扶持基金、举办全国性创业大赛等，有组织地推动高校创业教育的规范发展。②

---

① 宋斌、王磊：《高校创业教育的现状、问题及对策》，《教育发展研究》2011年第11期。

② 董世洪：《社会参与：构建开放性的大学创新创业教育模式》，《中国高教研究》2010年第2期。

表 1－3　　国内代表性高校的创业教育做法

院校	开展时间	创业教育理念	具体做法和特色
清华大学	1998 年	重在培养大学生创业精神、创新性和综合素质的发展	率先引入 KAB 系统课程，成立清华大学中国创业研究中心，推动科技创新
北京航空航天大学	2002 年	培养学生的创业意识和创业精神	成立专门的创业教育领导小组、创业教育专家组和创业管理培训学员，注重创业教育相关课程与创业实践之间的结合
中国人民大学	2002 年	以创业带动就业，以创业促进发展	成立全国首家针对文化创意产业的大学生科技创业实习基地。建立创业中心，提供项目评估、创业培训、创业导师、创业公共服务、创业资金支持等相关创业孵化服务
上海交通大学	2002 年	点燃创业激情，营造创业氛围，培养创业人才	从八个模块开设创业课程，设立创新与创业大讲堂、互联网商业模式与创业、风险资本与创业等课程
南京财经大学	1998 年		坚持课程引领与实践相结合，分层分类推动创业教育
黑龙江大学	1998 年	面向全体学生，基于专业，实施分类培养，强化实践环节	创业教育课程教学体系建设；全国首家校内创新创业实践基地，建设以专业实验室为依托的院级校内创新创业实践基地
西安交通大学	2001 年		加强大学生创业信息服务，建立创新教育网络服务平台，为学生提供全方位创业资讯、创业评测、创业指导和创业实训服务

从我国高校创业教育现有的模式分类来看，上述三种模式虽然都代表了不同类型高校在创业教育发展过程中所进行的探索和尝试，但依然存在值得反思的问题。首先，将创业教育纳入高校现有的教学计划之中，尝试进行创业教育与专业教育融合的模式，应该说是创业教

育深化发展的唯一选择。但是此种模式成功的前提是高校内部需要对创业和创业教育的价值、目的、功能进行深刻的理解，高校内部从领导层到各个院系的负责人，乃至专业教师群体都在对创业教育具备一定认同度的基础之上，才能够在实践过程中自觉地进行专业教育与创业教育的融合。而我们反观现实，又有多少高校在真正意义上理解了创业教育的价值并在院系层面扎实地推进创业教育与专业教育的深度融合呢？因此，缺乏制度层面的保障和文化层面的理解与认同，单纯依靠开设创业教育的通识课、专业类创业课程，这种做法很难真正推动创业教育的发展。其次，很多理工类高校尤其热衷于建设大学生科技园或创业园这样的创业孵化机构。但我们应该知道，大学生的创业实践来源于自身对创业的理解和认同。没有大量的、对创业有所了解并激发了创业热情的学生群体作为基础，大学生的创业实践就如同无源之水，只会是“少数人的狂欢”。这种投入大量资金、场地，只是为了促成很小比例学生进行创业，而忽略了激发绝大多数学生创业热情的做法，可以说是本末倒置。与前两种模式的做法相比，一些高校以获取政府的资金支持和各种“头衔”为发展创业教育的动力，这种做法固然在我国当前政府掌握较多社会资源配置的背景之下，有着一定的合理性，但就我国未来的改革与发展趋势而言，高校还是需要从自身优势出发，引入市场机制，与企业之间进行创业教育理论与实践两个方面的合作，才能够真正寻找出适合自身特点的创业教育模式。①

可以看出，笔者对创业教育发展模式的讨论和分类依然持保留态度。我国创业教育虽然取得了不小的进步，但是在诸多方面依旧远远落后于欧美各国的创业教育。这其中不仅有创业文化与创业环境方面的缺失，从中国高等教育自身发展的维度与动力来看，即使是已经实施了创业教育的诸多高校，其推进创业教育的发展也绝对不是内生性的动力，而只是来源于政府政策文件和推动大学生就业率提升的外部推动力。单独从创业教育发展的整体状况来讲，很多高校创业教育的

① 黄兆信等：《以岗位创业为导向的高校创业教育新模式——以温州大学为例》，《高等教育研究》2014 年第 8 期。

指导理念、理论体系构建、实施路径、协调与合作机制方面都存在极大的模糊性与交叉性，不同高校创业教育的发展模式之间并没有明显的边界，也无法明确自身的特色与独特的创业文化。从这个意义上考虑，目前就来总结并分类我国高校创业教育的模式还为时过早。

高校的创业教育首先应该具有自身的特色，当我们学习他国教育的经验时，我们会发现高等教育的发展并没有一种放之四海而皆准的模式，比如美国高校的创业教育从非常宏观的角度来看，可以分为“聚焦模式”“辐射模式”“综合模式”，但是从微观角度深入细致地去观察每一所高校创业教育的发展状况时，可以看出不同学校之间的差异是非常大的，斯坦福大学与加州大学圣地亚哥分校之间、百森商学院与麻省理工学院之间创业教育的具体实施路径就有极大的不同。鉴于我国高等教育发展的独特特征，高校之间在资源、文化等方面的禀赋不仅有着明显的差异，同时也存在巨大的发展差距。东部经济发达地区的高校与中西部高校之间、“985”“211”院校与普通地方本科院校之间、综合性大学与专科类大学之间，其创业教育的各个面向都应该是截然不同的。即使是本书中所特别关注的地方本科院校，其创业教育的实施也具有多样性。从创业教育的实施效果来看，我国各大高校的表现不尽如人意。过去十余年中国的创业环境发生了巨大的变化，社会更加开放、人们创业的热情也与日俱增。根据 2012 年 7 月“全球创业观察中国报告”发布的数据，中国在全球创业活动中最具潜力，中国的创业活动十分活跃，创业指数也由 2002 年的 12. 3 上升到 2009 年的 18. 8。但是，与人们创业激情和创业活动形成鲜明对照的，却是我国的知识型创业与机会型创业活动非常滞后，在参加全球创业观察的国家中排在第 41 位。①

创业教育的主要目标就在于培养大学生的创业精神、创业意识与创业技能，从而为推动全社会创业活动的繁荣奠定基础。我国创业教育起步较晚，但是政府主导的一个优势就在于可以集中政策、资金、

① 《“全球创业观察中国报告”再度发布》，http://gte. sem. tsinghua. edu. cn/page－29－135－r3vhen. html，2010 年 12 月 23 日。

资源的优势力量推进某种理念的实践。但很可惜的是，我国高校却并没有诞生大批的、具有一定社会影响力的创业者和企业家，在校生通过接受创业教育在毕业后选择创业的比例也偏低。特别是占据了很强优势的重点大学，比如重视创业教育的“211”院校，在2007年、2008年、2009年三年中毕业生创业的比例分别为0.5%、0.54%、0.4%，竟然还不到普通高校平均数的一半。①

从地方高校内部来讲，不同学历层次的受教育者对创业类型的理解也不相同。越高学历层次的学生越适合机会型创业，越低学历层次的学生越适合生存型创业，这也和不同学历学生的就业目标、个人素质、专业能力等因素相关。地方高校创业教育的理念、目标、价值取向、实施重点都完全不同于重点大学。地方院校更加注重服务于地方经济社会发展，因此，人才培养的主要目标是动手能力强、具有较强的实践操作能力的应用型人才。如黑龙江大学所倡导的面向全体学生的“融入式”创业教育模式，重在以构建大学生实体性的创业实践基地为依托，在创业教育的推行过程中将理论与实践相结合，特别是重视大学生创业实践能力的锻炼。温州大学利用区域优势践行以岗位创业为导向的创业教育体系，创业教育面向全体学生，培养大学生的岗位创业能力，在校内构筑了具有转化、提升、孵化功能的专业创业工作室、学院创业中心、学校创业园三级联动的创业教育实践载体等。②

二　地方高校创业教育转型发展的主要维度

地方高校创业教育的发展基本上都是围绕着以下几个主要维度而展开，即地方高校开展创业教育的目的是什么？创业教育与高校专业教育之间的关系？创业教育如何得以实现？创业教育拓展网络如何形成？总体来看，地方高校创业教育体系主要体现在创业教育的目标导向、创业教育教学体系、创业实践平台、制度与文化支持四个维度。

---

① 严毛新：《政府推动型创业教育：中国大学生创业教育的历程及成因》，《中国高教研究》2011年第3期。

② 黄兆信、曾纪瑞：《以岗位创业为导向的人才培养体系研究与实践——以温州大学为例》，《教育研究》2013年第6期。

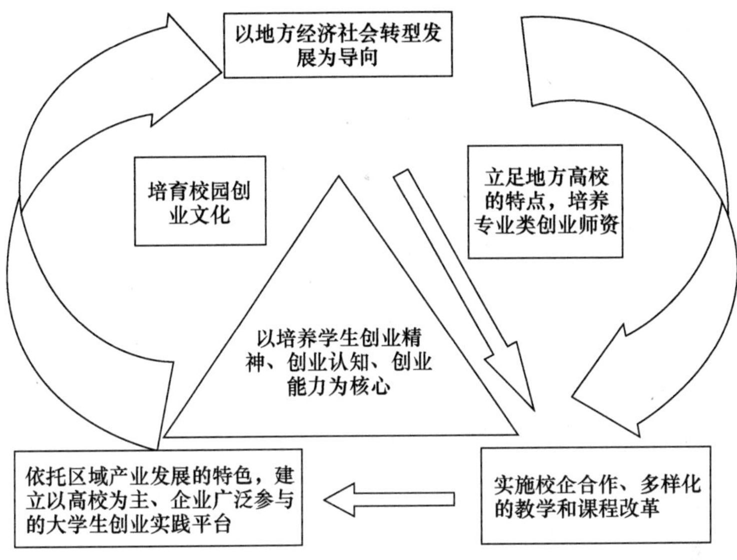

图1-3　地方高校创业教育转型框架

（一）创业教育的目标导向

地方高校的创业教育必须是以满足地方需求为导向，以创业促进高质量就业的创业教育目标体系。目前，我国高校创业教育的主要理念是以鼓励大学生的自主创业为主，很多高校创业教育的主要内容就是培养在校大学生的自主创业能力，促使更多的毕业生开办企业。“成为一名创业者，或者一名企业家”，往往是这些高校创业教育的主要目标。但是地方高校开展创业教育的目标却是完全不同的，它们更加注重建立分层级的创业教育目标体系，以满足地方经济社会发展和地方需求为导向。因此，地方高校创业教育的目标是由“主动就业+岗位创业+个人创业”组成的多元化的体系。全体大学生在校期间通过创业教育的一系列教学与课程活动，培养了最基本的创业意识和创业精神，但是创业教育并不是要求每位大学生都实现个人自主创业，不同的学生有不同的培养目标和个人发展路径。因此，主动就业意味着大学生接受一种普及式的创业教育，成为具有创业意识的人才；岗位创业则是指部分学生通过在校期间的各种创业活动，毕业之后在工作岗位中以创业的激情和技能来发展自己；个人自主创业则是面对那些极少部分愿意在毕业之后创业的大学生。因此，地方高校创业教育的目标体系是多元的，是按照每个学生的实际需求和发展路径而定的。

（二）创业教育教学体系

地方高校创业教育的开展重视以教学为主渠道，将创业教育融入专业教育之中，构建嵌入式的创业教育课程体系。与其他层次的高等教育机构相比，地方高校创业教育更加重视教学渠道的推进以及创业教育和通识教育、专业教育之间的融合。这种以专业教学为主，有机融入创业教育的做法重在培养大学生的创新精神、创业意识和基本的创业技能，这与其他大学重在培养大学生创业实践能力的做法有所区别。地方高校创业教育与专业教育之间的融合并不在于增加多少课程或者新增学分，而是在于如何将创业的元素融入人才培养的全过程之中。因此，许多地方高校都构建了通识课程—专业课程—课外学分为主体的课程体系。

纵观欧美各国创业教育的发展历程以及我国创业教育开展的现状，我们可以看到高校创业教育发展过程中始终面对的一大挑战就是专业师资队伍的缺失以及如何确立其他学科领域教师对创业教育的认同感和支持感。如果说课程的设计与开发决定了创业教育与专业教育之间互相融合、彼此渗透的范围和方式，那么来自教师的认同和支持则决定了二者相互融合的程度。在这些方面，地方高校已经做出了有益的探索与尝试，并取得了良好的实践效果。

（三）创业实践平台

地方高校更加重视在校大学生创业能力的培养，普遍建立了以创业园、创业中心等为代表的创业实践平台。与“985”“211”高校通过建立高科技园区、大学技术园区而开展的大学生创业实践不同，地方高校因为其区域产业集中程度不足、地方企业科技创新能力普遍较弱、地方高校科研实力薄弱等客观因素的制约，不可能也没有必要照搬那些一流大学创业教育的做法。从学生的角度来讲，地方高校的大学生虽然具有更强的创业意愿，但是由于综合能力的限制，他们也无法进行更为成功的高科技创业。因此，地方高校一般而言会在校内建立不同层级的创业实践平台。比如，在校内以专业为依托建立专业创业工作室，这些工作室附属于各个学院，由学院的专门人员负责管理。这些专业类的创业工作室向所在学院的每一名学生开放，地理位置上的接近、专业领域上的相同以及学院小环境的支持都为大学生的创业初始阶段提供了一个良好的平台。这种专业创业工作室依托于学院，无须大额资金，也不需要大量的成本投入，强调的是在实践过程中培养学生的创业意识，将其在专业教育中所学到的知识转化为可以操作的实践项目，为他们未来的创业成功奠定基础。在学校层面，地方高校的大学生创业园以各个学院的创业工作室为创业团队的遴选基础，为那些已经在创业园中进行了尝试并且具备了一定创业意愿和创业能力的大学生提供更为宽广的实践平台。地方高校的创业实践平台建设非常注重从大学生创业的实际情况出发，这种“草根”所具备的内生性特征与地方高校所在的环境和区域发展阶段形成了高度的匹配。

地方高校服务于经济发展的需求这一使命决定了它们在创业教育的推进过程中更加重视与校外的部门进行合作，特别是与企业界之间建立广泛而有效的合作机制显得尤为重要。高校与企业之间的合作有效地将彼此在知识、技术、资源等方面的优势进行了整合，一方面促进了高校自身的变革与发展，另一方面则为企业的技术研发与员工培训提供了必要的智力支持。从我国地方高校创业教育开展的现状来看，校企合作俨然成为推动其发展的一个重要动力。许多地方高校依托区域的资源优势，与当地商会、行业协会、知名企业之间建立起了长期的合作机制。结合学科专业的人才培养方向，以培养大学生创业素质为目标，邀请企业家和创业成功人士为大学生进行创业类的讲座，或者受聘为高校的创业导师，对大学生创业团队进行更为专业的指导。此外，很多地方高校与企业之间的实训合作基地也吸引了大批学生参与到企业的生产运营等实践过程之中，帮助大学生了解企业的构成、运营等一系列内容。部分地方高校的创业园则直接与企业合作，通过建立依托学科专业的创业项目组、工作室等形式，获取企业的资金支持和技术支持，创业团队的成果也可以为企业所用，解决了企业发展过程中所存在的许多问题。

（四）创业教育的制度与文化支持

创业教育能否真正地成为推动创新人才培养的重要途径和高等教育改革与发展的重要推动力，最为本质的一个维度就在于大学内部是否有一种创业的文化。当我们对美国高校创业教育的繁荣赞不绝口之时，我们不仅要关注美国创业教育开展的“术”，更要深入考察创业教育发展的“道”——也就是创业文化的基因是如何渗透到美国高校的每一个空间并与高校的办学理念相融合。当我们提起硅谷、北卡研究三角、奥斯丁研究区等世界闻名的创新创业区域时，我们不能忽略了斯坦福大学、北卡罗来纳三所大学、得克萨斯大学奥斯丁分校浓郁的创业文化对上述区域兴起所起到的巨大作用。地方高校在创业文化的培育方面也进行了大量的尝试。比较普遍的做法是以企业家精神为主线，突出弘扬地域文化精神，从校园创业精神、创业文化环境、创业文化活动等多个方面共同培育高校的创业文化。很多地方高校大一新生入学之时就以创业文化导入为主开展系列活动，如在新生始业教育增加创业教育专题，安排参观创业园，创业类社团招新、举办大型创业讲座、创业校友论坛等；在随后的几年中，通过以创业成果展示为主开展系列活动，如举办优秀创业工作室巡展、创业之星评选、优秀创业导师评选、创业沙龙、创业教育优秀论文征文等活动。很多地方高校还定期举办“创业文化周”、“创业主题论坛”活动，围绕特定创业主题，通过创业项目对接、创业专题培训、企业家论坛、创业之星表彰、创业计划大赛、创业政策宣讲、创业伙伴互动等活动形式，帮助广大学生在参与的过程中树立正确的创业理念，培养健康向上的创业精神。

三　地方高校创业教育转型发展的总体特征

可以看出，地方高校对创业教育具有自身独特的理解和推进创业教育的内在动力。与一流的研究型大学相比，以黑龙江大学、温州大学、上海理工大学、宁波大学、华南师范大学等为代表的地方高校在创业教育的发展理念、发展动力、实施策略等方面的思考与实践更加深入，其创业教育的发展模式已经具备了雏形，不同地方高校创业教育的发展过程中存在一些普遍特征：

第一，地方高校在战略层面更加重视创业教育，以顶层设计的理念统筹协调全校各部门，整合校内校外资源推进创业教育的发展，一些地方高校还将创业教育作为学校办学理念的核心，从而为创业教育的全面深入开展奠定了制度基础。还有一些地方高校则将创业教育的发展列入学校发展规划，建立创业教育教学委员会、创业学院等校级层面的管理机构，为创业教育的开展提供制度保障、资金保障和服务保障。

在制度保障方面，部分地方高校通过创业教育学校领导小组或创业教育教学委员会等常设性机构的方式对全校创业教育工作进行统一领导与规划，从学校发展的宏观层面考虑创业教育的改革与发展。这些校级层面的机构一般都是由学校主要领导牵头，分管教学和学生工作的领导具体负责，成员由各学院、创业学院、教务处、团委、就业处等相关教学和行政部门组成。与美国高校创业教育发展过程中自下而上的路径不同，中国高校创业教育的发展更加倾向于依靠学校领导层的权威和资源配置所形成的自上而下的路径。相较于“985”“211”高校，地方高校因为面临着更为严峻的大学生就业问题和服务于地方经济发展的需要，因此对于创业教育的开展具有更大的热情和动力，这也就是为何我国地方高校大学毕业生创业率高于部属院校的原因。这种从校级层面达成的意见共识，有力地推动了创业教育在全校范围内迅速地展开，大学中的学院和各行政部门在学校层面的统一规划和协调安排之下，也可以就创业教育中出现的问题展开全校范围内的讨论、改进、变革。一些创业教育发展较为成熟的地方院校，还计划成立创业教育专家指导委员会，成员由学校主要领导、各学院主要负责人、创业学院、教务处、团委、就业处组成，该委员会作为常设机构主要负责全校中观层面上创业教育融入专业教育的一系列问题。如果说创业教育领导小组之类的机构为地方高校创业教育指明了方向，那么类似于创业教育专家指导委员会这样的常设机构就是为了解决创业教育改革过程中所存在的一系列复杂问题而出现的，很多涉及不同学院、不同部门之间需要协调配合的事项，都可以通过这个平台得以沟通和解决，从而优化了创业教育发展的效率。

在创业教育推进的中观层面，地方高校普遍专设了创业学院这样的机构，并且在改革过程中进一步完善各学院在创业人才培养过程中的主导职能，发挥院系在深化创业教育教学改革与大学生自主创业互动中的作用；增强创业学院在学校创业教育工作中的组织实施与沟通协调职能；设立“创业教育发展论坛”、“创业教育院长圆桌会议”，为学校各学院之间创业教育改革思路、改革举措的交流提供平台，增强各个学院在创业教育发展过程中的协同创新意识。

在创业教育改革与发展的微观层面上，鼓励专业教师利用课题研究和企业合作研究进行相关创业活动，吸收学生参与到教师的创业活动中；转变专业教师对创业教育的认知，吸引专业课教师、创业指导师进行创业教育方面的理论研究和案例研究，从而增加这些教师对于创业教育的理解，采用更为创新性的教学方式进行课程改革，增强他们在专业教学过程中加入创业元素的意识和能力。地方高校服务于地方经济社会发展的使命也使之天然地具有与企业之间进行合作的任务。许多地方高校支持教师赴企业进行挂职锻炼，鼓励教师参与行业协会的活动，定期组织教师的培训和交流，这些措施都可以沿用到创业类师资的培养和培训过程中，鉴于我国创业教育起步较晚、创业师资的理论素养和知识体系较为薄弱，因此创业教育师资的国际化培育也应当纳入高校的议事日程，通过走出去和引进来的双重方式，培养优秀的创业教育师资。健全创业实习导师制度，进一步明确创业实习导师的工作目标和工作任务，理顺创业实习导师的组成和聘任工作，建立一套可操作性强的创业导师考核制度及奖励制度，并积极引荐校外师资充实队伍。

资金保障方面，地方高校一般都会将创业教育教学改革所需经费列为专项预算，确保改革有稳定的财力支撑。拓宽创业教育基金的来源渠道，通过学校投入、企业投资和社会捐助等多种渠道募集资金；优化和提升创业教育基金利用效率，进一步建立完善的创业教育基金管理机制，为创业教育教学改革和大学生创业实践活动提供充足的经费保障。

第二，地方高校创业教育的目标体系十分明确，创业教育开展的领域也具有更强的针对性，在创业教育与人才培养方案融合、创业教育与专业教育融合、创业教育课程教学改革、创业教育师资培育、创业实践平台建设等方面都有着既定的目标和具体推进策略。这种现象的产生一方面来自学校层面对于创业教育的支持和鼓励，另一方面则来源于地方高校发展过程中存在的“内生性”和“本土性”。地方高校促进创业教育课程与具有地域元素的特色专业课程建设，鼓励各学院以“显性课程”的形式体现于人才培养方案的教学计划之中。

在校企合作领域，地方高校非常鼓励学生通过暑期社会实践、创业计划大赛等途径结合专业知识开展课外创业实践。鼓励专业教师带领学生共同研发，在科研成果转化中培养学生的专业创新创业能力。很多地方高校还建立校内跨专业多学科性质的创新创业实践中心，充分利用各类社会资源，建设产学合作的大学生专业创业实践基地，不同学院的专业往往都会建立相应的校外大学生创业孵化基地。依托学校的专业平台，利用企业的资金和设备，根据学生的专业背景、创业教育进度和创业技能的掌握程度，有序安排学生到相关的企业运作环节进行运营实践。

在大学生创业基地建设方面，地方高校非常注重学校创业园的管理，提升创业孵化功能。整合和改善大学生创业园的物理空间，拓宽大学生创业孵化基地的面积；建设较为完备的创业服务体系。在创业项目信息提供、商业模式设计、市场应用拓展、资金筹措供给、技术保障支持等方面给予保障，提升创业孵化基地的功能；加强创业园与各类市级、省级创业园区的互动与合作，促成大学生创业项目从封闭式的校园内循环状态进入开放的市场竞争状态，增强大学生创业项目及创业团队的可持续发展能力。

第三，在创业教育的对象方面，地方高校的创业教育更加面向全体学生，重视大众化的创业教育而非精英式的创业教育，普遍重视大学生创业意识的培养，而不是单独强调少部分大学生的创业实践。这一点与“985”“211”高校具有明显的差异。

四 地方高校创业教育转型发展的动力源

（一）内部推动：高等教育变革下地方高校创业教育的转型发展

知识经济时代的到来在改变社会结构功能的同时，也扩展着中国高等教育的边界。知识作为最具活力和无限发展潜力的生产要素，对当今社会的整体变革发挥着土地、资本等传统要素无可比拟的优势。高等教育机构在知识生产、知识传递、知识扩散和知识创新的每一段过程中都发挥着相应的作用。由大学所创造的知识的质量以及知识对经济的广泛应用性，对于提升国家竞争力和创新能力显得日益重要。从人的发展本质来讲，大工业时代将人看作发展的工具，通过制度化的教育机构、严格的流程标准、目标导向的评估体系等手段，将人的自身属性割裂开来，仅仅将人看作是实现社会发展、国家富强的工具，并没有将人自身的发展性、开创性统合起来。由此所导致的一个结果就是我们的高校长期以来提供的都是一种理智教育或者是一种为职业做准备的专业教育，人的发展维度受到了极大的约束。今天，移动互联网络时代的兴起已经成为社会整体变革的引擎。在线教育、MOOCS、反转课堂、工作场所学习等理念不仅引领人们学习方式与生活方式的变革，也通过了技术的大范围市场应用而实实在在对我们每一个人产生了影响。在这样一个“最大的不变就是改变”的年代中，高等教育的使命、功能、边界都在发生着急剧的转变。如何将社会经济发展目标对人的规制与人类与生俱来的自由本质之间达成某种平衡，如何以一种更为自由的、灵活的、个性化的方式培养人的创造性，这都是当今的中国高校所必须面对的问题，也是推动中国高等教育变革的内部动力。

如前文所述，创业是一种人的自我实现与自我超越的行为，而创业教育毫无疑问地成为培养大学生的终身学习能力、知识创造能力、想象力、洞察力、实践能力、对不确定环境的适应等一系列综合能力的最佳方式。经过了20余年的发展，中国的地方高校所开展的创业教育，从最初的简单模仿再到政府引导下的实践探索，一直到今天不同发展模式的出现，都向我们展示了高等教育内部变革的过程。但是在一个新的时代中，地方高校创业教育发展过程中也遇到了诸多问题，包括缺乏完整的体系建设、组织创新与变革滞后、创业教育的基础性要素，如师资、课程、实践等环节依旧薄弱、社会组织对高校创业教育的参与程度不高等问题。但是我们也可以看到，与20年前相比，地方高校对于创业教育的认可度与支持力度显著增强，以温州大学、黑龙江大学、上海理工大学等为代表的一批地方高校在创业教育与创新人才培养方面做出了大量的理论研究与实践探索，形成了各具代表性的创业教育指导理念、发展模式、实施路径。如果说中国的地方高校最初开展创业教育的一大动力来自提高大学生就业率的政治任务，那么时至今日，很多地方高校对于创业教育的理解显然已经发生质的变化。创业教育不再是地方高校面对大学生就业压力而进行的一次无奈的、被动的选择，而是地方高校基于时代发展需要与学生个人发展需求做出的人才培养理念与模式的转变。① 虽然还有很多人对创业教育的认知停留在较为狭窄的领域，他们可能认为创业教育就是培养创业者，创业教育就是推动大学生毕业之后的创业，但是越来越多的地方高校不再将创业教育的目标限定在很窄的范围，而是将其与人的全面发展相结合，重在培育创业的基本理念。

自1999年高校扩招以来，我国的高等教育在十多年的时间里经过了跨越式的发展成为世界第一。截至2013年，我国高等教育毛入学率达到27%，全国各类高等教育在学人数超过3000万人，进入国际公认的高等教育大众化发展阶段。② 高等教育的快速发展一方面满足了公众对于接受高等教育的强烈需求，另一方面也为我国经济社会的持续发展和转型奠定了庞大的人才基础。但是我国高等教育的快速发展也带来了诸如高校办学资源的全面紧张，教学管理压力巨大等问题，特别是大学毕业生就业难的问题，成为影响社会稳定的重要因素。党的十七大报告中就提出要“实施扩大就业的发展战略，促进以创业带动就业”，党的十八大报告进一步指出“就业是民生之本”，

---

① 黄兆信、曾尔雷：《以岗位创业为导向：高校创业教育转型发展的战略选择》，《教育研究》2012年第12期。

② 《全国普通高等教育事业发展统计公报》，http：//www.edu.cn/tong_ ji_ 366/20060323/t20060323_ 25266.shtml，2015年12月3日。

“鼓励多渠道多形式就业，促进创业带动就业，提高就业创业质量”。在这样的背景之下，高校创业教育蓬勃兴起、全面展开，成为提升我国高等教育人才质量、培养创新型人才的重要手段。

表 1－4　　2003—2013 年高校毕业生就业率统计情况

年份	毕业生人数（万）	就业率（%）	自主创业比率（%）
2003	212.2	70	—
2004	280	73	0.31
2005	314.1	72.6	—
2006	413	77	—
2007	495	70	0.3
2008	559	68	1
2009	611	68	1.2
2010	630	72.2	1.5
2011	660	77.8	1.6
2012	680	88.3	2
2013	700	88.1	2

资料来源：中华人民共和国教育部《教育事业发展统计公报（2004—2013）》；麦克斯《中国大学生创业报告》。

从目前我国高校创业教育的发展现状来看，大部分高校比较重视大学生的创业教育，开设了不少创业教育的课程，提供了一些创业实践场所，树立了一批大学生创业典型，提高了大学生的创业能力。一些地方高校开始逐步把创业教育与专业人才培养结合起来，融入人才培养全过程，让更多的学生从中受益，培养出既有创业精神和创业能力，又懂专业知识与技能的复合型创新人才。2012 年 8 月，教育部颁布《普通本科学校创业教育教学基本要求》，要求本科学校创造条件面向全体学生开设“创业基础”必修课，向我们明确展现了未来中国高校创业教育的改革趋势，那就是要创造各种条件，以创新型人才的培养为目标，将创业教育与广大学生的专业教育有机地结合起来，促进大学生多方面能力提升。

高等教育内部推动创业教育发展的另外一个动力则来自学生生源的变化。与过去相比，今天的大学生普遍生于20世纪90年代之后，他们的成长经历完全与互联网时代的繁荣联系在了一起，生活品质的大幅度提高使这一代之后的大学生更加注重个性的弘扬和自我意识的觉醒，中国经济30多年的持续发展而带来的良好外部环境也让他们具备了更为多样化的选择——与他们的父辈相比，他们更愿意也更有资源优势去面对不确定的环境，进行创业和其他更具挑战性的活动。当我们的高等教育依然按照工业时代所形成的价值体系、组织架构、教学方式来面对这批彻底浸润在网络时代中而成长起来的大学生，地方高校在行政组织体系、学科结构方面的僵化与当代大学生个性发展间就必然会产生某种撕裂，这种撕裂程度的强弱与否，其关键并不在于大学生，而在于地方高校是否有足够的意愿和动力去进行变革。创业教育恰好为高等教育自身的变革提供了一种新的尝试：通过创业教育的转型发展促成地方高校的整体变革，这有助于学生从“现实的人”向“发展的人”转变，也有助于地方高校从一个科层化、制度化的教育机构转型为扁平化、多元中心的学习型组织。

（二）外部拉动：经济发展方式的转型与地方高校创业教育的回应

当今的世界正处在一个充满着各种不确定性与激烈震荡的时代。全球金融危机带来的余波至今没有消弭，世界主要发达国家的经济复苏依然困难重重。在这样的时代背景下，欧美各国将鼓励全社会的创业活动作为破解经济与社会发展难题的重要战略选择，通过战略规划、政策制定、环境塑造、文化引领等多种手段构建创业型的社会，从而推动就业的增长与经济的繁荣。世界范围内的创业教育浪潮也汹涌而至，创业教育也成为各国提升大学生创新能力、促进区域经济增长与技术变革、提升国家竞争力的重要政策议题。创业教育也已经成为我国政府、高校、社会、企业热议和关注的重要话题。经过了十多年的发展，我国高校的创业教育已经取得了巨大的进步，同时也成为推动我国高等教育改革与发展、创新型人才培养等国家战略的重要手段。我国高校的创业教育无论是从课程设置、师资建设、创业实践基地建设，还是从政府和学校层面的重视程度、学生的认可度和参与度来讲，都已经度过了初创期。从参与创业教育的高校数量来看，根据相关数据，仅2010年全国各地高校就举办了2万多场创业大赛、创业论坛等与创业教育有关的活动，参加的大学生超过300万人次。从参与范围上看，创业教育已经从最初的九所试点院校拓展到了包括研究型大学、地方本科院校、高职院校在内的几乎所有高校。党的十七大、十八大报告对支持全社会的创业也做出了战略部署。上述制度和政策方面的变化都体现了未来高校创业教育蓬勃发展的趋势。

现有的创业教育模式更多地关注高校与企业及企业家的合作而忽略了其他社会组织的参与作用，社会力量参与创业教育的广度和深度都有待加强。因此，创业教育的转型发展必须根据我国社会经济整体转型的趋势和高等教育改革与发展的步骤，借鉴发达国家的经验，建立起创业教育的生态系统。构建起地方高校—政府—企业—社会之间分工合作、资源共享、有效互动的创业教育公共治理机制，形成全社会广泛参与的创业教育发展氛围。

在这一过程中，地方高校创业教育的转型发展也必然回应了我国“创新驱动”战略下经济社会结构转型的需要。创新驱动强调通过富有创新精神和创新能力的个体，以观念创新、制度创新、技术创新等多种方式，利用新的思维方式、新的管理理念、新的发明创造去实现社会的持续发展。因此，在创新驱动阶段人成为最关键的要素，知识、信息、技术等无形资产则成为附着在人的创造性本质之外的要素投入。这类要素投入具有非稀缺性、非排他性和非消耗性等特征，其创造的价值和发展模式远远高于资本投入与资源禀赋。

创新驱动这一概念就其本质而言，是指一个国家或地区的社会进步与经济增长主要依靠原创性知识的探索、新发明和新技术的创造及其应用过程。从发达国家的经验来看，一个以创新驱动的社会经济体需要如下几个必要条件：第一，在各个行业与领域中具备了创新精神和创新能力的个体，如科学家、教师、研究人员、企业家、工程技术人员等。创新者的培养是整个创新驱动过程是否运行的基础与前提，因此，旨在鼓励和促进创新者涌现的外部环境和一系列制度措施，就显得格外重要。第二，原创性知识和各种发明创造从理论到实践应用的完整转化过程。“创新的实现是体现创新成功与否的唯一标准”。与投资驱动和要素驱动的经济发展相比，创新驱动体现的则是某种类似于生态系统的自发演进特征，即动态性、栖息性、生长性，以创造最终价值为导向，一切的创新最终都要具备一定社会条件限制下实现的可能性。第三，创新驱动体现的是一种自下而上的、不同区域之间的多样性、自发演进性和开放互动性。因此，一个地区、一个国家、一个社会的开放性和多样性是繁荣创新的关键，包容意味着允许差异的存在，开放意味着打破封闭的界限，互动则激发了思想和观念的无限可能。

近年来，大批知名的创新创业型企业如联想、海尔、中兴、华为、大唐、阿里巴巴的崛起构成了我国经济结构转型的最大原动力。党的十八届三中全会明确提出了要“发挥市场作为资源配置的决定性作用”，这不啻为未来中国30年的经济发展指明了战略方向：在市场为资源配置核心的前提下，创业企业的境况会得到显著改善，由此也会激发更多的年轻人去选择创业，实现自己的个人理想。如果说过去企业的核心竞争力建立在对劳动力成本、土地、资源等要素投入的基础之上，那么创新驱动阶段的企业发展将以科技创新和激发个体的创造力为前提。而我国经济社会结构的转型发展也必然是以推动个体的创新创业能力为主。在这样的大趋势之下，地方高校创业教育的转型发展必须考虑到外部大环境的变化趋势，将创业教育的发展与中国未来社会经济整体变迁的需求相对应，从而最大限度地激发大学生创业的理想与热情。同时改革创业教育的治理结构，建立起地方高校、企业、科研机构、政府、社会组织之间多元合作、互动共享的创业教育参与机制，形成不同利益相关者群体间的长期信任与合作关系，营造开放的创新资源流动方式，形成以推动区域经济社会转型发展为最终目标的地方高校创业教育发展模式。①

① 王志强：《一体与多元：欧盟创业教育的发展趋势及其启示》，《教育研究》2014年第4期。

第二章　创业教育新体系：高校创业教育的全面革新

目前，创新创业已然成为我国社会各界广泛关注的话题。在教育领域中，创新创业人才的培养不再仅仅是口号，而更多地与人才培养目标紧密结合起来。本章将在论述高校创业教育诸要素关系的基础上，论述高校创业教育转型发展的核心问题，并从几个方面提出众创时代高校创业教育的全面革新之路。

第一节　高校创业教育转型发展的核心要素

本节将在论述创业与创新、创业教育与人才培养以及创业教育与专业教育关系的基础上，提出众创时代高校创业教育的全面革新体系图。

一　创业与创新

奥地利经济学家约瑟夫·熊彼特在《经济发展理论》一书中首次对“创新”这一概念进行解释并开创了针对创新的理论研究。他认为“创新”就是“生产函数的建立”，是“生产手段的新组合”（new combinations of productiveness）。[①] 同时，熊彼特也将社会经济活动中的创新划分为五种类型：（1）采用一种新的产品——也就是消费者还不熟悉的产品——或一种产品的新的特性；（2）采用一种新的生产方

---

① ［美］熊彼特：《经济发展理论：对于利润、资本、信贷、利息和经济周期的考察》，何畏译，商务印书馆1990年版，第17页。

法，即在有关制造部门中尚未通过经验检定的方法，这种新的方法也不需要建立在一种科学新发现的基础之上，而是存在于商业上处理一种产品的新的方式之中；（3）开辟一个新的市场，也就是有关国家的某一制造部门以前不曾进入的市场，不管这个市场以前是否存在过；（4）掠取或控制原材料或半制成品的一种新的供应来源，不管这种来源是已经存在的，还是第一次创造出来的；（5）实现任何一种工业的新的组织，比如，造成一种垄断地位（如“托拉斯化”），或者是打破一种垄断地位。①

无论是熊彼特最初关于创新的定义与解释，还是最近几十年来创新领域的最新研究成果，众多的学者并没有单纯地将“创新”等同于“创造”、“发明”、“革新”等社会经济行为。创新是促成社会经济发展的关键性要素之一，同时也是最根本的内生性要素。从动力的来源来讲，创新的驱动力来自一大批拥有企业家精神的创业者，他们也随之成为创新过程的主体。

创业者是指那些把实现新的生产方法组合作为自己的职责，并实际履行生产手段新组合的人。创业者必须具有以下特点：第一，创业者应当富有创造性和远见性。熊彼特认为，创业者不同于传统社会生活中所存在的“管理者”或“技术型专家”。后者的功能只是在社会和经济运行的静态循环过程以及严格的科层制结构中利用自身所掌握的专业化技能“例行公事”，而创业者则绝对不会墨守成规，他们常常会创造性地变更其行为模式并总是将实现生产要素的新组合作为自己的职责。第二，创业者也不同于技术上的发明或创造者。技术专家是从事发明创造的人，而创业者则是将技术发明运用于现实的经济生活中，从而创造新的价值。第三，创业者善于发现并及时利用各种新的机遇。他们善于在不确定性中及时发现和抓住机会。他们对于未来社会经济发展的趋势具有一种“敏锐的嗅觉与洞察力”，并能吸引其他的跟随者去进入和引领这种变革的趋势。第四，创业者具有丰富的

---

① ［美］熊彼特：《经济发展理论：对于利润、资本、信贷、利息和经济周期的考察》，何畏译，商务印书馆 1990 年版，第 69 页。

专业知识、超强的克服困难的意志力。[①] 除此之外，创业者仅有专业技能还不能保证他们的成功，由于“创新”往往伴随着高度的风险，因此创业者在进行“创新”时常常会遇到一系列的困难，诸如新环境的挑战，心理的、个人的障碍和社会的障碍等，这就要求创业者具有坚韧的意志力，以克服创新过程中所遇到的各种困难，最终实现创新。

创业这一词汇早在数百年前就已出现在经济学文献中，但迄今为止，学术界对于创业的本质与概念依然未能达成一致。英语中通常普遍采用“entrepreneurship”一词来表示这一专业研究术语。创业研究的兴起最早出现于20世纪60年代末的美国。在过去的40年里，一大批来自管理学、经济学、社会学、心理学等领域的学者对创业的本质、内涵、边界、创业活动对经济的绩效、创业者的人格特质、创业者的社会网络结构等话题进行了持续性研究。关于创业的概念，较有代表性的是Cartner和Morris分别在1990年和1998年的研究，他们通过对欧美地区创业类核心期刊的文章和教科书中出现的77个定义进行词频分析，将创业的内涵总结为：开创新业务，组建新组织；利用创新这一工具实现各种资源的新组合；通过对潜在机会的挖掘而创造价值。[②] 我国学者对于创业概念的认知大体上分为三个层次：狭义的创业概念、次广义的创业概念和广义的创业概念。狭义的创业概念是“创建一个新企业的过程”，次广义的创业概念是“通过企业创造事业的过程”，广义的创业概念则是“创造新的事业的过程”，即所有创造新的事业的过程都是创业。本书认同Cartner和Morris关于创业概念的界定，同时也认为，创业的本质就是创新，是创新在实践层面的体现。

从以上分析可以看出，创新的概念范畴涵盖了推动社会经济发展的所有技术的、组织的、方法的、系统的变革及其最终价值实现过

---

① 陈其广：《创新是经济发展的重要推动力——论熊彼特创新理论的合理性》，《中国社会科学院研究生院学报》1987年第4期。

② Cartner, W. B., “What Are We Talking about When We Talk about Entrepreneurship?” *Entrepreneurship Theory & Practice*, No. 18, 1990, pp. 15 - 18.

程。而创业则是为了推动创新的实现、由一大批拥有企业家精神的创业者所进行的动态过程。与创新相比，创业更加强调愿景形成与价值实现的有机统一，它要求人们必须具有将创新精神、创新意识和创造力转化为成功的社会实践过程。这不仅包含个人创新能力的培养，也要求人们必须具备发现变革趋势并把握机遇的能力、组建有效的创业团队并整合各类资源的能力、打造可持续的创业计划的能力以及抵御风险、解决应激性问题的能力。可以说，与创新这个更为宏观的、注重系统分析的词汇相比，创业是一种更加注重实践性、个体性、多样性的过程。

尽管全社会已经意识到了创新和创业的重要性，但是我们长期以来依旧缺乏对创业及创业教育的正确认识。人们通常会狭隘地将创业理解为“开办自己的企业或事业”，创业的范围也仅仅局限于自主创业，由此造成的一个实践误区就是在高校中蓬勃开展的创业教育几乎千篇一律地将培养自主创业者作为其主要目的。创业教育最初起源于商学院与工程学院，这是一个事实，但这不是全部。文化、社会价值观、经济政策、个体行为之间复杂的交互作用塑造着创业的内涵、功能与边界。对于高校中的创业教育和相应的创业活动来讲，它必须体现的是所在社会关于当今世界发展趋势、人类行为复杂性的认知、区域文化差异性的理解，因此，创业并非简单地开办属于自己的企业或从事某种冒险性的行为，它要求的是知识、想象力、洞察力、创造力、实践能力、对未知事物的探索热情、对不确定性环境的适应等一系列能力的综合运用。可以说，创业是一种自我实现与自我超越的行为。

二　创业教育与创新人才培养

创业教育的含义也有狭义和广义之分。从狭义上来说，创业教育是指进行创办企业所需要的创业意识、创业知识、创业精神、创业能力及相应的实践活动的教育。联合国教科文组织提出了创业教育的定义：“培养具有开创性的个人，它对于拿薪水的人同样重要，因为用人机构或个人除了要求雇佣者在事业上有所成就外，正在越来越正视受雇者的首创、冒险精神，创业和独立工作能力以及技术、社交和管理技能。”[①] 然而，社会各界学者对创业教育概念内涵的认识仍然存在分歧与争论，创业教育与其他学科的边界模糊不清，创业教育不仅是教育领域的术语，也是政治和经济领域的术语，创业教育因文化而异且包含了个体与公众不同的价值判断。因此，创业教育的含义也是一个不断演化与进步的过程，它的特征主要体现在以下几个方面：目标的多重性与前瞻性，对象的广泛性，学科边界的模糊性和融合性，教育教学方法的实践性，发展的时代性与开放性等。本书将创业教育界定为：由高等教育机构实施的、旨在培养在校大学生创业意识和创业精神，传授创业知识和创业技能，锻炼创业实践能力的系统性、开放性教育体系。

早在 1919 年，著名的教育学家陶行知先生就已经将“创造”引入教育领域。他在《第一流的教育家》一文中提出要培养具有“创造精神”和“开辟精神”的人才，这对于“国家富强和民族兴旺具有重要意义”。[②] 时至今日，随着知识经济社会的到来，培养创新人才、建设一流大学、提升高等教育对区域社会经济发展的知识基础作用已然成为各国政府的普遍共识。我国先后出台了科教兴国战略、“985”工程、“211”工程、《国家中长期教育改革和发展规划纲要(2010—2020)》等一系列旨在促进创新人才培养的发展战略，深刻地影响了高等教育的变革。

从国内学者关于创新能力培养的理解来看，创新能力的内涵基本划分为三种观点：首先，创新能力是个体运用一切已知信息，包括已有的知识和经验等，产生某种独特、新颖、有社会或个人价值的产品的能力；其次，创新能力表现为相互关联的两个部分，一部分是对已有知识的获取、改组和运用；另一部分则是对新思想、新技术、新产品的研究与发明；最后，创新能力应当以一定的知识结构为基础。总体来看，大学生的创新能力主要包括了四个方面：（1）学习的能力，

① 国家教育部高教司：《创业教育在中国——试点与实践》，高等教育出版社 2006 年版。

② 张民生：《陶行知的教育思想与实践》，上海音乐出版社 2000 年版。

即对主要已有知识及知识源的接触、筛选、吸收、消化；(2) 发现问题的能力，即对已有知识框架结构的漏洞或盲点的发掘以及对知识框架结构的完善，对已有知识框架结构合理性的质疑和重建；(3) 提出解决问题方案的能力；(4) 实践其方案的能力。

从创新人才培养的角度来看，创业教育毫无疑问是实现上述目的的最佳路径。正如前文中所述，创业教育的本质就是以更加实践性、个体性、多样性的方式实现创新人才培养这一目标。1988 年，柯林·博尔提出创业教育应成为第三本"教育护照"；1989 年，联合国教科文组织在北京召开的"面向 21 世纪教育国际研讨会"上提出创业教育要强调培养学生的事业心和开拓技能；2002 年，教育部及与会专家在"创业教育"试点工作座谈会上一致认为创业教育是素质教育的一个重要方面；而近两年的有关研究更是明确指出，高校创业教育的核心在于培养学生的创新思维、创新意识、创新能力。部分学者和知名的企业家认为创业只能是一个自我探索的过程，无法通过教育的方式施加影响。但正如彼得·德鲁克所言，"创业不是魔法，也不神秘。它与基因没有任何关系。创业是一种训练（discipline），而就像任何训练一样，人们可以通过学习掌握它"。① 部分学者更是直截了当地指出，每个学生身上都在某种程度上存在可以培养成为创业者的天赋。②

首先，创业教育要培养大学生对创业的基本认知，这种认知本身就是一种知识结构，可以作为大学生知识体系的一部分。在一个创新驱动的社会中，创业知识的内容可以体现当今社会主流和日常的各种创新模式，以及社会态度、经济政策和法律制度对创造力、冒险精神和创业行为的支持等。因此，创业知识具有综合性的特点。其次，创业不仅仅是一种商业行为，作为思维、推理和行动的独特模式，创业需要想象力、洞察力及创造性整合资源的能力。因此，从更广泛意义上来讲，创业教育是体现创新教育的最佳实践路径。对于大学生优化

---

① Drucker, P. F., *Innovation and Entrepreneurship*, New York: Harper & Row, 1985.

② Gibb, A. A., "Enterprise culture and education: Understanding enterprise education and its links with small business, entrepreneurship and wider educational goals", *International Small Business Journal*, Vol. 11, No. 3, 1993.

知识结构、适应未来不断创新的社会并实现自我发展具有重要作用。

三 创业教育与专业教育

从1947年美国哈佛大学首次在商学院开设创业教育课程，到1953年纽约大学开设由彼得·德鲁克任主讲教授的创业教育讲座，再到1968年百森学院第一次引入创业教育学士学位，创业教育已经从当年的商学院、工程学院扩展到了大学的各个领域。今天，创业教育不仅成为欧美大学商学院课程体系中的重要组成部分，它也开始延伸到大学的其他学院。创业教育与专业教育之间的融合趋势越发明显，如何将创业教育有效地融入专业教育过程之中，在培养大学生专业知识的同时融入创业的理念、知识与技能，使大学生成为既懂专业知识又有一定创业能力的复合型创新人才，已经是今天欧美大学本科课程改革中增长趋势最为明显的主题。美国的大学在过去30年中，正式的创业教育项目已经从1975年的104个增加到了2012年的超过600个。① 在这一过程中，大学内部也改变了对于创业教育的传统认知，特别是自20世纪80年代《拜杜法案》通过之后，美国的大学鼓励教师和学生以技术转移的形式，将各种创新性的研究成果转化为实际价值。创业教育的开展不仅有效地改变了大学生对于创业的传统认知，更重要的是，那些选修至少两门创业类课程的学生与未选修此类课程学生相比，具有更加强烈的创业意愿，也具有较高的创业成功率。

通识教育和专业教育是各国大学教育中最为重要的两个组成部分。前者关注学生作为一个有责任的人和公民的生活需要，后者则给予学生某种专业领域的知识或某种职业能力的训练。对于通识教育来讲，创业教育的跨学科性有利于学生接触、理解、吸收和转化不同学科领域的知识。创业教育为大学的通识教育提供了一种可以将理论学习与实践探索相结合的路径，不同学科的一般性知识与文化价值、社会体系、经济政策、法律制度以及塑造人类行为的各种活动紧密地联

① Michael Shattock, *Entrepreneurialism in Universities and the Knowledge Economy*: *Diversification and Organizational Change in European Higher Education*, Maidenhead, UK: Open University Press, 2009.

系在了一起。以美国创业教育课程的基本设计为例，大部分创业教育课程设计的初衷都是面向大学的所有学生，通过创业教育来探索和解释当代核心文化价值是如何在人类行为的广阔领域中得到释放或表达，这些文化、经济、法律、制度等多个领域所存在的多元性与差异性又是如何综合起来构成了人类社会的复杂行为。从这个意义上来讲，高校创业教育完全可以以一种更加有效、更容易被学生接受的方式促进通识教育的发展。

大学专业教育的细分及其培养目标的专一性最初来源于西方工业化时代“标准化、可复制、大批量生产、质量控制”等特征在教育领域的反映。在今天，社会经济发展的驱动力已经不再依靠生产要素的数量增加，而是大量的富有创造力、更具个性表达的个体。大学的专业教育需要更多地考虑每一个学生的个性特征与学习需求，学生在针对某一个特定学科或领域的学习过程中，也将融入其他相近学科的知识，专业教育也需要增强对不断变化的外部环境的反应，培养目标、课程体系、教学方式、评价方式也需要通过变革以适应知识经济时代对于创新人才的定义。创业教育的跨学科性与实践性恰恰可以整合上述离散的专业知识和学科领域。创业教育与专业教育之间的融合使学生“在针对某一专业领域的知识学习和技能掌握过程中，形成了更为广阔领域的教育经验。批判性思维、逻辑思考能力、领导力、团队合作精神、信息素养、必要的金融知识等在这个时代生存所必需的能力都可以通过专业教育和创业教育之间的融合而得以加强，这种贯穿大学四年的教育方式会使学生在未来的生活和职业发展中受益匪浅”。①

作为一种“生成性教育”，创业教育与历史、社会、人文等其他学科的区别在于它在实践过程中创造了自身的教育目标、教育内容和教育方式，参与创业教育的主体在这一过程中进一步丰富和完善了创业教育。综观欧美各国高校的创业教育模式，我们很难找到放之四海

① The Kauffman Panel on Entrepreneurship Curriculum in Higher Education. Entrepreneurship in American higher education. http://sites.kauffman.org/pdf/entrep_high_ed_report.pdf, 2008. Per Blenker. Entrepreneur Education—the new challenges facing the universities, http://pure.au.dk/portal/files/32345606/2006-02_ENG.pdf. 2006-02.

而皆准的创业教育模式，每一所高校的创业教育的开展都是与这所大学的历史、文化、教育理念、所在区域的社会经济发展水平等多种因素相适应的。因此，创业教育与专业教育的融合需要考虑几个核心问题：首先，创业教育是否可以划分为一个独立的学科；其次，创业教育与专业教育之间的融合应该采取哪些有效的途径；最后，外部环境对于高校创业教育的支持。

四　众创时代创业教育的全面革新体系

目前，欧美国家的创业教育已经走向了开放的、全社会共同参与的模式。美国高校的创业教育早已从最初建立在商学院的创业课程发展到了全校性创业教育模式，如今更是在逐步形成以大学、企业、研究机构、金融服务组织、社区等利益相关者在内的创业教育生态系统。在这一系统之下，高校创业教育早已不是一个封闭体系内的活动，而是通过不同组织和个体之间自由地协作，实现了知识、经验、技能的无界限流动。那么，如何有效地整合各类创业资源，从而为高校创业教育的繁荣提供强有力的制度和环境保障呢？在众创时代，高校创业教育如何实现全面革新？（见图2－1）本章主要就这些问题做一解答。

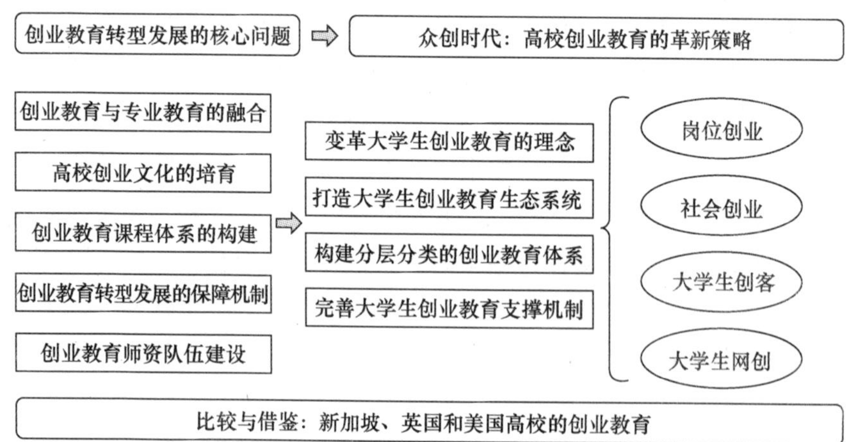

图2－1　高校创业教育的全面革新体系

第二节　高校创业教育转型发展的核心问题

基于对中国高校创业教育发展的现状及转型判断，创业教育面临着五个核心的问题：（1）创业教育与专业教育的融合；（2）高校创业文化的培育；（3）创业教育课程体系的构建；（4）创业教育体系的保障机制；（5）创业教育师资队伍的培养。可以说，这五个问题构成高校创业教育转型过程中理论研究与实践发展无法回避的核心。

一　核心问题一：创业教育与专业教育的融合

创业教育与专业教育是大学教育不可或缺的两个方面。而当前高校创业教育与专业教育却各自为政，互不衔接，造成创业教育脱离专业教育体系而独立运行的现状。调查表明，关于大学生创业知识的来源，深入影响其创业观念的因素分别是朋友圈（21.84%）、社会实践（19.17%）和企业活动（16.54%）。而作为创业教育实施主体的高校并没有在提升大学生创业精神和创业知识方面发挥主导性作用。在此基础上，高校必须要找到有效的途径，通过创业教育与专业教育的尝试融合来培养大学生的创业意识和创业能力。

同时，创业教育脱离于高校人才培养方案之外，形成了创业教育与专业教育“两张皮”的状况。专业教育是学生创业意识、创新精神与创业能力培养的重要载体。许多高校在创业教育的课程设置上出现了偏差，脱离于专业人才培养方案之外，将创业教育等同于少数人的实践，注重他们参与创业实践活动而忽视了与专业课程相融合的创业课程的开发与实践。即使一些高校开设了相关创业教育课程，也往往存在数量有限、形式单一等问题，创业教育与专业领域缺乏知识的共享与融合。

高校应该创设创业教育与专业教育尝试融合的新机制，建设分步骤、分层次、分阶段在全国范围内选择试点院校，探索建立一批国家级/省部级创业教育与专业教育尝试融合实验区。在实验区内遴选一批实践性和学科交叉性较强的专业，以促进创业教育与专业教育深度融合为导向[1]，从课程体系、教学理念、教学内容、教学方法、教学评价、师资队伍、实习实践等多个环节进行系统性改革，为高校创业教育的转型发展提供极具参考价值的有益经验。高校可以对已有的学科专业与课程体系进行结构调整，挖掘并充实各类专业课程的创新创业教育资源，建设依次递进、有机衔接、灵活机制的创新创业教育课程模块组合，从而将创业教育与专业教育有机融合起来。[2] 通过实验区的建设鼓励各高校探索创业教育与专业教育尝试融合，吸引大批专业教师参与其中，通过各种专业类创业课程的学习和多渠道创业实践的锻炼培养大学生的专业创业意识、专业创业能力和专业创业实践经验。

二　核心问题二：高校创业文化的培育

创业与管理之间具有较大的差异，甚至在某种程度上来讲，两者是一种分离的关系。对于创业来讲，更多的是基于驱动，是考验创业者追寻机遇和把握机遇的能力；而管理的过程更多的是强调资源的整合与利用，是一种资源驱动的过程。两者本质上的差异决定了创业教育的哲学与传统商学院管理课程的哲学是迥然不同的。Rice 对美国的一些创业教育领先大学的研究表明，现存创业教育的课程首先需要将创业教育的哲学与创业的哲学相对应，创业教育需要的是培养大学生对各种潜在机遇的敏感性和把握能力。Solomon 和 Duffy 在 2002 年的研究也证实了 Rice 的观点。[3] 创业教育的核心目标与传统的商业管理的教育是截然不同的。个体创业的行为与管理一个企业的行为之间存在巨大的差异：创业教育必须包括协调、领导力、新产品开发、创造性思维、技术创新的扩散等多种技能，但更为重要的是具备以下品质：将创业作为职业生涯的首选、寻找风险资本的能力、时刻不停的

---

① 黄兆信、刘燕楠：《众创时代高校如何革新创业教育》，《教育发展研究》2015 年第 12 期。

② 黄兆信、赵国靖、唐闻捷：《众创时代高校创业教育》，《教育研究》2015 年第 7 期。

③ Solomon, Duffy, "The state of entrepreneur education in the United States: A nationwide survey and analysis", *International Journal of Entrepreneurship Education*, 2002, 1 (1): 65 – 86.

新创意和新想法、成功的野心、富有个性的表达。显而易见的是，上述品质才是区分创业者与管理者最主要的指标，而创业教育的目标毫无疑问地应当是通过各种手段激发每一名大学生的这些潜在品质。

从创业教育的教学方式来讲，它更注重多样性和实践性。创业计划书、在校期间的创业实践、与有经验的创业者之间的交流与咨询、模拟运营、案例讨论与分析、创业论坛等都是创业教育的教学方式所应该关注的。在辐射模式之下，创业教育的教学更加需要考虑跨学科项目的形式，利用教师和学生背景的多元性形成有效的教学，创业教育中的跨学科项目对于培养非商学院学生的创业意识和创业能力来讲，具有更加显著的作用。

作为一门多学科的教育过程，高校创业教育面临的主要挑战是：（1）教学范式需要从提供指令转向提供学习，强调学生必须全程参与到教学过程中并激活学习的环境，将各种有效信息通过合作与建构的方式传递给学生；（2）创业教育的内容涉及经济学、社会学、管理学、心理学等多学科知识，如何在实施过程中将传统的社会科学的不同观点糅合在一起；（3）创业教育所需要弘扬的是富含冒险精神与探索精神的创业文化，这种文化如何与大学传统的思辨的、形而上的、偏重理论和规范性较强的文化相融合；（4）创业教育是基于每一个个体为中心的模式，结果是现有的战略目标是给个体传授一般的教育使其知道如何成为创业者而忽略了其他必要的知识与技能元素的培养。因此，变革的路径从哲学来看，首先，应该加速创业教育从教学范式向学习范式转型，大学需要转变其角色，成为学生创业的孵化器，通过提供资源和建立起与产业部门之间的合作关系网络，为学生提供真实世界的经验。其次，大学的知识学习哲学需要继续变革，从“生产”、“绩效”转向“停顿”和“反思”。大学需要为学生提供足够的空间和时间，使学生能够从自身获得经验中，对自己的专业和知识的身份进行反思，这种反思必须是持续的和有意义的。最后，大学需要引入“探索—所有权—问责”的轨道，从一开始，学生就需要被孤立探索属于他们自身的知识、兴趣来选择创业。

许多高校从学科结构、课程设置和教师资源等方面考虑，往往将商学院看作是实施创业教育的理想基地。但实际上，传统商学院并不利于创业教育的开展，有的学者研究发现，“不在少数的商学院所传授给学生的恰好是创业的反面。他们教你去华尔街工作、教你必要的知识和技能——但是所有的这些努力都是在将你从成为一名创业者的道路上向相反方向推动，他们所教给你的知识，华尔街希望你做对的事情。实际上，商学院教你的是如何为某个人或某个组织工作，而不是为自己工作”。[①] 因此，高校创业教育应当是在全校范围内首先进行创业文化的培育和激励，利用不同的政策体系激励全校的创业活动，培育每个学生的金融素养、对商业的理解、进行人格养成，通过间接的政策而非直接的政策来培育这种文化。美国很多高校都设立了跨学科的创业中心，鼓励不同学科的学生参与进来，吸引工程专业、计算机专业、人文、艺术和其他社会学科的学生组成不同的创业小组。相应的评价方式也要发生变化，高校要适应跨学科领域的发展，要求持续性的和频繁的调整，大学要发展出建立学习型组织的政策。在管理方面，大学应该更加灵活，包括创业实践教席、客座教授、利益相关者群体的参与等多种形式。

创业教育的教学中有三个问题始终是需要处理的：第一，其他学科的教师如何教授创业？第二，传统商业形态的工作是否向学生展示了创业？第三，教师对于创业本质的理解和认知是如何影响他们的教学范式的？对于第一个问题来讲，传统的大学教育更加注重理论的教学，大部分创业教育主导的教学方式却是案例分析、模拟经营、项目参与，这些内容与传统教育是不一样的。教师应该以学习为中心传授创业。也就是发展学生问题解决和把握机遇的能力。更进一步来讲，传授创业知识的一条途径是通过非传统方式，让学生大量参与其中，学生可以在实践过程中通过反馈、冲突、差异、协调、合作学会创业。此外，学生与教师、学生与学生、学生与教学内容之间的三大互动也是支持创业教育的重要手段。

---

① Deborah H. Streeter, John P. Jaquette, JR. Kathryn Hovis. University - wide entrepreneurship education: alternative models and current trends.

三　核心问题三：创业教育课程体系的构建

截至2014年，我国高校已经具有十多年开设创业教育的“创业经验”了。创业教育课程的开设也受到了来自大学生的欢迎。但是创业教育的课程在理念层面和设计层面就存在“先天的”不足，高校创业教育的课程设计缺乏系统性，大部分的创业类课程强调对学生创业知识的传授而忽视了通过大量情境性的、互动性强的实践类课程教会学生创业的技能。只有通过在真实场景中的创业，才能够真正提升学生对创业的理解和认知。[①] 此外，很多高校对创业教育的课程重视不足，甚至将其列入大学生的第二课堂等实践活动之中。部分高校甚至把创业教育定位为第二课堂实践活动。从创业教育所需教材的角度来看，我国高校创业教育经过了20多年的发展，却依然没有编写出具有较高质量的、能够被教师和学生所喜爱的创业类教材。很多教材的理念和方法基本都来自国外，部分内容与我国创业教育的背景存在巨大的差异。因此，我们急需根据中国创业教育的背景特征，研发并编写出具有本土特色的创业教材。

笔者认为，积极的课程体系应该是由合理的课程目标、科学的内容以及系统的结构进行支撑和构建的。因此，构建高校创业教育课程需要解决好三个核心问题：确定课程体系的目标、选择课程内容以及整合课程资源。

（一）定位目标：共性目标与个性目标分层定位

课程体系的构建主要是围绕着培养人才的标准、培养人才的途径以及培养人才的目标而展开的。因此，高校人才培养目标也是创业教育课程体系的基本依据和最终目的。结合泰勒的“目标源”理论以及对创业教育目标的理解，笔者将从共性目标和个性目标两方面对创业教育课程体系进行定位。

1. 共性目标

创业教育课程体系的构建要面向全体学生，将培养创业意识和创

① 黄兆信、曾尔雷、施永川：《美国创业教育中的合作理念、模式及其启示》，《高等教育研究》2010年第4期。

业心理品质，提高大学生的整体素质作为创业教育的共性目标。这主要表现在强化创业意识、丰富创业知识、培养创业心理品质以及提高创业技能等多方面，是大学生适应不断变化发展的时代需要。

2. 个性目标

构建创业教育体系的个性目标。与创业教育课程体系“一视同仁”的共性目标不同，创业教育的个性课程目标主要是培养学生的创业能力。这主要包括经营能力、综合性能力以及职业能力等创业实践能力。当然，创业课程体系的个性目标面对的学生群体也主要是本身具有强烈的创业欲望或者实力的学生。

（二）整合内容：三种课程形态有机整合

课程目标的实现主要依赖于课程内容的有效确立。依据现代课程的划分标准，结合创业教育的发展现状，我们将创业教育课程划分为隐性课程与显性课程、基础课程与专业课程、理论课程与实践课程。在课程的设计过程中，要注意课程内容的整合性和完整性。

1. 隐性课程与显性课程的有机整合

隐性课程主要表现在学校文化的影响力，是间接的、内隐的社会存在，潜移默化地影响着学生的身心发展。而显性课程则具有直接性、外显性。一般以课程设置的方式向学生传授专业知识。加强隐性课程与显性课程的融合，能在学习创业知识的同时，树立创新创业的价值观，并养成良好的创业行为习惯。

2. 基础课程与专业课程的有机整合

创业教育的基础课程主要指面向全体学生开设的培养学生创业意识、拓宽创业知识的普及类课程，而专业课程则是指不同学院学科开设的培养学生专业技能、传授专业知识的课程。将创业教育的基础课程融入其他专业课程的教学过程中，有利于大学生利用自身的专业知识，发现创业机会，开拓创业途径和创业领域。①

3. 理论课程与实践课程的有机整合

创业教育的理论课程是为学生传授必要的创业知识而设立的，实

---

① Courses of Graduate Cataloge in University of North Texas, http//www. unt. edu/catalog/Grad/music. htmmuge, 2015 - 03 - 23.

践课程则是为了通过实践加强对理论知识的掌握和运用，提高创业技能。部分高校重视知识传授忽视实践的教学行为，或者直接以创业大赛等实践活动的形式取代理论教学的行为都是有待纠正的，都是创业教育课程发展不成熟的表现。

（三）优化结构：建设“平台+模块”课程结构模式

从系统论的观点看，创业教育课程体系的构建，不仅要有它赖以存在的形式和条件，而且还应该具有科学的结构，只有这样，才能优化创业教育课程体系，并发挥创业教育功能的最大功效。首先，立足于形式构成的角度，增加创业教育模块，与“人文社科模块”和“自然科学模块”并列为通识教育三大模块。其中，公选类创业课程和专业课创业类课程分别立足于各自的学生群体，满足不同学生的学习需求。其次，合理安排创业必修课与创业选修课的比例。目前创业教育课程在我国高校开展不足十余年，创业教育课程设置还不成熟，尚未被列入必修课的行列。然而，合理的选修课与必修课的比例设置才是推行创业教育的关键。必修课包括创业管理入门课、职业指导课、创业技能课以及创业实务课程等，以教授专门的创业专业知识和专业技能为主要目标。而选修课则包括企业文化和企业精神的培育、市场营销、企业管理以及创意策划等，旨在培养全体学生的创业意识和创业心理品质。

（四）总体设计：遵循高校创业教育课程体系构建三大原则

创业教育的课程体系要遵循几个基本的原则，主要包括了创业课程的目标导向原则、创业课程的综合能力拓展原则和创业课程的实践互动原则。在具体的创业教育课程体系构建过程中，所有的课程都应该保持愿景的高度一致，即为了提升每一个学生的创业意识和创业能力，继而在这个意义上去规划并实施创业课程；同时创业教育的课程还应该以提升学生的综合能力为目标，将大学生专业知识和技能与创业相融合，促进学生在专业和创业两个领域中的协调发展；从具体的实施层面来看，借鉴发达国家创业教育课程的特点，我国高校创业教育的课程应该更加强调真实情境、问题解决、互动合作为主的实践性课程。

1. 目标性原则

高校人才培养目标是创业教育课程体系的基本依据和最终目的。在具体的实施过程中，还要注意到创业教育课程自身目标定位的层次性。共性目标是培养大学生的创业基本素质，而个性目标则是挖掘和培养具有开创型个性的人。创业教育课程体系的建设就要紧紧围绕已设定的目标定位进行组织和开展，取消“边缘化”的课程，注重增设有利于实现创业教育培养目标的课程。此外，创业教育课程体系还必须具有时代性，高校要及时调整课程内容和培养目标，以适应当前知识经济社会的发展要求。

2. 综合性原则

我们创业教育课程内容在设置时要体现综合性的特征，注重对学生的全面培养，在坚持响应国家素质教育政策的基础上，推进课程建设的融合发展。

3. 实践性原则

我国伟大的教育学家陶行知说“耳闻之不如目见之，目见之不如足践之，足践之不如手辨之”。这要求我们注重培养受教育者的实践能力。高校创业教育课程建设要注重实践性原则，突出课程的实践性特征。如开设以创业大赛、职业生涯规划赛等创业模拟活动为主的模拟课程。除此之外，开启校企合作模式的创业实践课程，校企合作模式比起模拟实践课程，更接近于市场运作，更能提高学生系统的创业能力。

（五）实施策略：从教材、专业、师资着手

为了实现创业教育课程体系功效的最大化，挖掘和培养具有创业素质的自主创业者的目标，我们要从教材、专业、师资着手实施，推进创业教育发展。

1. 推进教材建设

与欧美成熟系统的高校创业教育课程建设相比，当前我国高校创业教材多是引进和翻译的别国的教材，教材建设缺乏中国特色。因此，有必要在“取国外教材之精华”的基础上，编写一本具有权威性的本土化教材，以适应我国经济发展形势与学生特点。

2. 专业教育与学科渗透相结合

创业教育专业课程的开设是进行创业教育的基础，是创业教育的源头活水。然而与国外成熟的创业教育发展相比，我国很多高校在创业教育课程建设方面条件还不够成熟，无法设置专业课程。那么，采用学科渗透的方法来进行创业教育，成为当前高校推行创业教育的选择。如果将这两种模式双管齐下，高校创业教育将会收到意想不到的实施效果。

3. 专兼职相结合的师资队伍

专兼职的教师队伍是在目前创业教育师资队伍缺乏状况下，较合理的教师队伍搭配，能够同时满足大学生对研究型师资和经验型师资的要求，更好地促进创业教育的发展。除此之外，校企合作的实践平台，也是创业教育课程发展必不可少的部分。实践性是创业教育的突出特征，构建校企合作的联动机制，加强学校与企业之间的联系，形成校企创业联盟，一方面能够更好地整合教学资源，为学生寻求创业机会创设便利的条件；另一方面也有助于创业教育在社会领域的推广宣传，增强社会对创业的认同感和支持度。

四　核心问题四：创业教育转型发展的保障机制

与欧美等发达国家的创业教育有所不同，中国高校创业教育的发展始终离不开学校内部“自上而下”的支持和推动，这种学校领导层对于创业教育的认同和支持以及由此带来的在资源分配、政策倾斜等方面的差异在很大程度上造成了我国创业教育发展不均衡的现状。经过多年的探索，创业教育早已从高校工作的幕后走到台前，成为高等教育创新人才培养的重要途径，从未来的发展趋势来看，高校创业教育亟须建立起覆盖宏观层面的规划机制、微观层面的执行机制，这一整套的组织保障对于创业教育的发展具有极大的推动作用。

（一）宏观层面

宏观层面的创业教育领导机构将负责对高校创业教育的整体工作进行统一领导与顶层设计，制定全校层面的创业教育改革与发展规划。这一领导机构的成员将由学校领导者、主管教学工作的教务长、各学院的负责人以及相关职能部门的负责人构成。它将发挥统筹规划、总体布局的功能，对高校创业教育在一定时期内的发展战略与发展目标进行厘定。同时，为了有效成立创业教育专家指导委员会，成员由学校主要领导、各学院主要负责人、创业学院、教务处、团委、就业处组成，该委员会作为常设机构主要负责全校创业教育融入专业教育的一系列问题。进一步完善各学院在创业人才培养过程中的主导职能，发挥学院和系在深化创业教育教学改革与大学生自主创业互动中的作用；增强创业教育工作中的组织实施与沟通协调职能；设立“创业教育发展论坛”“创业教育院长圆桌会议”，为学校各学院之间创业教育改革思路、改革举措的交流提供平台，增强各个学院在创业教育发展过程中的协同创新意识。

（二）微观层面

在创业教育改革与发展的微观层面上，鼓励专业教师利用课题研究和企业合作研究进行相关创业活动，吸收学生参与到教师的创业活动中；转变专业教师对创业教育的认知，鼓励和引导教师开展创业教育的相关研究，探索新理论研讨新方法，不断提高教师在各类课程中重视创业意识和创业能力的培养。一方面，高校需要建立起完善的政策机制，鼓励专业教师参与到学生的创业实践项目中，增强专业教师对创业的理解和认知，甚至鼓励专业教师利用自身的知识和经验进行创业，将学生纳入自己的创业团队；另一方面，鼓励创业类教师到企业参与实践，赴国内外创业教育较为发达的国家或地区进行培训，提升自己的专业知识和能力。促进创业教育教师教育国际合作，不断提高教师教学研究与指导学生创新创业实践的水平。健全创业实习导师制度，进一步明确创业实习导师的工作目标和工作任务，理顺创业实习导师的组成和聘任工作，建立一套可操作性强的创业导师考核制度及奖励制度，并积极引荐校外师资充实队伍。围绕创业教育的转型发展，高校可以出台完善一系列相关配套政策、管理办法和实施细则，确保创业教育教学改革、师资队伍建设、课外拓展平台建设、孵化平台建设、实验区建设等改革举措健康可持续推进，确保创业教育与专业教育深度有机融合，确保创业教育办学特色不断得以凸显，创业型人才培养质量不断提高，大学生自主创业能力不断提升，为学校教学改革和内涵式发展注入新的活力与动力。

五　核心问题五：创业教育师资队伍建设

我国高校创业教育发展过程中面临的最大“短板”就是创业师资的匮乏。由于创业教育在我国高等教育领域中处于较为边缘化的地位，有些高校甚至对创业教育存在偏见，认为创业教育的开展是偏离高校教育目标、舍本逐末的行为。因此，关于创业教育的理论研究和人才培养工作远不如其他领域那么丰富。特别是在创业教育师资的培养方面，我国与美国高校的差距还十分巨大。目前美国创业教育已经形成了从本科到研究生阶段完整的人才培养模式，大量接受了专业创业教育的教师在进入大学之后，一方面承担起了创业教育的理论研究工作，另一方面则发展和完善了创业教育的教学方式。除了专业的创业教育师资之外，美国高校创业师资的泛学科性也有力地促进了它的发展。来自商学院、工学院、医学院、理学院等不同学科的教师都可以参与到创业课程的教学工作中，用跨学科、跨专业的方式进行创业人才的培养。

迄今为止，我国专门培养创业教育师资的高校还不多见。因此，专业类创业师资的缺失将是一个长期的过程。在这样的一种现实状况之下，地方高校创业师资的补充需要借鉴发达国家的经验，将创业教育与专业教育深度融合，培养专业教师对创业教育的认同感和支持感，引导他们自觉地在专业课程和教学实践环节渗透创业教育的理念、知识和技能。但是，专业教师对创业教育的支持并不是内源性的，与他们自身专业相比，他们对于创业还缺乏了解和参与的热情，尤其是对于一些人文学科的教师来讲，甚至内心还存在对于创业教育的误解与抵触。他们能否参与专业类课程的创新或在专业授课过程中融合创业内容，就需要地方高校采取一系列激励性的措施和整体创业文化的感染。除此之外，在社会的各个工作领域，培养本土化的兼职类创业师资也是丰富高校创业师资队伍的重要途径。当前地方高校开展创业教育的途径除了开设选修类的创业教育课程，就是聘请企业家进行创业讲座。这些企业家作为外聘创业导师，相比学校专业教师来说，企业工作经验充足，了解企业面对困境的解决途径、岗位创业的现状以及存在的问题等，弥补了专业教师缺乏企业工作经验的缺陷，能够极大地提高学生了解和参与创业的兴趣。而兼职创业导师的本土化，有利于结合本土实际情况，且为结合实践进行创业教学提供便利条件。结合系统论的观点来看，构建一支优秀的创业师资队伍，还要注重师资队伍的及时完善和补充新鲜的血液。创业师资队伍是一个动态的、开放的、不断发展的队伍。不仅要注重对师资队伍建设的前期规划和培养，还要定期对创业师资队伍进行调研评估。及时地评估、反馈，能够帮助发现师资队伍在建设过程中的问题，从而制定相关的政策完善队伍建设。除此之外，要注重师资建设的时代性和长远性。目前创业教育在我国处于初级发展阶段，各方面建设还不成熟，在建设和发展过程中，要跟上时代的要求，定期对创业师资队伍进行培训，包括外派到其他院校进行学习交流、补充企业实践经验以及创业心理辅导知识等，提高教师的知识水平和实践能力。

2010 年，教育部颁布的《国家中长期教育改革和发展规划纲要(2010—2020)》把全面提高高等教育质量、提高人才培养质量作为未来十年的重要任务。地方高校未来创业教育的发展必然是要围绕创新人才培养的基本内涵和目标，将创业教育的实施贯穿于创新型人才培养的全部框架之中，并将其作为提升高等教育办学质量的战略选择。创业教育的实施离不开教师的支持，作为一种旨在培养人的创业素质和能力的教育理念，形成专业教师内源性支持的引导性设计，将有利于创业教育与专业教育的深度融合，也有利于创业教育目标的达成。此外，教师的教育观念和教学行为在一定程度上影响着学生的学习思想和未来规划。创业型师资队伍的建设，便于教师在实际教学过程中，潜移默化地传授创新创业的思想观念，帮助学生开拓就业视野，形成自主择业和创新创业的意识。创业师资队伍建设，在一定程度上能够帮助改善当前 KAB 课程的不成熟现象，加强对 KAB 课程的本土化研究，从而更好地完成创业教育本土化的目标。

第三节　众创时代：高校创业教育的新路径

那么，众创时代高校如何革新创业教育？结合当前创业教育存在的问题，本书以下将具体从众创时代高校创业教育的四个革新路径展开论述。

一　变革高校创业教育的理念

（一）传统的高校创业教育以培养自主创业者为主

我国高校的创新创业教育主要经历了两个阶段：第一个阶段是高校自主探索阶段。这一时期的主要特征是，高校创业教育通过创业计划大赛、科技创新活动等形式在小范围内摸索前进。第二个阶段是试点探索阶段。由教育部牵头的九所大学作为创业教育试点高校，在政策的引导下有计划、有步骤地进行了长期实践，并于2008年将试点高校扩充为30个，进一步扩大了探索的范围和力度，使高校创业教育在全国范围内广泛铺开。在探索的模式和效果上，经过20多年的实践，我国高校创业教育已经形成了一些较为稳定和特色化的创业教育模式。如清华大学的“创新环”模式、东北师范大学的“广谱式”创业教育模式、黑龙江大学创业教育的“三创”人才培养模式、温州大学的“以岗位创业为导向”的创业教育模式等。

从传统的理解和最直观的感觉来讲，人们一提到创业教育就必然会将其与如何“教会学生创办企业”联系在一起，而这也正是当下中国实施创业教育的绝大多数高校所秉持的理念。创业教育不仅被赋予了促进人的全面发展的功能，同时也被寄予了提升大学生的研究能力和勇于创新、乐于创业的丰富内涵。中国创业教育的基本理念总体以培养“自主创业者”为主，即创业教育的目的、内容、形式等都在于鼓励大部分学生在掌握扎实的专业基础知识的同时，具备强烈的创业意愿和一定的创业能力。关于这一点，我们可以从许多高校所提出的培养“科技创业型人才”“创新创业人才”“工程类创业人才”等诸多口号中窥见一斑。那么高校创业教育的使命是否一定就是要培养各类“创业人才”呢？这恰恰是我国高校在推动创业教育工作时应当首先思考的问题。

（二）以岗位创业为导向的高校创业教育新理念

内创业理论（intrapreneurship）最早是由美国学者 Pinchot 在其 1985 年出版的著作《创新者与企业革命》中提出，其核心是研究如何在大的、已建立的组织内进行创业活动。该理论把内创业者定义为“能够在现行公司体制内，发挥创业精神和革新能力，敢冒风险来促成公司新事物的产生，从而使公司获得利益的管理者”。这里的管理者并不仅仅指企业创立者本人，更多的是指企业的中层管理人员。他们处于企业最高拥有者和基层之间的结合部，是企业革新的中坚力量。内创业理论一经提出，即在学术界引起广泛讨论。而岗位创业是指在岗位工作的同时，利用自身专业技能知识以及所掌握的资源进行创新创业活动。以培养岗位创业者为导向的创业教育新体系的本质是将创业教育理念与内容融入人才培养全过程，提升全体在校生的创新意识、创业精神和创业能力；核心是培养区域经济社会发展需要的既懂专业又善创业管理的高素质复合型应用人才。[①] 形成“以岗位创业为导向”的创业教育新理念，在培养自主创业者的同时，使创业教育更多地以培养岗位创业者为主。传统创业教育更多的是以培养“自主创业者”为主要目标，鼓励大学生毕业后自己当老板。然而，对于刚跨出大学校门的大学生而言，存在资源、经验等诸多条件的限制，大学毕业生自主创业的比例还很低。

因此高校要突破传统创业教育的“瓶颈”，以培养“岗位创业者”为主，建立创业教育发展新理念，将创业教育与人的终身发展联系起来，与个人事业的成长联系起来，与大学生的职业生涯联系起来，面向全体学生开展持续性的“创业观”教育，提升创业教育的内涵和层次，丰富创业教育的形式和内容，进而在大学厚植大众创业、万众创新的土壤。

① 王占仁：《英国高校职业生涯教育之启示——以英国里丁大学为个案》，《教育研究》2012 年第 7 期。

二　打造高品质高校创业教育生态系统

（一）高校创业教育生态系统的理论与实践发展

创业教育的生态系统观是以组织生态学为理论依据，将创业教育实施过程中的各种因子看作是彼此之间具有一定关联性的有机整体，强调高校的创业教育生态系统需要在系统内部各因子之间、系统与外界环境之间进行稳定的能量交换，这些能量在生态系统中不断地循环，以促进系统内部的自我发展。① 高校创业教育生态系统的萌芽最初来源于外部环境的压力，引致高等教育体系内部发生的种种变革诉求。在一系列旨在提高大学生就业率、缓解大学毕业生就业困难的政策推动之下，创业教育在世界各国的高等教育机构中占据了愈加重要的位置。从美国创业教育的历程看，20 世纪 80 年代以来高等教育市场化发展的需求迫使美国大学面临向“创业型大学”的转型，随着高校大学创业教育的进一步演化，大学开始注重与外部环境之间建立稳定长期的创业合作关系，从外部环境中汲取必要的有形或无形资源。高校开始有意识地从战略层面重新思考创业的本质，将创业教育与学生的全面发展融合在一起，创业也真正内化为一所大学的精神，成为高校创新人才培养的主要途径，从而建立起高校与外部生态系统的良性循环机制。创业教育生态系统是一个由内源性要素、发展性要素、支持性要素等不同要素组成的复杂系统。在它自然形成与发展的每一个阶段中，无论是高校内部的学术机构之间抑或是学术机构与行政力量之间，甚至包括了高校与以产业部门、研究机构、政府机构、社会组织等为代表的外部要素之间，都存在相互依存、开放合作、共生演进的密切联系。培育个体创新创业能力、发展区域创业型经济的目标成为该系统内不同因子之间的共同使命。在这样的背景之下，高校与外部环境建立起了全面的合作，高校创业教育的生态系统如同生物体一般不断地从外部汲取知识、信息、资源等要素，丰富并扩展了高校

① Luísa Carvalho, Creating an entrepreneurship ecosystem in higher education, http: //www. prweb. com/releases/prwebCurveballLtd2012/CyprusEntrepreneurship/prweb10132564. htm. 2015 - 09 - 25.

的创业教育与创业活动，而生态系统内的其他因子也通过大学这一知识中心获取了自身成长所需要的营养，彼此之间的良性互动促使生态系统有序健康的运行，最终使创业教育的生态系统循环往复地发展。

如中关村经过20年的发展，已经成为我国最具活力的创新创业中心。其主要呈现两大特征：一是创新创业主体多元化；二是创新创业新趋势。总结中关村创新发展成功的根本原因，就在于始终坚持强化市场配置资源的决定性作用，不断打破妨碍创新创业的体制机制束缚，持续构建并初步形成了有利于创新创业的，由行业领军企业、高校院所、高端人才、天使投资和创业金融、以创新型孵化器为特色的创新创业服务业及创新文化六大要素组成的生态系统。① 又如麻省理工学院倡导的“创业生态系统”将创业活动与创业教育良好地结合起来，能够为我国高校创业教育培养模式提供借鉴。研究发现，这个创业生态系统由众多的功能互补且密切联系的项目与中心、学生团体和创业课程等诸多要素共同组成。其中创业活动、学生团体和创业教育这三股力量交互作用，成为推动该生态系统不断演化的主要动力。②

（二）围绕“人”这个关键要素，促进高校创业教育系统良性循环

1. 第一个关键要素就是大学生自身

在首届中国“互联网+”大赛上，李克强指出：“大学生是实施创新驱动发展战略和推进大众创业、万众创新的生力军，既要认真扎实学习、掌握更多知识，也要投身创新创业、提高实践能力。”刘延东则强调，人是创新最关键因素，创新驱动是人才驱动。各地区、各有关部门及全国高校要加强规划、配套政策、协调指导，形成创新创业教育改革的强大合力，让支持大学生创新创业在全社会蔚然成风。尽管当前就业和创业教育工作已经上升为国家战略，但事实上我国大学生的自主创业成功率仍然较低。高校对于创业教育的认识还缺乏统

---

① 《完善创新创业生态系统》，http://cppcc.people.com.cn/n/2014/1201/c34948-26121600.html。

② 刘林青等：《创业型大学的创业生态系统初探——以麻省理工学院为例》，《高等教育研究》2009年第3期。

一性，目标与效果差别甚大。在“大众创业、万众创新”背后，真正的支持因素就是“互联网+”。“互联网+”的意图也是希望互联网和传统行业的结合，能够产生新的供需关系和实业，给中国经济带来新的增长。大学生在创业初期需要各方面非常大的支持，包括审批、税收、投资、法律、银行、财务等各方面的服务，众创时代，大学生创业除了互联网技术的支撑，高校也要联合政府、产业界、金融界，搭建起一系列相互支撑和融合的创业生态系统。

2. 第二个关键要素就是创业教育的教师

因为高校创业教育的教师普遍会遇到这个问题：“老师你教创业，有本事你创办一个给我们看看。”未来几年，高质量创业师资短缺将成为阻碍我国高校创业教育发展的主要“瓶颈”。教育部文件提出要“明确全体教师的创新创业教育责任”、“配齐配强创新创业专职教师”，2017 年就要普及创新创业教育。普及型的创业教育对师资需求十分巨大，而高校创业教育教师的创业能力又普遍较弱，矛盾突出。现今高校创业教育的教师主要是以有着企业管理或战略管理理论背景的教师或从事思想政治、就业指导、团委等工作的教师初步转型而来，因此构建专业化的、强创业能力的高校创业型师资队伍是促进创业教育系统良性循环另一关键要素。

三　构建分层分类的高校创业教育体系

（一）高校要构建分层的创业教育新体系，扩大创业教育的受益面

多年来，我国部分高校已积累了一些独特的创业教育发展路径，如实践型课堂教育模式、创业型企业实习模式、体验型创业实战模式；有的高校以大学科技园为基地，借助园校联动方式将创业教育嵌入人才培养环节；有的高校则以“大学生创业设计大赛”为平台，在校园文化中着力营造浓郁的创业氛围；有的高校与本地企业联合搭建大学生创业实践基地，为大学生开启创业之门。一些高校也积极组织学生参与国内、国际相关活动，如通过中国青少年发展服务中心、全国青年彩虹工程实施指导办公室主办的“彩虹工程”——大学生创业实践试点工作，为在校大学生提供创业实践机会和相关专业培训；通过参与国际组织主导的创业教育模式，打造“大学生 KAB 创业教育

基地”。这些实践经验为高校推进创业教育提供了有效的范本。但在追求特色化、分层化办学的高等教育改革和发展的背景下，高校应对接自身人才培养定位、学校办学特色和地方社会经济发展需求，确定相应的创业教育发展思路，设计相应的创业教育课程和训练体系，从而全方位推进创业教育，并且最大限度地使创业教育面向全体学生，扩大创业教育的受益面。具体而言，一是要通过通识教育、创业文化传播培育全体学生的创业意识与创业精神；二是通过创业苗圃、众创空间等挖掘兴趣学生的创业潜能；三是通过创业课程、特色班级等发展意向学生的创业知能；四是通过孵化区、园区、实训营等提升创业学生的创业实务。

（二）高校要构建分类的创业教育新体系，根据创业教育的不同学习需求，实现创业教育的个性化与精细化

首先，要以新兴产业创业为导向，设计分层分类的创业教育课程和创业活动，形成设计、影像技术、“互联网 +”、新媒体、文创、电商、公益、综合等多个类别的创业项目布局。在此基础上，完善创业教育支持体系，建立实体运行的创业学院。其主要职责在于统筹全校的创业资源，统一制定并实施全校运行的创业方案、规划课程、管理制度和评价机制，完善创业教育师资队伍建设、创新创业实践等领域的改革等，从而成为高校对学生开展创新创业教育的重要载体和实施机构。

其次，要满足不同的学习需求，还需要形成专业教师内源性支持的引导性设计。我国高校特别是在创业师资的培养方面，与美国高校的差距还十分巨大。目前美国创业教育已经形成了从本科到研究生阶段完整的人才培养模式，大量接受了专业创业教育的教师在进入大学之后，一方面承担起了创业教育的理论研究工作，另一方面则发展和完善了创业教育的教学方式。除了专业的创业教育师资之外，美国高校创业师资的泛学科性也有力地促进了它的发展。来自商学院、工学院、医学院、理学院等不同学科的教师都可以参与到创业课程的教学工作中，用跨学科、跨专业的方式进行创业人才的培养。迄今为止，我国专门培养创业教育师资的高校还不多见。因此，专业类创业师资

的缺失将是一个长期的过程。在这样的一种现实状况之下，高校创业师资的补充需要借鉴发达国家的经验，将创业教育与专业教育深度融合，培养专业教师对创业教育的认同感和支持感，引导他们自觉地在专业课程和教学实践环节渗透创业教育的理念、知识和技能。但是，专业教师对创业教育的支持并不是内源性的，与他们自身专业相比，他们对于创业还缺乏了解和参与的热情，尤其是对于一些人文学科的教师来讲，甚至内心还存在对于创业教育的误解与抵触。他们能否参与专业类课程的创新或在专业授课过程中融合创业内容，就需要高校采取一系列激励性的措施和整体创业文化的感染。

（三）政府应鼓励不同类型的高校，如研究型大学和地方高校创业教育的侧重点应有所不同

尤其是一些高水平研究型大学应面向未来技术着重高端、高层次的创业，因为多国的数据显示大量典型的初创公司（typical start - ups）所产生的就业岗位及经济贡献总和比不上少量的高成长的初创公司（high - growth start - ups）。[①] 在厚植大众创业、万众创新土壤的基础上，要着重培育、支持一些可能有高成长潜力的公司。

总的来说，我国高校创业教育体系呈现出了“立足校情、服务地方、特色鲜明、系统推进”的实践特征，不同地域、不同类型的高校立足于本地区经济社会转型发展的趋势和历史文化的积淀，创造性地发展出了适合于自身办学特色和人才培养理念的创业教育发展理念。如清华大学作为国内最早从事创业教育的高校，依托其强大的科技创新和综合优势，非常注重对学生职业素养、就业竞争力和创新创业能力的培养，从而使创业教育成为职业指导体系的重要组成部分。中央财经大学则依托创业先锋班的改革，在课程设置、教学方式等方面进行了卓有成效的探索，发展出了财经类高校创业教育开展的新思路。又如黑龙江大学的“融入式”创业教育模式就举全校之力构建了“面向全体、给予专业、分类指导、强化实践”的创业教育体系，重

① Shane S.，“Why Encouraging More People to Become Entrepreneurs is Bad Public Policy”，*Small Business Economics*，No. 2，2009，pp. 141 - 149.

视在专业教育过程中融入创业教育，重视对全体学生开展创业教育，提升其创业实践能力。温州大学则充分利用了地域文化中对创业活动的普遍认同，汲取区域创业文化中的优秀因子，在持续探索创业教育地方特色发展模式的同时，发展出了以岗位创业为导向的创业教育新体系。上海理工大学则充分发挥地处国际化大都市的区位优势，在其优势专业中尝试融入创业教育，探索出了一条以技术创新创业为主的创业教育发展模式。随着中国以创新驱动为主的经济社会转型进程的加快，创业教育必然会更加紧密地与高校人才培养理念相结合，未来地方高校创业教育的发展模式将呈现更加多元化、本土化、综合化的特点，创业教育也将成为推动地方高校创新创业人才培养、促进区域经济社会发展的推动力。

四　完善高校创业教育的支撑机制

高校创业教育的要旨并非是被动的缓解就业，而是通过创业教育激发大学生的创业热情和创造精神，它与一般创业活动的最大不同在于前者是以人才培养为导向，而后者则是以价值创造为导向。因此，创业教育生态系统的内涵、要素、结构及其功能边界具有自身独特的逻辑：从构成要素来讲，创业教育的生态系统涵盖了高校、研究机构、政府、企业、风险投资机构等多种因子，但是又以高校作为其中的核心因子；从功能结构来讲，高校创业教育的生态系统更加强调创业文化的培育及大学生创业技能的提升，承载着大学生个体成长与高等教育培养目标之间有机融合的功能；从运行机制来讲，创业教育生态系统的内部和外部因素都对创业教育起着激励、制约、调控等作用，影响着创业教育的内循环系统。而完善高校创业教育的支持机制，对于高校创业教育生态系统的运行起着重要的作用。

（一）构建递进、立体式结构高校创业教育管理机制

要摆脱当前高校机构设置中创业教育专业职能部门缺位的现状，组织成立实体运作的集教学、管理、科研于一体的创业人才培养学院，以统筹校内外资源，负责全校创业教育工作。并构建“学校层面—院系层面—试点班层面”创业教育的管理机制。从人才培养模式顶层设计开始，使大部分学生通过大学阶段的学习，接受系统的创业

课程训练和多渠道创业实践的锻炼，激发他们的创新意识，提升其岗位竞争力，以适应区域经济社会的发展对高素质复合型应用人才的需求。首先，在学校层面，加强顶层设计，合理规划人才培养目标，建立政策、机制、组织、资源保障，营造良好的创业氛围和众创空间。其次，在院系层面，要进一步加强创新创业教育课程体系建设，实现创业教育与文化教育、专业教育、职业教育的三大融合，建立“通识教育 + 专业教育 + 创业实践”的创业教育课程体系，培养大学生从“想创业”到“能创业”的转变。最后，在试点班层面，要创建创业教育改革试点工程，将“岗位创业认知、岗位创业训练、岗位创业实习”交叉渗入，以点带面，构成连续性创业实践体系，辐射创业教育的整体实践。

（二）“众创空间 + 创业文化”的双保障机制

众创空间是顺应创新 2.0 时代用户创新、大众创新、开放创新趋势，把握互联网环境下创新创业特点和需求，通过市场化机制、专业化服务和资本化途径构建的低成本、便利化、全要素、开放式的新型创业服务平台的统称。[①] 众创空间在高校具有独特和持久性的开发效能，它直接催生了大学“创客”一族的产生。以大学生为主体的“90 后”青年学生为代表的创业“新四军”逐渐在高校兴起，高校纷纷出现了热衷创意、设计、制造，具有创造禀赋的“创客”群体。高校作为社会创业活动的基础性力量以及“创客”生成的主阵地，应选择面向全体学生，激发与培育他们的创新意识和创新精神，通过构建良好的众创空间，有计划、有规模、有重点地开展“创客”运动，积极奖励、扶持、树立典型，以点带面，拓展“创客空间”，积极推动“创客时代”的来临。

“创客”运动将成为众创教育时代高校创业教育的主要改革方向。国际创客典型如美国 ASU 的天空之歌（SkySong）开放式社区、斯坦福硅谷、英国 IC 的帝国创新集团、德国 TUM 的 UnternehmerTUM 等都

① 2015《政府工作报告》，缩略词注释，http：//www. gov. cn/xinwen/2015 - 03/11/content_ 2832629. htm，2015 年 3 月 11 日。

为中国高校创业教育实践开发提供了宽广的思路。[①]“创客有望给中国创新带来三种东西：潜力无穷的产品、致力创新的精神、开放共享的态度。这正是高校创业教育的灵魂和支点”。

在创业文化建设方面，各高校可依托当地产业特征、文化资源打造不同区域风格与特点的创业文化。将各地创新创业文化作为大学文化建设的重要内容，结合各高校的学科优势和资源优势，设立一批有特色的“大学生文化创业园”，并给予资金和政策上的扶持，整合校外创业资源，加强与属地政府、民间资本合作共建，集聚创业优惠政策和服务，打造高校创业文化精品。同时，有重点、分层次地开展各种创业文化活动（讲座、培训、竞赛等），加大创新创业价值宣传，发掘树立创新创业先进典型，营造“创专融合、学优而创”的文化氛围。

（三）创设创业教育与专业教育深度融合机制

政府可分步骤、分层次、分阶段在全国范围内选择试点院校，探索建立一批国家级/省部级创业教育与专业教育深度融合实验区。在实验区内遴选一批实践性和学科交叉性较强的专业，以促进创业教育与专业教育深度融合为导向，从多个环节入手实施改革，从而推动高校创业教育进入深水区。高校还可以对已有的学科专业与课程体系进行结构调整，挖掘并充实各类专业课程的创新创业教育资源，建设依次递进、有机衔接、灵活机制的创新创业教育课程模块组合，从而将创业教育与专业教育有机融合起来。专业教育是学生创业意识、创新精神与创业能力培养的重要载体。通过实验区的建设鼓励各高校探索创业教育与专业教育深度融合，吸引大批专业教师参与其中，通过各种专业类创业课程的学习和多渠道创业实践的锻炼培养大学生的专业创业的基本素养和能力。

（四）建立多元的高校创业教育评价机制

我们课题组通过对全国 202350 名 2014 届大学毕业班学生进行调

---

① 黄扬杰、邹晓东：《“新美国大学”框架下的 ASU 创业实践》，《高等工程教育研究》2011 年第 6 期。

查，结果显示，全国在校大学生仅 5.93% 接受过较为系统的创业教育，毕业生自主创业率仅为 2.16%。学校必须进行创业教育已达成共识，但不要期待学生一毕业就创业，也不要人为地去推动一毕业就创业的比例。比如，有业内专家建议，把创业教育的效果评价改一改，从重视一毕业就创业的比例改成跟踪毕业几年后的学生创业比例。

总之，高校创业教育要建立动态机制，充分发挥系统内部各要素之间的耦合作用，保持创业教育系统的开放性，并善于捕捉外部环境变化，争取获得所在区域的政治、经济、文化、制度等要素对于高校创业工作的理解和支持，做到创业教育的多元联盟、协同发展。① 高校创新创业教育是一项复杂的系统工程，理念、制度、体系、组织、平台和评价都要跟得上，通过深入理解把握众创时代高校创业教育发展路径，最终确保高校创新创业教育改革顺利实施，推动高校毕业生更高质量创业就业，以革新中国的创业教育，真正实现民族的创新。

---

① 黄兆信、赵国靖、唐闻捷：《众创时代高校创业教育的转型发展》，《教育研究》2015 年第 7 期。

第三章　创业教育新理念：大学生岗位创业

根据教育部的统计，近年来高校的毕业生数量在逐年攀升，2015年的全国高校毕业生总数达到750万人，已经创下历史新高，而2016年的毕业生预计能达到770万人，新一轮的求职潮也就扑面而来，就业形势非常严峻。而就业观念、职业能力、劳动者的素质等问题，使那些技术含量要求相对高的岗位却无人问津，人才相对于需求结构就显得过剩。高校的毕业生普遍缺乏自主就业的素质和能力，而难以把握住有利时机，大多数专家认为造成我国高校毕业生就业难的一个不容忽视的原因就是大学生自己的岗位胜任力不足。因此，加强高校毕业生的就业能力上的开发，使高校培养出的人才都有可雇佣性，适应工作岗位、适应社会发展的要求，提高就业岗位的胜任力是解决就业问题的重中之重。基于此，本书认为有必要开展并强化大学生岗位胜任力教育，以推动大学生的岗位创业。

第一节　大学生岗位胜任力培养的概念解读

对于胜任力最先研究的主要是将其放在管理领域，随着胜任力研究的不断发展，关于胜任力的理论与方法开始体现出对其他职业领域的意义，尤其在教育领域，人们越来越认识到教育是教育者和受教育者的活动。那么对于大学生这个受教育群体来说，教育的最终效果就是使他们能胜任以后的职业、角色或岗位即具备岗位胜任力。

一　大学生岗位胜任力培养的内涵

学者们对于胜任力的定义至今都没有一个统一的概念，在对相关专著和文献资料的分析过程中，我们可以看出大多数人都比较支持胜任力的特征观论和行为观论。支持特征观论的学者们都是用英文单词“Competence”表示胜任力，他们认为胜任力可以通过教育、学习以及培训获得，比如说个体所在的岗位所要求的基本知识和技能；还有一种是很难在短时间内有大的改变，需要长期形成的，比如说个体的动机、特质、角色观、价值观等。支持行为观的学者们都是用英文单词“Competency”表示胜任力，在他们看来，胜任力是个体履行工作职责时的行为表现，个体在岗位上知道需要做什么工作、怎样完成工作、怎样让同事与自己一起工作等都是可以通过个体的行为观察出来的。

伴随人力资源管理的相关理论和实践能力上的不断提高，又提出了胜任力模型。被人们所认同的、常用的两种胜任力模型是冰山模型和洋葱模型，Spencer 夫妇通过研究提出了冰山模型，这个研究将一个人的岗位胜任力分为两种，一种是可以看得见摸得到的显性部分，就好像一座冰山中位于水面上面的那部分一样；另一种则是像一座冰山中位于水面以下的那部分，是难以看到的。比如，一个人胜任岗位需要的最基本的知识和岗位技能能够被观察到或用测量的方式了解到的就是这里所说的显性胜任力；而隐性的胜任力大多隐藏在个体的内心中，是存在稳定性的，一般不受外界因素的影响，例如我们通常所说的个体的自我定位、个体的岗位动机等。知识、技能、社会角色与价值观、自我认知、品质与动机是冰山模型包含的六种要素。其中我们胜任岗位的最直接的需求是前面两个要素的最直接的来源，是可以在一定时间中以测试、考察、交流等方法测量出的，也能在后天学习中得到的，也就是前面提到的显性能力；后面四大要素虽看着似乎和我们的工作没有什么直接的联系，但一旦有变化就会对我们的岗位行为、岗位绩效产生影响，这就是前文所述的隐性能力。而洋葱模型是 Richard Boyatzis 在 1995 年对麦克利兰的素质理论进行了深入和广泛的研究后提出来的。我们的岗位动机、态度、价值观、自我认知、知识、技能六种要素被包含在这一模型当中，如同洋葱般从内到外层层分布同时层层都具特色。整个模型的核心是动机，态度、价值观、自我认知是中间层，知识、技能是最外层。从外层到内层，这些要素的稳定性成正比，被测量性却成反比，通过后天学习改变的可能性也成反比。总的来说，在内容上，这两种模型是基本上趋于一致的，只不过各种要素被洋葱模型排了序，要素的特征以及要素间的关系也被更细致地描述出来。

通过对胜任力概念的掌握和胜任力模型的了解以后，我们可以把进行某特定职位工作所应具备的能力、特征要素的总和称为岗位胜任力。有专家认为它是针对特定职位表现要求组合起来的一组胜任特征，或者是指担任某一特定的任务角色所需具备胜任特征的集合，体现了人们高效完成工作所必备的综合能力。[①] 这样一来，很显然大学生岗位胜任力培养也就是高校在教育大学生的过程中，对于大学生胜任某一特定的岗位所应具备的硬性特征和显性、隐性素质与能力的培养，比如培养大学生对某一岗位的正确认识以及胜任某一岗位的基本的知识和技能，培养岗位要求的职业素养、培养大学生在岗位上的执行力等。

二　大学生岗位胜任力培养的必要性

当前形势下，大学生的岗位胜任力明显不足，部分毕业生在校期间抱着混混的态度，对自己的要求较低，只有一个要求就是能毕业，从而导致其专业基础、动手操作等能力比较低，用人单位对此也很失望；还有部分毕业生组织、管理、人际交往能力不强，用人单位对于毕业生的集体意识、责任意识、诚信、契约意识有所担心。大学毕业生就业能力低，用人单位的求职者标准和求职者自身能力素质的不匹配性，使就业形势严峻的大背景中加强大学生岗位胜任力的培养显得尤为重要。

第一，大学生岗位胜任力的培养有利于提高整体就业率。大学生岗位胜任力的培养把培养与工作岗位结合起来，可以提高对学生培养

---

① 黄兆信、王志强：《地方高校创业教育转型发展研究》，浙江大学出版社 2013 年版。

的针对性，通过全过程、全方位的学习帮助大学生提高运用知识和实践操作的能力。这样在进入社会以后就可以在激烈的社会竞争中得到认可，才会被社会看中，才会有更多的就业机会，从而提高大学生群体的整体就业率。

第二，大学生岗位胜任力的培养有利于市场经济下高校的生存发展。我们都知道市场经济发展的法则是优胜劣汰，在社会主义市场经济下，高校要想很好地生存与发展最主要的还是要看高校培养的大学生能不能被社会认可以及在社会上能不能有市场，也就是说高校培养的学生能不能为社会和企业创造价值。只有学生有市场，高校才会有市场，才能生存与发展，高校在市场经济的条件下，若培养不出具有岗位胜任力的学生，不但会害了学生，也会使高校自身面临被淘汰的危险。只有培养的学生具备了岗位胜任力，受到用人单位的欢迎，高校的办学规模才会不断地扩大。

第三，大学生岗位胜任力的培养有利于“科教兴国”战略的实施。“科教兴国”战略需要的是社会的高素质型人才，这样的人也必将是具备岗位胜任力的人才。如果高校培养出来的学生能在自己的岗位上各尽所能、才尽其用，为社会创造出一定的财富，那么高校在“科教兴国”中也发挥出了作用；反之，如果高校培养出来的学生不具备岗位胜任力，在社会和企业难以就业，也就无法为社会创造财富，甚至可能成为社会的包袱，也就不可能在“科教兴国”中发挥作用。

第二节　大学生岗位胜任力培养的有效路径

有调查表明，大学生对创业教育的需求，只有11.1%的调查对象是为了自己以后创办企业，而77.8%的调查对象则认为是为了提高综合素质，增强就业竞争力。[①] 事实上创业教育不仅是对想要创业的大学生有所帮助，对于那些不打算毕业后就创业甚至毕业后可能永远都不会创业的大学生来说，同样可以提高他们的岗位胜任力，这是由创业教育的基本任务决定的。创业教育能够让大学生在正确认识社会、认识自己、正确把握劳务市场供求现状和发展趋势的基础上，树立科学的职业观，获得理想合适的就业岗位的能力以及入职后职业发展的能力，增强岗位的知识、技能和创新能力，提高岗位执行力。具体表现如下：

一　创业教育能够增强大学生岗位的认识能力

个体要想很好地适应工作岗位，首先在进入岗位之前就需要对岗位有正确的认识力。我们这里所说的认识力主要指大学生对于岗位的选择、了解与自身是否具备胜任岗位的能力和进入岗位后能否得到持续稳定的发展等方面。首先，就目前来说，很多大学生对于未来就业岗位的选择没有明确的定位和意向，再加上对于自身的能力、特长方面了解得不深，在选择岗位的时候没有什么主见，有的选择听从父母的安排，有的选择追求稳定的、高薪水的岗位，从现阶段我国大学毕业生去报考公务员与事业单位的人数和录取人数的比例上很容易看出这一点。其次，现在很多大学生对自己的岗位选择没有恰当的心理准备，缺乏对岗位持续稳定发展的认识，以至于出现高不成、低不就的现象，也有的刚毕业的大学生频繁地跳槽，我们身边这样的例子实在是太多。而创业教育对于企业家精神的培养尤其是洞察力、预见性、全局意识的培养有利于大学生对自身、对岗位有着更好的认识和工作后的职业发展能力的提高。目前，高校开展创业教育主要是想借这样的教育教学方式，让学生在日常学习和工作中，获得这种意识，在毕业后能顺利得到岗位、在岗位中获得发展打下基础，这才是主要的目的，并不是要培养多少个企业家，多少个科学家出来。

二　创业教育能够提升大学生岗位的专业能力

在查看关于大学生的职业胜任能力的调查中，我们发现，面对工

---

① 王亚平：《高校教学改革与学生岗位胜任力模型融合研究》，《工业和信息化教育》2013 年第 11 期。

作岗位时，大学生的专业能力并不强。这主要表现在大学生的专业基础知识、技能不够扎实，岗位素养不够高，岗位创新能力不足。首先，用人单位在选择员工的时候最基本要求是岗位所需的专业知识技能。从现实看，大学生有较系统的专业知识技能教育，但却无法熟练地运用到岗位任务的执行当中。[①] 其次，职业道德也是用人单位选择员工的重要标准。而有部分的大学毕业生缺乏对职业岗位的深刻认识与敬业的热情，职业素质和心理素质都较差，明显缺乏应有的职业发展能力。最后，大学生的创新能力也表现出不足。创新能力是各种智力因素和能力因素在新的层面上融为一体、相互促进所形成的一种合力，它是在多种能力发展的基础上，利用已知信息，创造新颖独特的具有社会价值的新理论、新思维、新方法、新产品的能力。[②] 而创业教育对于这些问题的解决具有重要的作用。其一，大学生在创业知识的学习、创业实践的参与中不断总结经验，在发现中解决实际问题，在这样的状况下，学生的学习能力得到加强，进而对专业基础知识和技能学习的效率也会增加；其二，在创业教育的过程中，大学生的进取心、独立性、开拓性、坚强的意志力、心理承受能力等得到培养，一定程度上提高了大学生的职业素养；其三，创业教育的主要目标就是培养创新型人才，在这样的教育熏陶中，大学生的创业能力或多或少会得到一定程度的提升。

三　创业教育能够提高大学生岗位的执行能力

大学生对于岗位的执行力主要是指动手操作能力。在知识经济的时代背景下，用人单位选择员工的标准是越来越高，用人单位招聘来的大学毕业生一上岗就能马上胜任工作，有着较强的执行力，这当然是用人单位希望看到的。但从实际来看，刚毕业的大学生对于岗位的执行力还是比较欠缺的。而我们知道，在创业教育中，大学生的创业活动和其他活动是不完全一样的，往往需要大学生有较高的实际操作能力和动手能力，这些能力是应该在实践中逐步锻炼出来的，是不可

---

① 孙大雁：《创业教育：就业竞争力的助推器》，《文教资料》2008 年第 25 期。

② 陈勇：《大学生就业能力及其开发路径研究》，博士学位论文，浙江大学，2012 年。

能简单地通过理论知识的学习就可以获取的。比如温州大学在对大学生进行创业教育的过程中就有创业项目的参与、创业营销大赛的实战演练、创业模拟等，显然这一系列的创业教育活动对于大学生的实际操作和动手能力有着极大的提升，尤其是大学生在仿真模拟中置身于一个公司运营的各个环节，极大地提高了大学生进入岗位后的执行力。

第三节 大学生岗位胜任力培养的实施策略

在就业形势严峻、高等教育的大众化进程加快的大背景下，高校在大学生中开展创业教育，树立大学生正确的职业理想、岗位观念，提高大学生的综合素质和创业能力，从而提高大学生的岗位胜任力对于大学生不被社会竞争所淘汰，具有很强的现实意义。那么在创业教育的视角下，我们该怎样培养大学生的岗位胜任力呢？主要可以从以下几点着手：

一 推进提高学生综合能力的创业教育培养模式

要想提高大学生的岗位胜任力必须推进提高学生综合能力的创业教育培养模式，培养有创业精神、社会责任等特质的大学生。中国人民大学的创业教育模式就是以学生整体能力、素质提高为重点，我们可以借鉴这一模式通过创业教育的认识明确化、创业教育的实施普及化、创业教育的教学灵活化，来推进提高学生综合能力的创业教育培养模式。

（一）创业教育的认识明确化

高校创业教育理念主要反映大学在开展创业教育时对创业教育目标、信念、价值等方面的认识，是与知识经济和经济全球化趋势相适应的教育理念，具有丰富的内涵和鲜明的时代特征。[①] 创业教育并不是让所有大学生都成为创业家，而是将重点放在培养广大学生的创业

① 王军：《当前大学生就业能力统计调查与对策研究》，《当代经济》2010 年第 11 期。

精神和社会责任感上，在创业教育中提高他们的创新、开拓意识，在未来能够很好地胜任岗位，这是由创业教育的培养目标决定的。在这样的培养目标的指导下，高校必须进一步明确这样一些认识：创业教育的对象不仅是大学生中的创业活跃分子，也是全体大学生；创业教育不仅是培养有着创业能力的创业者人才，也是培养创新型的人才，为社会经济发展、科技的进步提供推动者；创业教育不仅仅是学校的任务，更需要全社会的广泛参与。

（二）创业教育的实施普及化

在美国大学中，有着两种基本模型的创业教育，聚焦式的创业教育即 focused model 和普及性的创业教育即 university - wide model。其中，只在 MBA、工程等专业内开设创业课程的就是 focused model。而 university - wide model 很显然就是对所有专业的学生都开设。普及性创业教育又分为磁铁、辐射和混合模型。磁铁模型主要是对商学院的学生开设创业课程，与此同时也吸收其他院系学生参加，主要包括像由斯隆管理学院独立承担创业教育的麻省理工学院的单一型磁铁模式和由三个独立的创业教育中心承担创业教育任务的斯坦福大学的复合型磁铁模式。不同的院系开设面向本院系学生的创业课程被称为辐射模式，它既能够提供多元化的课程主体，也能分散学校的教学资源。例如康奈尔大学就通过九个院系向学生提供创业课程，每个创业教育院系都有着自己独立的机构而且资金来源也是独立的。混合模式是目前国内采用比较高的，它主要就是创业教育一部分面向全校学生，另一部分集中于 MBA、工程等专业的学生，在教育上实行“普及教育 + 专业教育”的做法。据调查，美国创业教育排名前 38 位的高校中，有 10 所实行聚焦式模型，比重为 26%，有 28 所采取普及式模型，比重为 74%。[①] 而我们就可以借鉴美国的普及性创业教育，使创业教育不仅面向想要创业的大学生，更面向全体大学生，高校可以根据自己的情况和高校所处地域的特征来决定是实施磁铁式创业教育、辐射式

---

① 柴旭东：《基于隐性知识的大学创业教育研究》，博士学位论文，华东师范大学，2010 年。

创业教育还是混合式创业教育。

（三）创业教育的教学灵活化

创业教育不同于其他专业的教育，主要是因为它的创新性，在教学方法上我们不能采取以往的单向的以灌输为主的教学方法，必须要改变为具有探索、启发、互动性质的灵活的教学方法。只有这样的教学方法才能够在一定程度上激发大学生的创业意识、拓宽学科专业的知识面，从而促进大学生综合能力的提高。蒂蒙斯是美国的创业教育学家，他强调在实践中突出探究性的教学，让受教育者成为主体，突破了传统的以“教材中心”和“教师中心”为主的教学模式。其实我们可以尝试 ERP 沙盘模拟的教学方法，ERP 沙盘模拟是基于军事战场和商业战场的某些共性，在充分掌握相关信息情况下而设计的角色体验的实验平台。[①] 受训人员组成相互竞争的 6 个模拟企业，通过 5 年到 6 年的经营，经过沙盘载体、模拟经营、讲师评析、学生感悟等一系列的实验环节，在分析市场、制定战略、营销策划等一系列的活动中，使参训的人员参悟培养团队精神，全面提升综合能力。在高校创业教育中应用 ERP 沙盘模拟思想可以通过仿真模拟让大学生置身于各个环节，经历对创业从感性到理性认识的转变。这样的创业教育教学方法不仅实践性更强，而且会极大程度地发挥学生的主观能动性，对于大学生的创新能力、解决实际问题能力、识别商机、市场意识、决策力和执行力、组织协调能力等都具有很好的效果。

二　构建与素质教育发展相符的创业教育长效机制

黑龙江大学主要是通过创业教育来培养大学生的综合素质，提升人才培养的质量，在过去的十多年，黑龙江大学在创业教育的改革与发展探索中走出了一条符合自身发展特色和人才培养理念的独特道路，重视将创业教育与素质教育的理念相结合，建立起了创业教育组织、制度、师资、经费在内的创业教育长效机制。高校创业教育要想取得实质性成效，必须构建促进高校创业教育的长效机制，尤其是与

---

① 曹华玲：《提升大学生创业胜任力的路径研究——以重庆市为例》，硕士学位论文，重庆工商大学，2013 年。

素质教育发展相符的创业教育长效机制，这是由创业型人才培养的长期性决定的。

（一）与教育理念相符

由《教育法》规定的素质教育着眼于受教育者及社会长远发展的要求，它的根本宗旨是全面提高全体学生的基本素质，主要是培养受教育者在德智体等方面生动、活泼、主动地发展的能力。高校在创业教育中应构建素质教育中以每个人的全面发展为理念的长效机制，才能在创业教育的过程中，培养出洋葱模型和冰山模型中叙述的硬性、显性、隐性素质与能力，从而使大学生的岗位胜任力得到培养。

（二）与教育联动相符

推进素质教育是一项复杂的社会系统工程，它并不局限于教育领域，还需要全社会的共同努力，建立学校、家庭、社会的联合行动机制，仅仅依靠学校来推进素质教育成效不可能有多大，创业教育也是一样，它也需要来自学校、家庭、企业、社会的联动机制。学生并不是一直都处于学校这个环境中，学生岗位需要的素质和能力有很多，仅仅依靠学校是不可能的。

（三）与教育实践相符

让学生主动发展是素质教育重点，它更多的是强调学生主体性，调动学生积极性，发现学生闪光面，让每个学生得到自由全面的发展。允许学生在发展程度、素质结构上存在差异性是这种主动发展的一大特征，它不仅是对人的尊重，也是知识经济和未来对人才素质的又一特殊要求。创业教育也是一样，只有在实践中重视学生的主动性，让学生在创业教育的相关实践中充分发挥主观能动性，才能提高学生的岗位胜任力。

三　创立以培养岗位创业者为导向的创业教育体系

培养用人单位和社会发展所需要的高素质复合型应用人才是以培养岗位创业者为导向的创业教育体系的主要任务，温州大学开展的以岗位创业为导向的人才培养体系证明了学生们在平凡的岗位上也能很好地创造价值，接受过创业教育的学生毕业进入企业就业后，综合素质很强，社会适应能力强，这是温州大学创业学院对于毕业生的调查中发现的。而我们可以借鉴温州大学以岗位创业为导向的创业教育体系，突破传统创业教育的框架，通过创业教育和通识课程融合，创业教育和学生专业结合，创业教育和岗位训练衔接等方面进行整体性的设计，来创立一个完整的创业教育体系。

（一）创业教育和通识课程融合

我们可以从公共选修课、公共必修课入手，实现全体大学生岗位创业意识的培养。首先，在全校学生的公共选修课上可以开设《创业基础》《创业教育》《创业管理》等创业类的基础课程，对此学校可以施行学分制，增加创业教育学分。其次，在公共必修课中，例如在《马克思主义基本原理概论》《思想道德修养与法律基础》等课程教学中与创业教育融合，可以增设相应的创业教育模块，带领学生参观、了解企业等。

（二）创业教育和学生专业结合

在专业的平台上融入以岗位创业为导向的创业教育。我们可以开设专业的创业类课程，例如《商务管理》《企业创业管理》等，与此同时，我们可以在专业课的教学中渗透一定的创业内容，如在机电工程专业可以多去相关的企业实习、教学，帮助学生了解、感受企业氛围，学习、提升岗位工作力。通过创业教育与学生专业的融合，引导学生在毕业后选择合适的岗位或者是岗位的意向。

（三）创业教育和岗位训练衔接

创业教育要想真正地提高大学生的岗位胜任力，将创业教育与岗位训练衔接，让大学生在训练的过程中由实践到总结和反思再到实践，这对于大学生岗位胜任力的培养是很有帮助的。温州大学的创业学院与红蜻蜓、奥康等知名的公司建立了合作办学的关系，他们为学生提供 2 个月的岗位实习；同时创业园面向在校大学生提供岗位训练。据温州大学负责创业管理的老师反馈，很多参与这些岗位训练的学生即使毕业后不去自主创业也能很好地胜任其他工作岗位。

在当前如此紧张的就业形势下，在大学生中开展创业教育，树立大学生正确的职业理想和择业观念，提高综合素质和创新能力，对于大学生在激烈的社会竞争中获得工作岗位并且能够胜任工作岗位具有很强的现实意义。要知道，创业教育是大学生岗位胜任力培养的直接、有效的通道，高校在创业教育的开展中面向全体大学生，提高全体大学生的岗位胜任力也是实现高等教育发展目标，适应当前高等教育大众化发展趋势的客观要求。

第四节　岗位创业教育的具体实践：温州大学的做法

在经过多年探索之后，2009 年温州大学提出并实践了“岗位创业”① 的新模式，将岗位创业理解为在一个现存企事业的工作岗位上，个体或团队进行的创新活动与体现企业家精神的过程，提倡创业教育主要培养学生用“创业的心态”在未来工作岗位上创建事业的能力。为此，温州大学构建了一个“全校层面—专业层面—试点班层面”逐层递进的以岗位创业为导向的创业教育新体系，推动学校创业教育进入一个与社会需求、学生发展更为契合的新阶段。

一　全校层面：培养学生的岗位创业意识

人才培养目标是学校办学的总纲领。温州大学在遵循“以人为本、质量立校、服务地方、特色取胜、追求卓越”的办学理念下，坚持“重内涵、强特色、更开放”的发展思路，主动适应国家尤其是区域经济社会发展要求，推动学校将培养具有创新精神、创业能力和社会责任感的高级应用型人才设定为人才培养的总目标，并从多个方面强化、突出创业教育特色。

（一）增设创业教育模块课程

从公共选修课和公共必修课两个维度切入，构建了以培养岗位创业意识为主的创业教育通识课程体系。公共选修课层面，增设 30 多门创业教育模块课程，开设了《创业学》《企业管理》等创业类基础

① 黄兆信等：《内创业者及其特质对我国高校创业教育的启示》，《高等教育研究》2011 年第 9 期。

课程，《温州模式与温州企业家精神》《中小企业创业实务》等具有温州区域特色的创业类课程和《商业音乐管理》《动漫设计与大学生创业》等专业创业类课程54门，并规定学生必须至少修满其中2个学分。同时，对公共选修课的课程形式不断进行丰富，如通过组建优秀教学团队，进行集体备课，采取“一课多师”制、分专题授课等形式，改革《大学生KAB创业基础》的授课模式，取得了较好的教学改革效果。公共必修课层面，充分利用公共必修课（如思想政治理论课）所占学分比重大的优势，将教学重点放在涉及历史文化传承、时代精神、价值观塑造、社会责任感培养、职业伦理养成等方面的内容，结合温州人“敢为人先”的创业精神、创业意识、创业理念，通过教学内容处理、教学方法设计、教学基地建设等方面来教育学生，潜移默化地传播创业的基本理念。

（二）建设创业孵化体系和岗位创业实践平台

在高校创业教育中，创业孵化体系和岗位创业实践平台是引导学生开展创业实践活动不可或缺的重要载体。校内，温州大学依托国家级创业人才培养创新实验区，构筑了具有转化、提升、孵化功能的“创业工作室—学院创业中心—学校创业园”三级联动孵化体系，学校创业园现有71支创业团队在园中得到了很好的孵化和提升；校外，广泛开展与各类企业的合作，尤其是加强与温州中小企业、全国温州商会和政府资源间的产学合作，创设了如国家级温州经济技术开发区、红蜻蜓集团等岗位创业实践基地85家，为学生提供以商会会长助理、企业经理助理、销售主管助理、店长助理等形式的岗位创业实习机会，为开展创业教育搭建了多种形式的实践平台。

（三）完善创业教育支持体系

鉴于国内高校专门负责创业教育机构缺位的现状，学校成立了实体运作的创业人才培养学院，集教学、管理、科研职能于一体，统筹校内外资源，负责全校创业教育工作的组织与实施。自学院成立以来，进一步完善了创业教育各个运行环节，整合了学校既有的创业教育资源，同时依托温州区域优势，弘扬温州地域文化精神，从校园创业精神、创业文化环境、创业文化活动等多个方面共同培育全校的创业文化。另外，在各部门的协同支持下，学校创设了一系列支持专业教师参与创业教育的激励机制，搭建了以创业教改项目为抓手的专业师资成长平台，极大地激发了专业教师参与创业教育教学改革的热情。学校先后出台了《温州大学关于加强大学生创业教育的实施意见》《温州大学关于深化创业教育，推进“创业教育融入专业教育”改革的实施意见》《温州大学创业教育项目组织管理及配套资助奖励实施办法》等文件，为全校性创业教育师资建设及创业教改项目提供政策保障。新增创业类课程教改 25 门，创业教育教学改革项目 36 项，创业类教材建设项目 8 本，创业教育与专业教育深度融合创新人才培养模式实验区 5 个，吸引了涵盖全校 15 个学院 28 个专业的 300 余名专业教师参与改革。

二　专业层面：培养具有专业知识和创业能力的综合型人才

设立创业教育与专业教育深度融合改革实验区，根据不同学科专业的特点，结合温州产业转型升级需求，在鞋靴设计、汽车服务工程、法学 3 个专业平台上融入了基于岗位创业意识、岗位创业知识、岗位创业能力为导向的创业教育，培养能创业的专业人才和懂专业的创业人才，将改革经验推广至服装设计、经济学、网络工程、机械工程及自动化、电气工程及自动化、服装工程、艺术设计等十多个专业。

（一）课程改革方面

推进了专业类创业课程的创新，将创业教育内容纳入专业课程体系，增加学生的岗位创业知识。[①] 一方面，支持专业教师开设专业类创业教育选修课。增设如《创业法律指导》《媒介经营与管理》《鞋类产品市场营销》《服装企业管理》《汽车服务经营与管理》等专业行业导向课程。另一方面，推动专业教师在教学过程中渗透创业理念和知识，注重从应用的角度增选主干专业课程的教学内容，改革教学方法，增加现场教学环节和案例分析比重，如依托温州大学省级智能电子电器重点实验室，明泰电器学生创业团队获得了全国“挑战杯”

① 黄兆信、王志强：《论创业教育与专业教育的融合》，《教育研究》2013 年第 12 期。

大学生创业竞赛金奖；结合《环境与资源保护法》的课程建设，七彩虹学生创业团队获得了“全国十大优秀慈善创业项目”的荣誉称号。

（二）教学方法方面

推广“一课程群一岗位”等改革措施，以任务导向进行教学，促进课程与市场需求的无缝对接。在服装设计等专业实施“一团队一课程群一岗位”的创业教学模式，借助相关企业对终端展示陈列的需求，在《陈列基础》《服装陈列设计》等课程群进行项目式教学改革和实践，同时结合创业工作室项目拓展课外学习与指导，实现了1/4课时由企业指导师直接参与，从而突出强调了职业岗位的针对性，促进了课程与市场需求的对接，增强了学生的岗位创业能力。

（三）实践教学方面

推进“专业实习 + 管理岗位实习”，在不削弱专业实习的同时，改革服装设计与工程、汽车工程、法学、鞋靴设计、经济学等专业的实践环节，新增管理岗位实习环节1—2个月。岗位实习主要是按照企业生产经营活动的流程进行全程参与式实习，包括产品开发、生产、管理、销售等多个运作环节，并接受学校专业导师和企业创业导师的联合指导。通过这种岗位实习强化创业训练，培养了学生的岗位创新创业能力，从而引导学生选择合适的就业岗位。

（四）师资建设方面

推进“校内师资 + 实务师资 + 创业学生师资”的多元化师资建设。当前创业教育师资主体来源单一，大多数来自经济管理类的专业教师或学生管理中从事就业指导的教师，建设一支多元化的特色师资队伍成为创业型人才培养的当务之急。① 为此，学校一方面鼓励专业教师到相关行业企业挂职锻炼，丰富专业教师的管理实践经验，提高专业教师对专业创业领域基本情况与发展趋势的洞察能力。另一方面引进企业家、企业高级管理人才、投资专家或相关政府工作人员等具有丰富实战经验和讲课感染力的一线精英为兼职教授，为学生授课，讲授行业背景、业内实务、真实案例等内容。同时，创业比较成功的

---

① 施永川：《创业教育促进大学生就业问题研究》，《江西社会科学》2013年第5期。

在校创业学子也是创业班级的师资来源。

三　试点班层面：培养既有岗位创业能力又有自主创业能力的人才

创业教育试点班不是定位于培养自主创业者为目标的“尖子班”或“强化班”，而是为了全校范围内的基于专业的、以岗位创业为导向的人才培养模式改革进行的试点。在全校范围内筛选对创业有兴趣的学生，开设各类创业教育改革试点班，包括企业接班人班、经理成长班（如红蜻蜓班）、电商创业班（如奥康班）、村官创业班等辅修专业和创业管理双专业、双学位班级。试点班的改革主要从五个方面着手：课程体系分理论、实务、实践三大模块，实务实践模块占总课时的65%以上；教学方法以实践主导型为主，课程设计上突出实践环节；师资队伍多元化，重企业一线精英，校内师资实行学院推荐、学生评教、学生选定三重遴选标准；考核形式重过程，以答辩形式的考查为主；建立创业教育评价体系，跟踪调查延伸到毕业后。

同时，以岗位创业能力培养进程为主线，由“岗位创业认知、岗位创业训练、创业岗位实习”三个阶段构成的连续性创业实践教学形式贯穿始终。岗位创业认知以理论模块的课堂教学为主，岗位创业训练依托培养方案课程体系中的实务模块，以温州大学大学生创业园和二级学院创业中心的现有工作室（公司）以及面向在校大学生招租的生活区店铺为实践平台展开，与全国各地的温州商会、知名集团公司企业等合作，建立岗位创业实践基地，让学生利用暑假时间开展为期两个月的岗位创业实习，培养学生的岗位创业实践能力。

温州大学通过多年的积极探索，在提升人才培养质量方面进行了有益探索和大胆创新，以创业教育与专业教育融合为重点，形成了“全校层面—专业层面—试点班层面”逐层递进的以岗位创业为导向的创业教育新体系。该体系从人才培养模式顶层设计开始，使大部分学生在四年的学习过程中，通过多层次创业课程的学习和多渠道创业实践的锻炼，激发了学生学习创业知识的积极性，提高了学生的岗位竞争力，较好地实现了高校为区域经济社会的转型发展培养既懂专业知识又善创业管理的高素质复合型应用人才的基本目标。具体成效具体包括以下三个方面：

（一）提出了创业与就业兼容的岗位创业教育新理念

传统创业教育更多的是以培养自主创业者为主要目标，鼓励大学生毕业后自己创业当老板。然而，对于刚跨出大学校门的大学生而言，存在资源、经验等诸多条件的限制，因而我国的大学毕业生自主创业的比例还很低，也使创业教育的受益面狭窄。温州大学以岗位创业为导向的创业教育理念扩展了创业的内涵，不仅鼓励大学生自主创业，更提倡大学生在未来的就业岗位上“用创业的心态去工作”，把创业与就业看成是可以兼容的出路，从而创造性地拓宽了创业教育的受益面。

（二）探索了创业教育与专业教育深度融合的新途径

温州大学依托国家级创业人才培养模式创新实验区，在校内设立创业教育与专业教育深度融合的改革实验区，遴选了一批实践性较强的专业，从课程体系、教学内容、教学方法、师资队伍、实习实践等多个环节进行系统的改革，为创业教育的深入开展开辟了一条新途径，吸引了一大批专业教师参与其中，使这些专业的学生在四年的学习过程中，通过各种专业类创业课程的学习和多渠道创业实践的锻炼，激发了学生学习创业知识的积极性，提高了学生的岗位竞争力，使学生成为既懂专业知识又善创业管理的岗位创业型人才。

（三）建立了整合校内外资源的创业教育运行新机制

针对创业教育资源相对分散、创业教育缺乏整体规划、部门职责不清等问题，温州大学逐渐形成了一套有效的创业教育运行机制：2009年，学校成立了实体运作的创业人才培养学院，整合校内外资源，统筹全校的创业教育工作。通过制定一系列规章制度和激励措施，构建了较为完善的创业教育教学管理体系；搭建了以温商资源网络为依托的校外创业实践平台，形成了具有温州地域文化特色的校园创业文化，激发了广大专业教师参与创业教育改革的积极性，提升了创业教育在学校人才培养体系中的地位，提高了学生的就业创业能力。

温州大学以岗位创业为导向的创业教育新体系的探索与实践，不仅体现了《国家中长期教育改革和发展规划纲要（2010—2020年）》

提出的把加强创业教育作为今后10年提高人才培养质量的精神，也符合教育部《关于全面提高高等教育质量的若干意见》中明确提出的“把创新创业教育贯穿人才培养全过程”的具体要求，即高校的创业教育不再是只针对少数有创办企业或公司潜质学生的技能性教育，而应逐渐向覆盖全体学生的全校性创业教育演进。

当前，我国大多数高校创业教育的理念与传统的高校教育体系兼容难度较大。以岗位创业为导向的创业教育不仅拓展了现有创业教育的理念，而且深化了创业的内涵，把创业与就业看成是可以兼容的出路，使学生树立“用创业的心态去工作”的理念，从而创造性地拓宽了创业教育的对象范围。温州大学以岗位创业者为导向的创业教育新体系紧密围绕人才培养的基本要义，贯穿于人才培养的体系框架中并以此为载体，前瞻性强，为提升应用型人才培养质量提供了新思路。从人才培养模式顶层设计开始，针对人才培养需求将创业教育融入人才培养全过程，使学生在大学四年通过各层次创业课程持续培养创业意识，学习创业知识，通过各种形式的岗位创业实践发展创业能力，提升创业技巧，促进创业教育在人才培养过程中的结构性融合，保证创业教育在人才培养过程中的连贯性和持续性。以培养岗位创业者为导向的创业教育新体系把握住创业教育发展趋势，将是“十二五”期间高校有效推进创业教育的主要改革方向之一，为高校应用型人才培养教育教学改革提供有效借鉴模式。

第五节 岗位创业教育的具体实践：“大学生村官”创业

随着李克强总理“大众创业、万众创新”的提出，“大学生村官”创业也迈入新阶段。为推动“大学生村官”在社会主义新农村建设中建功立业、锻炼成长，确保“大学生村官”“下得去、待得住、干得好、流得动”，使“大学生村官”形成长效机制，引导其创业是一条有效路径。

一 “大学生村官”及社会效用

（一）“大学生村官”及其政策演进历程

所谓“大学生村官”，是指在各级党委和政府政策的指导下，到农村（含社区）担任村党支部书记、村委会主任助理或其他村“两委”职务的、具有大专以上学历的应届或者往届大学毕业生。[①] 从国家政策目标和招聘程序上来看，“大学生村官”区别于“机关公务员”“三支一扶”“农村特岗教师”“志愿服务西部计划人员”“村干部”等岗位，它是需要签订服务合同，具有三年服务期限的全日制高校毕业生，这就使大学生村官这些区别属性，也使它成为“非官非民”“非公务员非村委成员”的特质。从目前的调研状况来看，“大学生村官”作为助理，主要从事的是一些服务性、辅助性的工作，比如：材料撰写、档案管理、村民培训以及会议记录等文员类工作。

目前“大学生村官”的工作范围和社交对象主要有各级政府部门、乡镇（街道）干部、村（居）委会干部、村民、家人同学等，本节主要选取与“大学生村官”这一岗位有直接联系的角色进行分析。首先，“大学生村官”签约后，就形成了一个为期三年的“合同关系”，直接被乡镇干部所领导，与乡镇干部形成委托—代理关系，协助乡镇机关管理和服务于新农村建设。乡镇干部拥有“大学生村官”的调配权、监督权以及批评建议权等。其次，“大学生村官”与村干部之间既存在领导—被领导的关系，又存在合作—竞争的关系。“大学生村官”在农村原则上担任的是村支书助理或者村主任助理等，协助村干部处理和完成村里事务。但是，随着大学生村官的适应性及个人能力的增长，两者又存在竞争—合作的关系。最后，“大学生村官”与村民之间是服务—被服务的关系，“大学生村官”政策的目标之一就是促进人才向农村输出。农村建设的主体就是村民，新农村建设就是要促进农民的全面发展，帮助农民更新落后的思想观念、传播新的科学文化知识，为农民群众提供技术服务等，培养新型农民。

---

① 佘宇等：《“村官”小政策，人才大战略——大学生村官政策评估研究》，中国发展出版社 2013 年版，第 3 页。

2008 年 4 月，中组部联合教育部、财政部以及人社部下发了《关于选聘高校毕业生到村任职工作的意见（试行）》，提出“在全国范围内开展选聘高校毕业生到村任职”，标志着“大学生村官”政策在全国范围内全面铺开，但是“大学生村官”政策的提出以及推广经历了多个阶段。总的来说，“大学生村官”政策的确立是一个从地方到中央、从下到上的发展过程。

早在 1995 年，江苏省丰县就已经意识到村委干部“文化程度偏低”“整体年龄偏大”的现状，率先选聘了 13 名大学生去往村两委任职，充实村委班子，称为“雏鹰工程”。此后不久，海南省开始局部试点，辽宁省、浙江省慈溪市等地也逐渐制定鼓励引导大学生到农村任职的政策，其中，慈溪市成为全国首个公开招聘“一村一村官”的地区。这一阶段是“大学生村官”政策的萌芽阶段，总体而言，这一时期的大学生村官政策相对简单，且实施地区分布于各地不等，并没有对整个社会的政策起到较大影响，但是也开始在全社会推广鼓励知识分子回村工作的理念，初步探索出了一条短期内选拔培养年轻干部的途径，并且对周边县市的发展起到示范带动效应，成为以后政策制定的“参考模板”。从局部试点来看，这一阶段选拔“大学生村官”的主要目的就是改变农村村委结构，带领村民致富，比如这一阶段的村干部被称为“农村奔小康”、“致富奔小康”等工作队队员，从中可以看出当时政策推行的目标较明确。

2002—2004 年，是“大学生村官”政策的自发探索阶段，这一阶段的明显特征是越来越多的地区认识到在改革开放、经济发展的新浪潮下，思想观念落后、年龄老化的村委班子机构需要注入新鲜的血液，并且认识到知识的重要性，于是开始探索适合自身发展的政策。河南省、吉林省、上海市、陕西省以及新疆维吾尔自治区等地也开始大规模地公开选拔“大学生村官”，并且推出了一系列的“本土化”的“大学生村官”政策。这一时期农村问题引起社会各界的关注，这就使更多的人开始关注“大学生村官”计划。

2005—2007 年，是“大学生村官”政策全国性试验阶段，2005 年《关于引导和鼓励高校毕业生面向基层就业的意见》中提出“争取用 3 年到5年时间基本实现全国每个村、每个社区至少有一名高校毕业生”的目标，并在2007年中央一号文件中，还放宽了“大学生村官”的报考条件，鼓励有条件的地方，可以选拔大专院校和中职学校毕业生到村任职。总的来说，这一时期新农村的“惠农政策”不再仅仅是促使各地完善“两委”建设，注入年轻力量的推力，同时也是高校毕业生想要报考“大学生村官”的拉力。除此之外，高校扩招带来的毕业生资源滞留现象突出，使这一阶段的“大学生村官”政策除了推进新农村建设之外，还有提供高校毕业生新的就业途径，缓解就业压力的目标。

2008年，《关于选聘高校毕业生到村任职工作的意见（试行）》的推行，标志着“大学生村官”计划进入全面铺开阶段。提出从2008年开始，每年选聘2万名，共选聘10万名大学生到村任职，这一目标在2010年的通知中更新为5年内选聘20万名“大学生村官”，其中2010年到达了3.6万名。截至2014年年底，全国“大学生村官”共180960人，其中2014年选聘“大学生村官”25399人。① 这一阶段的“大学生村官”政策相对更加完善，选聘制度在实践中不断得到改善提高。比如，浙江省根据自身发展需要，2014年首次对报考人员的专业需求定向，解决了“大学生村官”的专业与农村工作“不合拍”的问题。除此之外，党和政府更加关注“大学生村官”的发展问题，不再仅仅是“重招聘、轻培养”，鼓励“大学生村官”任职期间带领村民创业，并积极提供优惠支持政策，并将“推动新农村建设、引导大学生就业，促进人才向农村输入以及培养年轻的干部”作为“大学生村官”政策的细化目标。② 同时关注“大学生村官”届满去向问题，2010年中共中央办公室关于印发《关于做好“大学生村官”有序流动工作的意见》，提出“大学生村官”任职后的五条去向选择。标志着我国“大学生村官”计划这一具有中国特色的政策在逐步完善起来。

---

① 中国村社发展促进会：《2015年中国大学生村官发展报告》，中国农业出版社2015年版，第2页。

② 佘宇等：《“村官”小政策，人才大战略——大学生村官政策评估研究》，中国发展出版社2013年版，第18—32页。

（二）“大学生村官”计划的社会效用

“大学生村官”计划从最开始在局部的小规模试行到全国范围内全面铺开，不管从“人”的方面还是“事”的方面，都极大地推动了我国新农村建设，是我国社会发展人才培养的新战略，对社会主义新农村建设、大学生就业以及培养年轻干部等都具有重大意义。

首先，推动新农村建设。① 不论从我国的自然属性还是社会属性来讲，我国都是一个农业大国，“三农”问题关系着我国社会的整体发展。随着社会各界对“三农”问题的关注，我国政府也从各种视角支持农村改革发展，其中，“大学生村官”就是一项推进新农村建设的主要措施，“大学生村官”充当农村“信息员”、“技术员”的角色。比如，“大学生村官”是具有较高的知识文化水平，掌握着先进的科学专业技术，具有创业激情和创新思维的一个群体。目前城镇化的过程中，农村保守落后的思想观念与城市存在脱轨，而“大学生村官”融入农村，有助于更新农村落后的思想观念，传播科学技术，推动文化建设。同时，“大学生村官”可以利用自己掌握的专业知识，指导农民进行科学种植和养殖，培养新型农民，推动农村生产力发展。比如，河南禹州市开展“技术惠民”活动。除此之外，“大学生村官”计划促进了人才向农村的输出，改变了“两委”结构老龄化、观念保守化以及知识结构低的状况，推动社会主义新农村建设。比如，河北唐山市的“123”志愿服务项目等。

其次，引导大学生就业。② 源于1999年开始的高校扩招，2003年开始逐年增加的高校毕业生人数使大学生就业形势不容乐观。而新农村建设和农业现代化的不断发展，需要注入新鲜的知识力量。“大学生村官”政策恰逢这一时代发展的需求。它无疑是在高校毕业生考公务员、企事业单位以及自主创业、择业之外的又一种人生职业规划，缓解了当前城市就业岗位有限与就业人数庞大之间的矛盾。同

① 佘宇等：《“村官”小政策，人才大战略——大学生村官政策评估研究》，中国发展出版社2013年版，第10—16页。

② 同上。

时，我国政府鼓励“大学生村官”在职创业，并给予一系列的优惠政策，截至2014年年底，全国共有22706名“大学生村官”创业，创造就业岗位221412个。[①] 除此之外，2010年出台《关于做好“大学生村官”有序流动工作的意见》，合理引导“大学生村官”届满之后的去向选择，为“大学生村官”届满之后的发展做好服务。

最后，培养锻炼年轻干部。[②] 截至2014年年底，进入公务员队伍的“大学生村官”有9.2万人，占全部人数比例的36.9%。[③] 比如，北京市自2009年开始，在公务员考录中预留出专门面向即将卸任的“大学生村官”的招录岗位。“大学生村官”的三年基层工作经验，有利于形成“大学生村官”坚韧的、吃苦耐劳的优良品质。同时在一定程度上拓宽了“大学生村官”解决实际工作事务的思维方式。立足于“大学生村官”的这一岗位支撑，“大学生村官”在工作中无形地就培养了一种责任意识，在将来的政策提议或者制订工作计划过程中，更能从农民、农村、农业角度出发，客观地开展工作。“大学生村官”进入农村“两委”班子，是优化基层干部队伍结构，为祖国培养年轻的后备力量，提高党的执政能力和水平的有效途径。

二 “大学生村官”创业的社会支持体系

为了使“大学生村官”“敢创业，会创业，创新业”，就需要从政府部门、社会组织、高校以及农村基层各利益相关者等方面加强配套措施，为“大学生村官”营造一个自由宽松的创业环境。

（一）加强对“大学生村官”创业素质的培训

创业者作为三大生产要素中最活跃积极的因素，作为特殊的人力资本群体，为社会发展带来了巨大的经济增值作用，创业行为决定于

① 中国村社发展促进会：《2015年中国大学生村官发展报告》，中国农业出版社2015年版，第21页。

② 佘宇等：《“村官”小政策，人才大战略——大学生村官政策评估研究》，中国发展出版社2013年版，第10—16页。

③ 中国村社发展促进会：《2015年中国大学生村官发展报告》，中国农业出版社2015年版，第19页。

创业者对创业环境的认知[①]，加强对大学生村官的创业培训，树立创业观念，提高大学生村官创业能力。

1. 培养创业动力，刺激创业意识，树立创业观念

根据 Shapero 构建的创业三维模式：创业愿望、创业倾向和创业可行性。[②] 因此，鼓励“大学生村官”创业要激发创业愿望和创业倾向，提高创业可行性。首先，要培养“大学生村官”的创业愿望和创业精神。创业愿望是影响“大学生村官”创业的动力因素，激发创业愿望是“大学生村官”创业的前提。同时，通过组织基层创新文化传播等活动，宣传创新文化，培养“大学生村官”创新精神。正如现代化专家英格尔斯所说，“那些先进的现代制度要获得成功，取得预期效果，必须充分运用该制度下人民的现代人格、现代品质，无论哪个国家，只有它的人民从心理、态度和行为上，都能与各种现代化式的经济发展同步前进、相互配合，这个国家的现代化才能真正得以实现”。[③] 当前创新型国家的建设潮流中，“大众创业，万众创新”，需要培养“大学生村官”具有创新意识、创新精神的现代品质，推动创新行为。其次，基层干部要加强对“大学生村官”的正确引导，提高“大学生村官”自我效能感，培养职业信心。“大学生村官”毕业进入农村，社会角色转变较慢，面对新的生活环境，存在一定心理适应期。基层要定期召开“大学生村官”职业思想规划交流会，进行适当引导，并给予“大学生村官”一个展现自我的平台，树立“大学生村官”的职业信心，同时对有创业倾向的“大学生村官”集中座谈，重点扶持。最后，培养创业动力，刺激创业意识，提高个体创业需求。在“创业选择的影响因素”一项调查中，改善自身环境成为创业者最直接的动力。因此，强化宣传引导，宣传“大学生村官”创业的

---

① 丁明磊、刘秉镰：《创业研究：从特质观到认知观的理论溯源与研究方向》，《现代管理科学》2009 年第 8 期。

② Shapero，A. （1975），The Displaced，Uncomfortable Entrepreneur. Psychology Today，9（Nov.）：83 – 88.

③ ［美］阿力克斯·英格尔斯：《人的现代化》，殷陆君译，四川人民出版社 1985 年版，第 4—7 页。

保障政策，提高创业信心，同时注重思想引导和典型宣传，组织大学生参观成功的创业项目，并宣传“大学生村官”创业的优势及有益影响，从而提高“大学生村官”创业积极性。除此之外，建立“大学生村官”创业交流群、“大学生村官”创业宣讲团以及“大学生村官”创业联盟①，及时分享创业信息和创业经验，提高创业积极性。

2. 开展涉农专业知识培训班，提高“大学生村官”涉农专业知识

农村拥有广阔的农业生产资源，文史类专业的“大学生村官”在农业生产方面知识欠缺，因此要加强涉农知识培训，为“大学生村官”创业提供知识储备。首先，“一对一”结对作业，了解农业生产状况。“大学生村官”进入农村对当地农业生产比较陌生，可聘请当地的农民精英与“大学生村官”结对，向“大学生村官”介绍当地作物生长状况、作物用途、成果去向等，了解农民种植作物选择的影响因素以及作物发展的潜在用途，在实践中发现创业机会。比如：北京延庆“大学生村官”袁超平就是在与当地村民的交流中发现商机，创办了农家院。② 其次，联合高校进行涉农专业知识培训。大学作为知识传播和知识创新的主体，拥有一套行之有效的知识教育传播体系，因此，加强与高校的合作，能系统地提高“大学生村官”的涉农知识储备，为“大学生村官”后期创业提供智力支持。温州市委组织部与南京农业大学联合创办全方位培养“大学生村官”的“村官硕士班”。专门针对农村工作设置的农业推广硕士学位，培养“农业专家”，并根据地方实际，设置了农产品品牌战略与营销、“大学生村官”创业政策研究、农产品加工技术的应用性课程。③ 除此以外，各地生产具有特殊性，根据当地生产状况，聘请相关涉农专业指导老师，为“大学生村官”提供知识技术咨询。

---

① 《大学生村官创业联盟成立》，中国政府网，http：//www. gov. cn/xinwen/2015 －07/05/content_ 2890356. htm，2015 年 7 月 5 日。

② 《他们有一个共同的名字叫农庄庄主》，中国青年网，http：//cunguan. youth. cn/2015/0821/1800545. shtml，2015 年 8 月 21 日。

③ 《我市开办首个大学生村官硕士班》，温州网，http：//wzed. 66wz. com/html/2010 －05/30/content_ 693531. htm，2010 年 5 月 30 日。

3. 丰富实践经验，提高创业能力

首先，明确“大学生村官”工作属性，落实“村级组织特设岗位”职能。“大学生村官”是国家选聘的用于服务农村建设的高校毕业生，志愿服务农村工作三年时间，从长远来看，是建设社会主义新农村、富民惠民的决策。因此，要明确规定“大学生村官”的职能，杜绝长期乡镇政府挂职的现象，给“大学生村官”更多处理和了解村务的机会，积累社会经验。其次，开展“大学生村官”创业实践训练，提高实践能力，增加实践经验。加快创业平台建设，建立村官创业实践基地，引导“大学生村官”投身创业大潮。比如，温州市建立“大学生村官”网络经济（电子商务）实践基地，开展网络经济实训，提高“大学生村官”参与网络经济能力，除此之外，平阳县建立创业实践基地、农作物种植等，为“大学生村官”提供创业实践平台，引导“大学生村官”主动参与创业过程。最后，制订“大学生村官”创业能力培训计划。创业相关技能包括寻求创业机会的能力、资金管理能力、管理技能、销售技能以及市场知识。聘请电商人才、青年企业家，进行创业经验交流，并依托当地创业实践基地，对“大学生村官”进行系统的创业能力培训。江苏省泰州市为使“大学生村官”“会创业”，聘请创业导师“一对一、一对N”进行创业引导和技术帮扶。除此之外，鼓励“大学生村官”借助共生模式，吸引当地企业投资，抱团创业。

（二）完善创业政策体系，创设激励创新的制度环境

一般来说，创业活动起源于个体，遵循个体—社会—政府自下而上的发展模式，但是在现代创业型社会构建中，变成了政府政策主导、扶持的自上而下的社会行为，而政府则从这一社会活动中得到社会利益。所谓创业社会利益是指社会从创业活动中获得的利益，如经济增长、就业增加等，它是创业利益的外部表现。作为社会利益代理人的政府有支持创业活动的动机。[①] 而支持创业的政府行为就是获得社会利益的一种补偿。这种行为具体表现为完善创业政策体系，创设

---

① 王延荣：《创业动力及其机制分析》，《中国流通经济》2004 年第 3 期。

激励创新的制度环境。

1. 完善基层自治管理制度，推进“大学生村官”社会融合度

首先，完善基层法律法规，明确“大学生村官”身份。我国实行村民自治制度，基于农村实际进行自治。“大学生村官”进入农村担任“村主任助理”或者“支书助理”，但“大学生村官”并不属于当地村民，届满之后也无权参与村委选举的状况，使“大学生村官”对所在农村缺乏归属感。正如费孝通所描述“这是一个熟悉的社会，没有陌生人的社会”，熟悉度也就成为选举的标杆之一。完善基层自治制度，从法律层面上消除“大学生村官”身份限制，增加村民认同感。其次，加强“大学生村官”对自身角色认识，树立“大学生村官”的社会责任感。由于部分“大学生村官”抱有“届满之后离开农村”的想法，因此对工作并不积极。要加强“大学生村官”自我认识，“大学生村官不是公务员，是国家有偿支付的带有志愿者性质的工作岗位。”① “有偿支付”、“志愿性”的角色性质要求“大学生村官”树立社会责任感。除此之外，建立人文关怀的导入机制。大学生初到农村，生活、工作以及心理适应要适度调整，基层政府要从各方面加强对“大学生村官”的人文关怀，落实资金保障政策，营造融洽的生活氛围。

2. 确保招聘政策的针对性、时效性和科学性

“大学生村官”工程在全国全面铺开推行以来，问题逐渐显现，因此要不断调整“大学生村官”招聘政策，形成一套科学、高效以及充满活力的招聘机制。首先，“大学生村官”招聘时应不仅重视数量，也应制订对“大学生村官”岗位职能的长远规划，为“大学生村官”农村创业奠定知识储备的基础。比如，知识结构、专业要求。“大学生村官”的主要生活工作场所是农村，树立自身权威性的主要途径是解决农民面临的问题。因此，“大学生村官”招聘应考虑根据当地实际进行专业限制，某些涉农专业或者与当地建设相关专业优先考虑。

---

① 佘宇等：《“村官”小政策，人才大战略——大学生村官政策评估研究》，中国发展出版社2013年版，第45页。

比如：浙江省2015年选聘“大学生村官”进行专业定向选聘，包括法学、理学、工学、农学、管理学、经济学六个基层一线经济社会发展所需的学科门类范围等。[①] 其次，“大学生村官”招聘试行“本土化”。优先考虑“生源地”大学生，村官招聘当地的大学生回当地村工作，对农村较熟悉，与当地村民交流无障碍，家乡认同感高。最后，根据地方发展需求，创新选聘机制。根据地方要求设置岗位，上级组织部分负责监督指导，提高面试环节所占比例，如推行“农村创业面谈/企业化面谈/村务管理面谈+重点追问+综合分析”模式，对农村工作有明确规划的大学生优先考虑，选聘适合农村发展的“大学生村官”。除此之外，根据地方实际，降低学历要求，为职业类学院的应用型人才进入村干部队伍提供相应途径。

3. 加强地方政府部门对“大学生村官”计划的理解和认识

“大学生村官”支持政策，对于加强这一群体培养计划的持续性、重要性不言而喻。进一步完善“大学生村官”政策，不仅仅需要中央层面的不断创新和改革，也需要确保政策在地方的细化、分解和落地。[②]“大学生村官”计划实行的目的是向农村输入人才，带动农村经济文化发展，同时锻炼和培养党的后备人才。加强基层政府对这一政策的理解，有利于提高这一政策效力。首先，端正地方政府对“大学生村官”的思想认识，转变暂时缓解“就业压力”的肤浅认识。并将“大学生村官”对地方政府的工作评价纳入政府年度考核，鼓励村官对政府工作进行监督。其次，强化对“大学生村官”创业政策的执行力。有些地方政府对“大学生村官”创业存在认识偏颇，过度担心创业失败导致地方财政兜底以及政府权威受损。鼓励地方政府提高“大学生村官”创业支持力度，把“大学生村官”创业状况纳入地方党政工作的年度考核政策。最后，加强地方政府之间的交流，注重对“大学生村官”的培养工作。中央政府加强对“大学生村官”创业的

---

① 《2015年浙江省选调生村官招考公告》，浙江组织工作网，http://zzgz.zjol.com.cn/system/2014/12/25/020431505.shtml，2014年12月26日。

② 余宇等：《“村官”小政策，人才大战略——大学生村官政策评估研究》，中国发展出版社2013年版，第45页。

宣传力度，组织地方政府部门到“大学生村官”创业成功地区进行经验学习，促进不同地方村官创业交流。

4. 施行积极的财税激励政策，营造良性创业环境

根据伊沃里特·S. 李（Everett S. Lee）提出的“推力—拉力”理论，构建农村强拉力弱推力、城市弱拉力强推力的发展模式，营造农村创业良性发展环境，对提高“大学生村官”创业积极性具有重要作用。首先，增加创业财政政策扶持力度，鼓励当地企业参与“大学生村官”创业。政府除了落实国家对“大学生村官”的财政支持以外，可根据当地经济发展状况，设立“大学生村官”创业基金，适当提高“村官贷”金额，为优秀创业项目提供资金支持，同时设立“大学生村官”创业风险担保基金，降低创业失败风险。对成功创业并带动当地农民就业的，根据人数给予创业补贴。其次，建立创业资金来源多元化机制。比如，建立创业项目启动基金、创业补助以及优秀项目鼓励基金。同时，鼓励“大学生村官”抱团创业，对参与支持“大学生村官”创业项目的企业进行税收优惠等政策，并纳入优秀企业考评。2009 年江苏省如东县出台《如东县关于推进“大学生村官”创业的实施意见》，协调金融部门，发放“大学生村官创业绿卡”，解决“大学生村官”创业融资难的问题。再次，开设“大学生村官”创业“绿色通道”，简化创业申请程序。英国创业者认为政府鼓励创业必须去掉官僚作风，简化税收，简化雇佣立法等。[①] 相较于经济发达地区的其他大学生创业者，“大学生村官”创业的选择成本相对较少，发展空间和物质回报率也相对低，因此，需要对“大学生村官”创业项目简化行政事业性审批程序，提高创业效率。江苏泰州抓住当前互联网的契机，建立 2000 多平方米的电商孵化基地，“大学生村官”可以随时免费入驻，简化了申请批准程序等。最后，加强创业政策宣传引导，营造全社会支持创业的氛围。将“大学生村官”创业政策宣讲作为岗前培训的重要部分，除此之外，建立完善的创业企业网络系统，定期举办“大学生村官”项目推介会，加强大学生创业项目

① 牛长松：《英国高校创业教育研究》，学林出版社 2009 年版，第 38—43 页。

的宣传，引起风险投资家和天使投资人的关注。

5. 建立一套完善的评估、监管以及风险规避机制

"大学生村官"创业发展状况受到不同利益主体的关注，同时影响当地政府在村民心中的形象。因此，要建立完善的项目选择评估、监管及风险规避机制，保证"大学生村官"创业顺利进行。首先，成立"大学生村官"创业项目评估、审批机构。由不同领域、不同专业的专家组成审批机构，制定项目评估审批标准，对"大学生村官"创业项目可行性进行严格评估，从项目前期降低创业失败风险。其次，建立严格的财政监管机制。对"大学生村官"创业项目发展的资金去向可行性及合理性进行审批，减少不必要的资金浪费，保证项目支持基金落到实处。最后，实行动态考核机制，对项目实施状况进行考核。不定期对项目的发展状况进行考核，对发展情况好且有潜力的项目，加大支持力度；而对存在问题的项目，及时纠正发展方向，进行不断调整，从而降低创业失败的风险。

（三）高校要承担起培养创业创新型"大学生村官"的使命

"大学生村官"实现从学生到创业者的转变需要更多的资源支持，包括提供创业知识、孵化支持、专业化援助等。[①] 如何培养适应农村发展需要、富民惠民的"大学生村官"，是高等院校亟待解决的难题。"双创时代"下，高等院校理应成为创业型社会的核心机构，要根据社会需求调整运作方式，争取在国民经济发展中发挥更大作用，担负起创业人才培养的使命。[②]

1. 更新专业设置，构建"大学生村官"创业知识体系

大学要守正创新，教学才是大学的真正使命与核心竞争力。完善教学体系建设，把课程体系建设作为培养人才的重要抓手。[③] 首先，更新高校专业设置，增加涉农专业。各个农业类高校或者普通高校二级涉农（林、渔）学院在对农村实际状况发展需求的调研基础上，做

---

① 牛长松：《英国高校创业教育研究》，学林出版社 2009 年版，第 38—43 页。

② 同上。

③ 唐景莉、刘志敏：《守正创新：回归大学的根本——访国家教育咨询委员、中山大学原校长黄达人》，《中国高等教育》2015 年第 7 期。

好课程规划、设计和研究，开设相关课程，课程内容可以包括：畜牧业、种植业、法律、城镇化专业等，其中，对非涉农专业学生规定农业学分要求。其次，设立“大学生村官”专业及农业双学位。在本科教育招生的过程中，增加对“大学生村官”专业宣传，对毕业之后有意向服务农村建设的学生重点培养，同时，鼓励在校大学生进行双学位学习，通过开办创业“大学生村官”回校交流会、专家讲座等形式，加强对农业双学位的宣传。最后，创新创业教育形式，注重创业教育的推广。以 1997 年清华大学举办“创业大赛”为起点，创业教育在我国推行了十几年，但是某些高校还仅仅是将创业教育停留在“职业生涯规划”的课程层面，在调研中，80% 的“大学生村官”希望“创新教学内容，优化课程结构，将创业教育渗透到专业教学中”，因此，高校要落实创业教育课程建设，将创业教育与专业教育相结合。将创业整合到专业课程中，带来大学文化的变革，在大学内形成创业文化的氛围。除此之外，还应注重“大学生村官”后期培养，做好“大学生村官”创业的后盾。对于“大学生村官”，高校不仅要“扶上马”，还要“送一程”。设立“大学生村官”创业基金，同时为“大学生村官”创业提供知识技术支持。比如，温州大学定期开设“大学生村官培训课程”，对在农村工作的“大学生村官”进行培训，并根据当前互联网创业的潮流趋势，邀请互联网创业专家为“大学生村官”讲解互联网创业。

2. 加强对大学生“重农”“创业”观念的引导

为贯彻落实国务院大众创新创业的号召，2015 年 7 月农业部实施《推进创业创新行动计划（2015—2017）》，推进农民创新创业，建设创业型新农村。“大学生村官”作为促进新农村建设的知识人才，是建设农村创新创业文化、带动农民创新创业意识的关键力量。因此，高校应加强对大学生“重农”意识的文化观念引导，让大学生认识到农村资源的重要性，对“三农”有一个全面、理性的认识。首先，定期举办创业型“大学生村官”讲座。邀请“大学生村官”回校讲座，以切身实际帮助大学生认识一个全新的建设中的新农村，让大学生认识到农村创业的优势。其次，通过思政理论课、党团活动等宣传新农村建设，改变大学生排斥或者歧视农村的观念。树立“为新农村建设服务”的思想观念。最后，通过就业指导等方式，鼓励大学生到农村任职。Pascal 和 Athos（1982）认为，文化既影响人们对问题的看法，也影响问题的解决之道，个体的价值观在管理决策中起到一种关键性作用（Schwartz and Wolfgang，1987）。通过就业咨询和职业规划指导的途径，鼓励大学生到农村任职。除此之外，宣传创业文化，培养大学生创新精神。国家提倡万众创新，体现在高等教育上就是培养学生创新精神和创新能力。[①]

3. 注重大学生创业实践培训，有针对性地设置与农村接轨的实践活动

创业者作为最积极、最活跃的生产要素，作为特殊的人力资源为社会生产带来巨大的经济增值作用，教育应担负起创业人才培养的时代使命。提高大学生创业实践能力，注重创业实践培训。首先，鼓励大学生开展与农村有关的社会实践项目，让大学生深入农村生活，了解农村建设。中南大学大学生赴湘西十八洞村调研““大学生村官”如何发挥作用”、江西师范大学社会主义核心价值观宣讲团小分队赴赣州水岩乡进行“社会主义核心价值观宣讲”等。[②] 其次，高校联合地方政府建立“大学生村官助理”见习岗位。组织有意向毕业后进入农村基层工作的大学生，暑假担任“大学生村官助理”一职，提供见习证书，鼓励大学生毕业扎根农村，发现农村发展潜力，富民惠民。最后，高校创新研究课题设立农村调研专项研究项目，鼓励大学生申请农村项目的调研。调研项目立足于农村实际，以为农村发展提供理论借鉴为目的。除此之外，高校建立大学生创新创业见习基地。成立大学生创业园、创客空间等。温州科技职业学院依托于原农校的教学优势，建立了首个由“设施农业、大宗农作物、园艺精品、特色畜牧”四部分组成的大学生农业创业园。同时设立了 1 个博士后流动

---

① 唐景莉、刘志敏：《守正创新：回归大学的根本——访国家教育咨询委员、中山大学原校长黄达人》，《中国高等教育》2015 年第 7 期。

② 《高校大学生暑期社会实践，体验村官生活》，大学生村官之家网，http://cunguan.youth.cn/wztt/201407/t20140714_5517039.htm，2014 年 7 月 14 日。

站、1 个省级实验室以及包括园艺技术、农作物技术以及动物科学在内的 9 个研究所为大学生农业创业提供技术支撑。[①] 该学院的原副院长谢志远说："通过创业园开展创业教育，是培养精于技术、善于管理、长于经营的'现代农民'，这也是当代和未来农业发展之需要。"

（四）构建企业和社会舆论对"大学生村官"创业的支持系统

受我国传统文化的影响，当前社会存在一种反冒险和以规则为基础的社会舆论，这种导向在一定程度上影响公众的创业态度，"双创时代"下，我国需要营造一种"支持大众创业，宽容失败"的文化环境，在这样的环境里，创业作为一种主流文化得到大力扶持，国民更偏好创业，并拥有将新的想法付诸现实的机会和能力。

1. 积极营造正向激励的创业舆论环境

首先，宣传创业典型，树立创业榜样。通过电视广播、报纸以及网站等新闻媒体，充分发挥媒体对"大学生村官"的创业富民的正面报道，提高"大学生村官"自身的心理认同感，增强其职业自信心，吸引更多大学生加入到"大学生村官"的行列。其次，加强对村干部的创业培训，促进村干部与"大学生村官"的互动。村干部是农民通过选举推出的村民事务的负责人，是长期扎根农村的重要力量，村干部的态度在农村事务中具有导向和号召作用。因此，加强村干部的创业培训，激发村干部的创业热情，鼓励村干部以身作则带领村民创业。同时，村干部与"大学生村官"的互动，能够增强双方对彼此工作的支持和认同。最后，乡镇政府通过政策宣讲团、乡镇干部下基层等形式，加强政策宣传，转变村民观念。当前村民对"大学生村官"创业抱有反对或者观望态度，政府要加强对"大学生村官"和创新创业政策的讲解和宣传力度，营造出国家支持"大学生村官"创业的积极性氛围，使"大学生村官"创业能够惠民富民的作用深入人心，提高村民对村官创业的认同，从而积极主动加入到"大学生村官"创业的行列中。

---

① 《温州科技职业学院成立温州首个大学生农业创业园》，温州网 - 温州商报，http://news.66wz.com/system/2009/11/12/101506437.shtml，2009 年 11 月 12 日。

2. 发挥新媒体为创业服务的作用

随着互联网时代的到来，新媒体成为大多数“80 后”“90 后”接触社会信息主渠道。要充分利用新媒体的交流、宣传载体作用。首先，建立“大学生村官”创业公众号，推广“大学生村官”创业信息。2015 年我国 90% 以上的智能手机用户使用微信，成为国民社交的又一种主流软件，覆盖娱乐、餐饮及公共服务等领域。因此，充分利用微信宣传、交流的便利功能，推广大学生创业信息。其次，建立专门的网络平台进行宣传，及时更新政策信息。在调研中，大部分“大学生村官”表示“从政府网站了解政策信息”，具有权威性。但是目前很多政府网站更新速度较慢，信息宣传滞后。要督促宣传部门充分利用网络宣传平台，及时更新政策信息。比如，中组部联合团中央建立了“大学生村官之家”[①]，专门用于宣传“大学生村官”政策、新闻、风采以及组织工作等，并成立互动社区，进行交流互动。“大学生村官”网要通过不断升级推进，使其成为权威的、统一的“大学生村官”交流服务平台。除此之外，净化网络环境，宣传正能量。对网络环境进行监督，抵制不良、不实信息，培养网民的网络自觉性。同时，对“大学生村官”创业失败的案例，要进行客观剖析，切勿放大负面影响。

3. 加强地方企业的社会责任感，为“大学生村官”提供创业支持

创业型社会是一个有着广泛参与和遍地机遇的系统，它能够保护人们的政治自由和经济自由。支持创业的不应只是政府，许多企业——尤其是大型企业——都必须营造一种创业文化[②]，培养自身社会责任感，支持和培育创新创造行为。首先，接纳“大学生村官”到企业挂职实习。吸收“大学生村官”参与初创项目的管理，为村官提供创业平台，鼓励“大学生村官”对初创项目提出自身建议，激发“大学生村官”创业意识。同时“大学生村官”进入企业实习，能够为企业发展带来原创性思想，注入新的活力。其次，入股“大学生村

① http：//cunguan. youth. cn/。

② ［美］卡尔·J. 施拉姆：《创业力》，王莉、李英译，上海交通大学出版社 2007 年版，第 4 页。

官”创业项目，共担风险。企业对审核通过的“大学生村官”创业项目进行资金、技术入股，能够降低“大学生村官”创业失败的概率。企业自身具有技术、资金以及人力资源优势，在企业业务的发展过程中积累了大量的人脉资源，这些都是“大学生村官”创业需要的宝贵资源。最后，选拔企业优秀员工入驻“大学生村官”创业基地，担任创业导师，主动对创业“大学生村官”进行创业指导，避免创业的盲目性。除此之外，为“大学生村官”企业创办咨询服务，包括如何形成和发展商业意识，如何做市场调查，如何创办企业以及在何处寻求帮助等。比如，江苏省宿迁市发展“政企共建“大学生村官”培养模式”，雨润集团利用自身优势与“大学生村官”共建农村养殖业、农村休闲以及农村设施建设等农业示范性创业园，带动村官创业及当地居民就业。

第四章　创业教育新路径：大学生社会创业

李克强总理指出，大众创业、万众创新是中国经济提质增效升级新引擎。“十三五”规划提出要建设“美丽中国”“健康中国”“平安中国”，但目前国内的雾霾问题、食品安全问题、医疗卫生问题亦令我们印象深刻。社会创业（Social Entrepreneurship）是社会转型升级的重要手段，[①] 它同时包含创业和社会责任两个层面的内涵，在我国经济发展已经步入新常态、社会公共服务需求迅猛增长的形势下，其价值和意义日益凸显。本章将从社会创业的内涵、过程、影响因素出发，分析大学生社会创业的现状，并提出今后的发展策略和措施。

第一节　社会创业的内涵

社会创业，也叫公益创业，目前还是较前沿的学术研究领域。社会创业本身仍是一种创业形式，和传统商业的创业之间具有紧密的联系。厘清其内涵、过程及影响因素是准确把握当前我国高校社会创业教育面临的问题，并采取相应对策的前提。

一　社会创业的概念

Austin 等认为，社会创业是创新性的创造社会价值的活动，它可

---

① Alvord S. H., Brown L. D., Letts C. W., “Social Entrepreneurship and Societal Transformation an Exploratory Study”, *The Journal of Applied Behavioral Science*, 2004, 40 (3): 260 - 282.

以发生在商业组织、非营利性组织、公共部门之中或之间。[①] Mair 和 Marti 认为社会创业是创新性使用和组合资源来促进社会变革和满足社会需要的过程。[②] Pless 则认为社会创业为应对经济层面"造血"功能的不足，对外部伙伴有较强的依赖，这决定了社会创业过程中合作多于对抗。[③] Dees 指出，社会创业的受众多数来自被市场和政府所忽略的金字塔底层，这与商业创业（Commercial Entrepreneurship）追求突破性、创新性需求不同，表现出基础、长期、普遍、可及等特征。[④]

陈劲等指出，社会创业是一种在各种环境下持续产生社会价值的活动。[⑤] 王晶晶等通过对在国外创业管理专业期刊上发表的 47 篇社会创业文献的分析提出，广义的社会创业就是可以创造社会价值的创新活动，可以处理社会问题的创新解决办法。社会创业不仅应包括外部创业，即创建一个新的社会企业，也应包括内部创业，即在现存组织内部能创造社会价值的活动。[⑥]

综上所述，虽然创业研究的学者对社会创业定义的角度和方法不一样，也未达成统一，但几乎都提到社会创业同样也离不开创新，本章的社会创业指注重公益性，强调实现社会价值，推动社会进步的创新性活动。

二 社会创业的过程

Shane 等认为，机会探索和开发能力是创办企业最重要的两方面能力。李华晶等认为，社会创业过程包含创业机会识别、创业机会开

---

① Austin J. , Stevenson H. , Wei Skillern J. , "Social and Commercial Entrepreneurship: Same, Different, or both?" *Entrepreneurship Theory and Practice*, 2006, 30 (1): 1 - 22.

② Mair J. , Marti I. , "Social Entrepreneurship research: A source of explanation, prediction, and delight", *Journal of World Business*, 2006, 41 (1) : 36 - 44.

③ Pless N. M. , "Social Entrepreneurship in Theory and Practice—an Introduction", *Journal of Business Ethics*, 2012: 1 - 4.

④ Dees J. G. , "The Meaning of Social Entrepreneurship", *Kauffman Center for Entrepreneurial Leadership*, 1998.

⑤ 陈劲、王皓白：《社会创业与社会创业者的概念界定与研究视角探讨》，《外国经济与管理》2007 年第 8 期。

⑥ 王晶晶、王颖：《国外社会创业研究文献回顾与展望》，《管理学报》2015 年第 1 期。

发以及资源获取和整合三个环节。[①] 焦豪指出社会和商业价值并重是社会创业实施的关键，它同时涵盖了创业活动和社会责任两方面。他的研究较全面，在国外学者提出的社会创业意向过程模型、发展两阶段和三阶段模型、社会创业过程影响因素模型等各种模型基础上建构了一个新的整合模型。[②] 由于社会创业属于创业的范畴，从不同学者对“创业”这一概念所包含核心要素来看，创业一般指提出创意、机会识别、机会探索、机会开发、资源整合、创办企业的过程，社会创业的过程亦大同小异。因此，社会创业是创业者发现社会问题或机会，并运用商业原则来组织、创造、管理企业，从而解决社会问题、创造社会价值的过程。

第二节　国外社会创业教育历史及发展趋势

如今创新创业已由精英走向大众，在中国，出现了创业“新四军”（即以大学生等“90后”年轻创业者、大企业高管及连续创业者、科技人员创业者、留学归国创业者为代表的新兴创业者），而且越来越多的草根群体开始投身于创业。[③] 而大学生又是创业“新四军”中基数较大，最年轻充满活力的群体。因此，依托高校现有的人才培养、科学研究、社会服务功能大力开展大学生社会创业教育意义重大。

一　国外社会创业的四个发展阶段

第一阶段是社会创业的萌芽期。在20世纪之前，虽然还未正式出现社会创业的定义，对社会创业的需求也不是很强烈，企业以经济利益为主，但已出现了一些带有社会创业性质的活动。如1854年弗

① Shane S., Khurana R., “Bringing individuals back in: the effects of career experience on new firm founding”, *Industrial and Corporate Change*, 2003, 12 (3): 519 - 543.

② 李华晶、肖玮玮：《机会识别、开发与资源整合：基于壹基金的社会创业过程研究》，《科学经济社会》2010年第2期。

③ 王平：《社会创业家是怎样炼成的》，《中国社会组织》2015年第12期。

洛伦斯·南丁格尔以英国军事医院主管伊斯坦布尔斯库台区。

第二阶段是社会创业的兴起期。1970—1990 年，社会创业的开拓者们形成了显著的群体，使企业和社会的利益融为一体。如 1971 年斯坦福大学推出了公共管理计划，以培养具有社会意识的领导人。之后不少企业家提出了“价值导向”（values led）、“绿色环保”（echoing green）等概念。1999 年斯坦福大学又建立了社会创新中心，以培养领导者，解决全球社会和环境问题。

第三阶段是社会创业的发展期。2000—2009 年，社会创业的组织结构得到显著的发展。如 2001 年哈佛大学商学院为其年度经营计划的竞争增添了社会企业的相关指标。2003 年牛津大学赛义德商学院建立了斯科尔社会创业中心。2009 年美国奥巴马政府建立了社会创新和公民参与办公室，以帮助非营利组织、社会企业、商业、宗教和其他社会组织解决它们所面临的问题。

第四阶段是社会创业的成熟期或大众期。从 2010 年起到现在，社会创业日益成熟并走向大众。如 2010 年英国发行了“社会影响”债券，以建立基金来帮助社会企业；美国社会企业家设立了此类性质的第一个奖学金，来努力改善美国黑人的生活；而马里兰州也成为美国第一个制定了公司法的州，强调公司社会和环境使命与利润同等重要。2015 年众多基于网络平台的创客网站走向公益，著名众筹网站 Kickstarter 也宣称将改组为“公益公司”，即不以追求公司出售或上市为目的。①

二 国外高校社会创业教育已走向大众化、高端化

哈佛大学在 20 世纪 90 年代中期就成立了社会企业发展研究中心，迪斯于 1997 年在哈佛大学商学院开设了第一门社会创业教育课程，哈佛大学的社会创业教育很快由传统的商学院主导模式转化为学科交融模式。2004 年，哈佛大学甚至招收了第一批社会创业博士生。其商学院与肯尼迪政府学院学生组织的社会创业大会（Social Enter-

---

① 《国家层面部署“众创空间”平台支持创业“新四军”》，http://scitech.people.com.cn/n/2015/0303/c1007-26626265.html。

prise Conference)，在全球也产生了较为广泛的影响力。[①] 国外其他著名大学如牛津大学、斯坦福大学、芝加哥大学等社会创业教育亦均进入成熟期。如牛津大学认为，社会创业是一种融合创新、机会和资源来影响社会和环境的方法，它挑战传统的结构，并确定了新的机会，以解决问题的根源，它产生系统性变化并提供可持续的解决方案。牛津大学提倡通过世界一流的教育、尖端的研究来培育社会创业家。而国外一流创业型大学如美国斯坦福大学、麻省理工学院、德国慕尼黑工业大学等的创业教育已走向大众化、高端化。[②] 他们不仅提供全校性的创业教育，也为旨在从事社会创业的全世界的创业者提供一流的教育或研究支持。日本教育界则创造性地将社会创业理论引入高校社会服务的研究中，探索如何更好地实现社会服务。他们从目的、中介、时间、立场四个维度入手，厘清了社会创业的性质。如在目的维度，日本教育界认为，社会创业通常关注需求未被满足的社会群体，这同商业创业聚焦于经济利益存在根本差异；在中介维度，社会资本是社会创业过程中的重要资源，社会创业在利用社会资本的同时力求构筑社会网络；在时间维度，社会创业通常是持续的创业行为，而实现持续发展势必面临更多的问题与挑战；在立场维度，社会创业过程中凸显双重特性，社会创业者必须从中寻找到平衡点。[③] 相比较而言我国高校的社会创业教育还处于发展期，差距较大。

三　国外高校社会创业教育的实践经验

当前我国的高校社会创业教育还处在发展期，与一般高校创业教育一样存在一些共性问题：第一，创业教育受益面窄，以自主创业教育为主，侧重商业创业教育。第二，创业教育与专业教育脱节，在运行中缺乏有效深度融合。第三，创业教育相关机制不完善，创业教育

---

① Social - Entrepreneurship，http：//businessresearcher. sagepub. com/sbr - 1645 - 97806 - 2707772/20151207/social - entrepreneurship.

② 徐小洲：《社会创业教育：哈佛大学的经验与启示》，《教育研究》2016 年第 1 期。

③ 黄扬杰、邹晓东：《慕尼黑工大创业教育实践与启示》，《高等工程教育研究》2015 年第 5 期。

组织仍较松散，合作不够紧密，缺乏专业的社会创业教育机构。[①] 麻省理工学院、哈佛大学、芝加哥大学、牛津大学等国外高校的社会创业教育具有如下特点：

（一）国外高校社会创业教育受众面广

在麻省理工学院，其社会创业教育旨在支持和帮助全世界的企业家。他们通过各种各样的项目，如 D－LAB 奖学金（该奖学金通过一年的时间来帮助那些扶贫的产品或服务达到一定的市场规模）、全球创业实验室（Global Startup Labs，主要通过培养青年科技创业者来促进新兴地区的发展）、全球挑战大赛（IDEAS Global Challenge）等，支持在校园和世界各地的创业者。这些创业者开始只是在宿舍或实验室里的一个想法，后来在学校支持下成为面向社会公益且发展良好的创业项目，为众多贫困的社区提供了低成本的技术。

在我国，一方面以自主创业为导向的传统创业教育更多地倾向于鼓励部分学生参与创业实践，而忽视普适性更高的向学生传授创业知识、培养学生创业精神的课程教学主战场，创业受益面较窄。[②] 另一方面我们的国民公益意识相对薄弱，缺乏像比尔·盖茨、扎克伯格、巴菲特这样的创业型的公益性人物，整个社会还较缺乏社会创业的氛围，最终大学生从事社会创业的人数很少。

（二）国外高校社会创业教育课程体系成熟

哈佛大学的社会创业教育很早就由传统的商学院主导模式转化为学科交融模式，内容丰富，形式多样。徐小洲指出，该校通过开发融合性社会创业教育课程，如商学院开设的《金字塔底端的商业》《教育中的创业与技术创新》、法学院开设的《社会创业导论》等，以及通过基于多元体验学习平台的创业实践、打造紧密协作的社会创业教育共同体等策略，使自己成为全球高校社会创业教育的标杆。芝加哥大学（university of chicago）也是如此，其社会创业教育的体验式学习

① 刘原兵：《社会创业视域下日本大学社会服务的考察》，《比较教育研究》2015 年第 6 期。

② 黄兆信：《论高校创业教育转型发展过程中的几个核心问题》，《兰州大学学报》（社会科学版）2014 年第 6 期。

与课程就包括社会企业实验室（The Social Enterprise Lab）、约翰爱德华森的社会创业的挑战（SNVC）、新的社会企业（New Social Ventures）、企业家发现（Entrepreneurial Discovery）、波斯基创业与创新中心的 i－corps 程序，并有许多配套的行动计划予以进一步的支持。

我国的创业教育起步较晚，现有的创业教育课程大多脱胎于商学院的相关课程，或者“洋为中用”，融合性、本土化的创业教育课程体系仍不成熟；同时现有的教师多数是由有着企业管理或战略管理理论背景的教师或从事思想政治教育、就业指导等工作的教师初步转型而来，偏重商业创业教育，且水平有限。近年来，参与创业教育的高校数量虽然不断增加，但开设的创业教育课程依然数量有限，质量不高，难以满足广大“90 后”学生的多样化需求，从而无法辐射到更多的学生，由于师资的匮乏，学生也无法获得有针对性的指导。

（三）国外高校社会创业教育治理结构完善

牛津大学赛义商学院的斯科尔社会创业中心（Skoll Centre for Social Entrepreneurship）是一家为推进全球社会创业的顶尖学术单位。该机构通过世界一流的教育，尖端的研究，以及商业、政策、学术和社会领袖之间的合作，培育创新的社会转型。该机构的研究和服务对象是全球范围的，它通过使用网络的力量来放大其工作，使研究人员、学生能跨越界限到更广泛的地方和国家。该机构的价值观有六点：包括创业（即牛津大学相信通过创业途径来改变社会，并致力于运用市场驱动的、营利或非营利的方法解决贫困和环境恶化等问题）、合作、全球关注、系统影响、知识严谨和诚实、重视团队。因此建立如牛津大学社会创业中心类似的科学有效的治理结构是促进大学生社会创业教育发展的重要保障。社会创业不仅需要政府、社会（如公益创投基金）、公益组织等利益相关者参与治理的外部结构，亦需要紧密协调合作的内部治理结构。芝加哥大学也是如此，其社会创业计划办公室就是位于芝加哥市中心的一个 50000 平方英尺的协作空间，它由社会创业计划办公室和波斯基创业与创新中心（Polsky Center for Entrepreneurship and Innovation）、阿贡国家实验室中心（Argonne National Laboratory）共享。

高校社会创业教育的顺利开展不仅需要建立由政府、社会（如公益创投基金）、公益组织等利益相关者参与的完善的外部治理结构，亦需要建立紧密协调合作的完善的内部治理结构。社会创业教育在我国还处于发展期，仅有部分高校建立了社会创业研究中心，总体而言缺少学校层面的顶层战略设计，具体实施策略亦不完善，进而使社会创业教育资源分散，难以形成工作合力。现行的创业教育运行体系在整合不同专业教师资源、校内外创业教育资源等方面也存在一定缺陷。① 同时大多数大学生创业大赛的评价指标给予社会责任的权重偏少。因此，我国高校社会创业教育的发展可借鉴牛津大学斯科尔社会创业中心的设立模式，机构有明确的定位和价值观导向，同时运用网络的力量使其研究和服务的对象都比较广。

第三节 我国大学生社会创业的现状

为深入了解我国大学生社会创业的现状，本书专以温州为例，在全面展示温州社会创业概况的同时，以问卷调查的形式进行了摸底排查。

一 温州社会创业概况

（一）温州社会创业的先天优势

温州社会生态系统中有着孕育和发展社会创业的土壤和环境。（1）温州企业家创业示范精神：先天不足的资源条件、交通不便的地理位置，培育了温州人“敢为人先、敢于拼搏”的“经世人文”和“主体意识”，形成了特有的“适者生存、敢想敢干、实事求是、义利并举、团队合作”温州企业家的创业精神。（2）特有的商业文化现象：温州地处“东南一隅”，长期的“边缘化”状态和历史沿革，温州人为了生存发展，形成了“抱团文化”、“商性人格”和“创业

---

① 黄兆信、王志强、刘婵娟：《地方高校创业教育转型发展之维》，《教育研究》2015年第2期。

文化”。(3) 温州民营经济的发展：自改革开放以来，温州创业经历了三个阶段：创业富民阶段、创新发展阶段和创新跨越阶段。依靠“商行天下”完成了财富原始积累的温州人，如今已经有了“善行天下”的实际行动。如“世界温州人微笑联盟”和荣获2012年中华慈善奖的“明眸工程”等。(4) 温州行业商会的发展：温州市现有行业商（协）会400余家，在社会经济领域中发挥着重要作用。如通过行业商（协）会申报获得一批“国家级”基地、创建了一批特色产业园、制定了一系列行业发展规划等。可见，温州区域经济文化的突出特点有着培育和发展本土化的社会创业事业先天优势和条件。

（二）温州社会创业的政策支持

2012年3月，国务院常务会议通过了设立温州市金融综合改革试验区；2012年10月，温州市政府出台了《关于加快推进社会组织培育发展的意见》“1+7”系列文件，明确了政府对社会组织的登记管理、职能转移、备案管理、议事联席、项目购买、考核评优和平台培育等方面信息，明确指出允许民办非企业社会组织取得合理回报。同时，第二届义工、社工论坛在洞头召开，探讨“温州公益组织机遇与挑战”。温州市即将成为省部共建的民政综合改革发展试验区；政府拟积极培育创新社会组织；全市公益组织中已有多个公益项目渐显社会企业雏形，“输血式”向“造血式”服务转型；温州还将设立公益创投基金，以项目资助方法为社会组织公益项目提供创业和发展资助等。

（三）温州社会创业主体的形成

随着社会经济的发展，以“社会责任”为联结纽带，温州社会创业的主体主要包括温州市政府、民间公益组织、温州高校和社会企业等。政府通过计划、法律和行政等多种宏观调控手段，直接和间接地为社会成员提供基本社会保障，以保证社会公平公正为履责目标；民间公益组织或高校以公益性为生存基础，以追求社会公共利益为组织使命及发展目标；社会企业以注重社会价值为主要目标，兼顾经济效益，以确保可持续性作用发挥，成为构建和谐社会的重要力量。

1. 温州市政府

在过去的很长时间里，温州市政府是“无为的政府”的说法比较流行。随着改革开放的发展，温州市政府逐渐开始走向有为的政府，采取了一系列积极的措施，促进经济社会的发展。但是，长期以来，温州的公共服务落后于经济发展的情况仍然比较突出，主要表现为社会事业发展缓慢、社会保障体系的建设滞后等。① 近年来，温州市政府大力推进新型社会福利体系建设，在发展社会化居家养老服务、开工建设市社会福利中心、加快发展慈善事业、实施残疾人共享小康工程等方面进行了积极的实践。同时，政府对温州医学院（2013 年更名为温州医科大学）、温州大学等高校的发展，在提高人才培养、科技创新和服务发展的能力方面给予了大力支持。②

2. 温州民间公益组织

目前，温州的民间公益组织主要有 182 义工组织、星火义工之家、快乐之本社区义工服务中心、绿眼睛、苍南壹加壹应急坏救援中心、商报义工团等。这些组织的所有权性质主要是官办慈善会、社团组织、事业单位、民办非企业等。服务的主要目标人群是孤寡残疾老人、弱势儿童、灾民、珍稀动植物、农民工等。服务内容包括居家养老、扶残助困、康复训练、失独陪护、应急救援和环保监测等，主要提供的是“输血式”帮扶。发展的驱动力主要来自政府政策支持；各地公益孵化机构为专业化的公益项目提供场地、设备等共享设施，提供政策咨询、小额资助、渠道拓展、项目对接、财务托管等服务；民间力量等。当前的发展之困主要有：一是合法身份认定困难，资金来源有限。温州现有 100 多个公益组织，具有独立法人资格的不超过 10 个。由于处于社会信任高危期，致筹款难，资金主要来源于成员内部捐款和私募，效果有限。二是组织队伍不稳定，专业人才缺乏。三是目标定位不明晰，品牌项目研发少。四是外部联动活力不足，难以吸

① 吴玉宗：《温州政府形象建设的问题与对策措施》，《人力资源管理》（学术版）2009 年第 5 期。

② 余晓敏、张强、赖佐夫：《国际比较视野下的中国社会企业》，《经济社会体制比较》（双月刊）2011 年第 1 期。

引社会资本。五是风险管理存在缺陷，难以保证可持续发展等。

3. 温州社会企业

社会企业采用商业手段，达到解决社会问题的目的，它是不同于政府部门、传统非政府组织（或非营利组织）和商业企业的“造血型”社会协同治理形态，被称为公益领域内的“第三组织”，也就是说当政府公共服务缺位、传统公益服务及商业市场失灵时，它以专业的、独立的和可持续的方式，解决社会问题。据调查了解，目前温州社会企业的典型代表主要有温州龙湾青年创业园、温州眼视光研究院暨创业孵化基地、龙湾状元及永中的素食馆和温州太平洋公益星雨儿童康复中心等。这些组织的所有权性质主要有民办非、国有、个体和社团组织等。服务的主要目标人群是大学毕业生、高新技术研发团队、农民工和弱势儿童等。服务内容主要有大学生就业、高新技术成果转化、扶残助困、康复训练等，注重社会利益，兼顾经济效益，具有“自我造血”功能。发展的驱动力主要来自：政府政策支持、民间力量和风投资本等。发展之困主要在于资金来源渠道有限；社会信任度不够；产品或服务缺少竞争力；政策不明确，支撑体系不健全；缺少管理团队和技术团队；偏离社会使命，转型文化冲突等。

4. 温州高校

目前，温州高校主要包括温州医科大学（省属高校）、温州大学（市属高校）、温州职业技术学院（高职高专）、浙江工贸职业技术学院（高职高专）、温州科技职业学院（高职高专）、浙江东方职业技术学院（民办高职高专）、温州电视广播大学（电大）等。服务的主要目标人群是在校大学生、高校教师、科研人员、当地企业和百姓等，主要服务内容主要有人才培养、科学研究、技术支持和医疗卫生等。发展的驱动力主要来自财政拨款、政策支持、民间投资和企业赞助等。当前高校在支持社会创业方面的发展之困主要有：一是财政拨款有限，无直接的专项资金；二是政策不明确，缺少具体配套支持方案；三是民间投资或企业赞助面向高校的积极性不够高；四是高校自身的动力不足，还不能适应社会需求的变化等。

（四）温州社会企业社会创业生态模式

温州社会企业社会创业生态模式主要以温州龙湾青年创业园和温州眼视光研究院暨创业孵化基地为范式的生态模式较为典型。

1. 温州龙湾青年创业园（温州源大创业园，又名源大智库）

总面积两万多平方米的温州龙湾青年创业园，由温州源大创业服务有限公司（社会企业）与温州市有关政府机构合作共建，以社会公益为导向，政府助推、市场化运作为模式，整合各方资源，优化创业成本，搭建互动平台，通过授人以鱼（青年创业创新基金补助）和授人以渔（公益培训、政策咨询）等，帮助创业青年逐步走向成功，初步形成了注重社会价值、兼顾经济效益的社会创业社会生态体系。该创业园包含创业苗圃区、创业孵化区、创业成长区、公共服务平台区等功能区，通过搭建人力资源、培训、金融、商务、信息、工商税务、休闲娱乐等公共服务平台，为入驻企业提供一条龙创业服务。拥有综合配套创业服务场所 2.2 万多平方米，提供网络维护、创业培训、网商管理沙龙等设施和服务，实现拎包入驻。2012 年 7 月，该园区获全国就业创业先进集体荣誉称号，目前，已吸引入驻企业 80 多家，就业人员达到 1200 名。园区交通便利，周边商业氛围浓郁。园区除了提供最基本的基础服务之外，还结合创业青年实际需求，提供一系列配套服务，比如：工商代理、记账代理、人才招聘、人才培训、专业培训、项目申报、融资理财、生活服务、技术服务以及创业、管理、法律、政策等方面咨询服务、党工团服务等。

2. 温州眼视光研究院暨创业孵化基地

主要分布在温州医科大学眼视光科教楼及温州高新技术产业园区创业园的温州眼视光创业孵化基地，总面积约 1.4 万平方米。基地以温州医科大学为依托，联合温州医科大学眼视光学院、医院在基础和临床研究方面的优势，紧密结合产学研于一体，围绕现代社会视觉健康和功能需求，以现代眼视光行业、产业发展的关键共性技术与核心设备、器械、量大价高耗材等重点装备产品的开发为主要研究方向，以医疗设备与器械、生物材料与纳米技术、光学工程技术与产品为研究内容，力争取得一批对学科发展及产业经济转型升级具有重要支撑作用的创新研究成果，水平达到国际先进行列，并通过多层次的“产、学、研、用”相结合的发展模式促进科研成果产业化和市场化。基地以现代企业制度经营管理，独立核算，组织机构健全，有专职创业服务人员。拥有财务部、人事部、营销部、安全生产部、企业管理部、研发部、视光门诊部七个部门，工作人员共78人，其中拥有中高级职称的有53人，专业涵盖眼视光学、临床学、工程学、工商管理学、机械制造学、镜片设计等各个学科。基地积极鼓励和引导在温高校的在校生、毕业生入驻基地的企业、工作室和机构以及青年创业，现已入驻高新企业5个，学生研发及创业工作室5个。2009—2011年，共获得国家级项目资助4项，省部级项目资助8项；获得授权发明专利1项，授权实用新型专利4项，授权外观设计专利2项，已申请包括发明专利在内共18项；产品测试报告11项，质量标准体系认证证书2份；SCI及EI收录期刊发表论文66篇。培育学生团队，获得省级项目资助21项，并在各类竞赛获奖59项，其中弥散斑验光仪研发团队获2011年全国第十二届“挑战杯”课外科技作品竞赛特等奖。

（五）温州高校社会创业生态模式

2004年10月，中共中央、国务院16号文件《关于进一步加强和改进大学生思想政治教育的意见》明确指出，要积极探索和建立社会实践与专业学习相结合、与服务社会相结合、与勤工助学相结合、与择业就业相结合、与创新创业相结合的管理体制。依靠有利环境、政策及自我创新，逐渐形成了主要以温州职业技术学院大学生创业园、温州大学创业孵化基地、温州科技职业学院小企业孵化基地和温州医科大学大学生创业园等为范式的温州高校社会创业模式。

1. 温州职业技术学院大学生创业园

以“创业教育”为特色的职业素质教育体系全国示范点。包括创业教育课程体系、创业教育文化体系和创业教育的实践体系。通过“大学生创业园”的建设，形成了创业精品园区、创业商贸园区和创业草根园区。实施全方位、多层次校企合作，形成了“与民营经济互动、与企业共赢——依托行业、产学结合”的人才培养模式。形成以

“共育高技能人才、共建专业、共同开发课程、共建共享实训基地、共享校企人才资源、共同开展应用研究与技术开发”等为主要内容的校企合作长效机制，使学校成为温州民营企业高技能人才培养培训基地、民营企业技术开发与服务基地，以及民营企业新技术、新产品吸收转化基地。

2. 温州大学创业孵化基地

成立于2007年，旨在为在校大学生提供创业实践平台，为大学生创业团队实现创业梦想提供孵化空间。所有进驻大学生创业园的在校学生以及大学毕业生（毕业一年内）创办的企业一律免交场地租金，同时免费共享创业园提供的工商税务代办、创业指导师指导、创业基础理论学习、创业基金扶持、项目资本对接、校外实践基地接洽、招商融资会等一系列孵化服务和优惠扶持政策。园区目前占地约4700平方米，主体园区现有工作室（公司）31家。园区下辖8个二级学院创业中心，有专职管理人员10人，外聘兼职教师42人，以及校外著名创业指导师18人，并与8家知名企业建立创业实践基地关系。成立四年多来，园区累计提供就业岗位（含在校生实习岗位数）1745个，大学生创业企业营业总收入超过4000万元。据不完全统计，截至2011年10月，毕业生离开创业园后已成功创办公司29家，累计解决社会人员就业岗位300余个。园区先后被教育部确立为“国家级创业教育人才培养模式创新实验区”、被共青团中央确立为“大学生KAB创业教育基地”、被全国青联评为“全国青年创业教育先进集体”、被浙江省教育厅确立为“浙江省人才培养模式创新实验区”，此外，园区还是“温州市大学生创业论坛”的授牌基地，该基地为全市的大学生提供创业交流的平台。

3. 温州科苑小企业创业基地（浙江省小企业孵化基地）

于2009年10月经浙江中小企业局确认成立，落户于温州科技职业学院，是浙江省唯一一个落户在高校的省级小企业创业基地。温州科技职业学院是全国目前唯一一所同时承担高职教育和农业科研职能的院校。温州科苑小企业创业基地以温州科技职业学院为依托，本着以培养精于技术、善于管理、长于经营的现代农业创新创业型人才为目标，多层次、全方位地引导毕业大学生以及在校大学生开展结合农业专业的创业活动。基地的创业楼先后共有60家小企业入驻；创业街共有11家企业入驻；大学生农业创业园共有5家农业小企业在其中创业。从2009年11月至今，温州科苑小企业基地共孵化成功了37家小企业，服务小企业60余家；举办各类培训班共计5期，如职业生涯培训、农业创业培训、网商创业培训、SYB培训、来料加工创业者培训等，共培训500多人；举办温州市“大学生村官”创业培训班共计2期，共260人接受了系统的创业培训。

4. 温州医科大学大学生创业园

2009年以来，学校形成了以“倡导岗位创业，扶持自主创业，创新促进创业，创业带动就业”的高校创业教育工作思路，以“挑战杯”为龙头的学生科技、创业竞赛体系为主体，以创业实践和促进学生科技成果转化为主导，以选拔体系、试水体系、实训体系、转化体系和反馈体系“五个体系”为特色的创业园管理模式。大学生创业园用地1000多平方米。截至2012年3月已有10个创业实体项目入驻创业园，当前入驻创业园的创业学生为53人。学校设立创业试水区可容纳50多个创业项目，创业学生达200多人，创业园项目每年增加创业学生达50多人。与此同时各二级学院积极创设科技创新创业基地，如药学院的温莪术示范基地，信工学院200平方米、30多台电脑的“学生创新设计实验室”，专门为学生科研创新、学科竞赛及自主创业提供实验、实践场所。

在以温州高校社会创业为范式的生态系统中，虽然各主体的社会创业实现途径有所区别，其共同特征主要是结合自身的特色和优势、健全管理与激励机制，以创新的方式——“产学研一体化”，实现校园和社会资源的全方位有效整合，形成以履行“社会责任”为共同使命的校园与社会互惠互利、共同发展的社会创业生态体系。

二　温州大学生社会创业现状

本书通过对温州高校进行传统问卷、微信（大学生喜欢的社交软件）及走访等方式，调查对象主要为大学生公益团队的组织者以及在高校从事创新创业教育的教师。因此，该调查的对象、方式较全面，调查结果也具有较强的时效性和针对性。本次调查共发放纸质问卷400份，收回有效调查问卷385份；微信发放问卷322人次，收回有效问卷300人次，总计收回有效问卷685份。本书通过对调查问卷的分析，归纳总结了大学生社会创业的现状特征，具体如下：

其一，大多数大学生能够积极组织和参加学校的志愿者活动，但对社会创业的了解程度一般，对社会创业的概念、内涵、价值的了解非常欠缺，参与社会创业者更是少之又少。

在关于志愿者活动的看法上，64.2%的大学生经常参加志愿者活动，20.24%的学生偶尔参加，两者累计高达80%以上。在谈及志愿者活动的收获时，大学生普遍认为，参加志愿者活动有利于提升人际交往能力、社会实践能力和培养社会责任感。

调查对象在回答“社会创业的概念、特点是否了解”这一问题时，选择“非常了解”的只有3%，“基本了解”的只有15%，“完全不了解”的达到52.38%，“完全陌生”的达到26.19%。在问及对我校获奖的大学生社会创业的作品有哪些时，选择“都不清楚”的高达40.48%。但是笔者所在的高校，近几年在全国大学生“创青春”创业计划大赛中成绩非常优异。其中，在2014年“挑战杯”全国大学生课外学术科技作品竞赛中，我校“童馨教育服务机构”获得银奖。这个项目在全国具有一定的影响力，但也只有32.14%的被调查者知道这一作品。在对社会创业的设想上，69.5%的学生不曾考虑过社会创业，4.76%的调查者在筹划创业中，22.05%的受访者表示曾考虑过，但感觉困难重重。

可见，大学生对志愿者活动有很强的参与感和热情，并通过志愿者活动收获良多，但是对于社会创业的了解非常不足。即使有想法，也由于缺乏正规的、系统的社会创业教育以及创业能力的培养，不能很好地开展社会创业。

其二，大学生选择社会创业的动因大多是受个人影响，热情有余而理性不足；创业过程缺乏科学性，社会层面的支撑体系也不完善。

在大学生对未来职业规划的选择中，就业、考研、公务员这三者占了87.2%，剩下12.8%的大学生选择创业，这种结果符合当前大学生的现状实际。12.8%的大学生选择创业，也显示了近几年高校创业教育和社会创业风潮在大学生中已有一定的影响力。关于推动大学生社会创业的影响因素方面：受访者中46.43%选择受成功人士的影响，36.9%选择受到家里人的影响，11.7%认为是学校的教育和影响。在问及开展大学生社会创业存在的主要障碍时，受访者中77.38%选择经验不够，75%选择资金缺乏，69.05%选择社会关系不够，72.3%选择缺乏必要的知识和能力的储备。关于对国家创业政策的了解和认识，只有3%的大学生认为自己认真去了解过创业支持政策。国家创业政策似乎离大学生还很遥远，也表明了大学生创业的知识、政策储备不足，存在一定的盲目性，需要加大信息服务、政策服务和创业引导。

其三，大学生社会创业涉及的内容和范畴过于单一，往往根据自己的专业特点选择项目，对市场需求、社会热点把握不足，导致公益项目重复率高，发展前景不够广阔。尚未形成有效的商业运作模式，可持续发展动力不足。

在调查中，我们发现师范类专业的大学生大多关注农村留守儿童和城市外来务工人员的子女教育问题。医学院校的大学生大多关注义务献血、骨髓库建设等社会问题。由于专业特色和办学所限，目前已有的公益组织涵盖的范围比较小，项目重复率高。从大学生公益组织的项目来源看，82%的受访者认为是在大学生志愿活动中得到启发，经过市场需求调研的只有23%。大学生对社会需求的调研不足、对社会问题的敏感度反映不够积极。就现有公益组织的运行来看，大部分公益组织采用的是捐赠、筹款等非市场化运行的方式进行，因此，资金来源有限，运作难度大，长期可持续发展难度大。

综上所述，大学生公益组织和志愿者活动密不可分，通过志愿者活动得到灵感，组建公益组织是主要模式。而已经组建的公益组织只能依靠社会捐赠来维持组织的运行。组织稳定性较差，缺乏商业运行模式，自身盈利能力不足，无法实现项目的可持续发展。

第四节　我国大学生社会创业的影响因素

社会创业是一个受到多因素交叉影响的复杂过程。一般包括宏观的，如经济、文化等因素。Sonnino 等指出，受全球经济危机的影响，创业者们开始更多地关注社会经济部门，认为社会创业在经济不佳状况下具有更大的潜力应对亟待解决的社会问题，更能够为全球经济和社会发展做出贡献。[①] 并且由于文化背景的差异性，社会创业会有不同的形式。[②] 中观层面的影响因素如社会网络、高校特征或组织能力[③]等。如有学者指出创客运动和创客空间作为公众参与创新的社会网络，前者根植于不断扩展的后者，他们以开源、大众创新为特征，并且创客运动代表了公众参与创新的新趋势。[④] 社会创业的微观层面的影响因素则如社会创业者的个人特质等。如有研究指出社会创业者相对于商业创业者，具有对当地社会问题关注度更高、更乐于共同行动等特质。[⑤] 王平认为社会创业家具备 3A，分别是：Aim—（目标驱动力）；Approach—（方法创新力）；Action—（行动执行力）。[⑥]

社会创业作为一种新型的社会组织形式被认为是解决社会问题的一种新途径，和大学生群体有着“社会创业呼唤大学生，大学生也需

---

① 焦豪、邬爱其：《国外经典社会创业过程模型评介与创新》，《外国经济与管理》2008 年第 3 期。

② Sonnino R. , Griggs – Trevarthen C. , “A resilient social economy? Insights from the community food sector in the UK”, *Entrepreneurship & Regional Development*, 2013, 25 (3 – 4): 272 – 292.

③ Phillips W. , Lee H. , Ghobadian A. , et al. , “Social Innovation and Social Entrepreneurship: A Systematic Review”, *Group & Organization Management*, 2015, 40 (3): 428 – 461.

④ Martin R. L. , Osberg S. , “Social entrepreneurship: The case for definition”, *Stanford Social Innovation Review*, 2007, 5 (2): 28 – 39.

⑤ 徐思彦、李正风：《公众参与创新的社会网络：创客运动与创客空间》，《科学学研究》2014 年第 32 期。

⑥ Williams C. C. , Nadin S. J. , “Beyond the entrepreneur as a heroic figurehead of capitalism: re – representing the lived practices of entrepreneurs”, *Entrepreneurship & Regional Development*, 2013, 25 (7 – 8): 552 – 568.

要社会创业”的天然联系。一方面，社会创业的社会性和创新性，要求社会创业以解决社会问题为责任，通过创造新的服务、新的产品或者新的方法来解决社会问题。大学生富有社会责任感和社会使命感，渴望用自己的所学解决社会问题；并且随着高校在社会创业领域的积极探索，大学生在校期间，受到了良好的社会创业方面的专业教育，在参加学校组织公益活动中也积累了较为丰富的经验。因此，大学生一直被认为是社会创业中最活跃的群体。另一方面，大学生面临日益严峻的就业压力，对社会和谐稳定造成了不利影响。政府鼓励大学生自主创业，以创业带动就业，希望可以缓解这一社会矛盾，然而收效甚微。社会创业则开辟了一个崭新的就业领域，有利于缓解社会就业问题，因此也受到大学生的追捧。而介于大学生和社会创业的密切关系，政府、社会以及高校自身纷纷开展了一系列的大学生社会创业活动，大学生展现了极大的热情，成为社会创业的主要群体。然而，事实上大学生社会创业并没有像媒体报道的那样欣欣向荣，其发展并不乐观，主要受到以下几个因素的影响和限制：

一　创业项目价值

社会创业其他创业形式的最大区别在于社会创业的社会性，本人调查的大学生社会创业团队虽然也坚守社会问题和民生的公益性导向，但是，在创业目标的设定下缺乏对社会难点的聚焦和对社会热点的挖掘。大学生获取信息的途径主要是课堂与网络，信息的传递与获取途径都比较单一，其视野也受到了一定的限制，进而导致大学生社会创业选择的项目特点往往都是替代性高、独特性不明显、项目形式单一等。如农村留守儿童、城市小候鸟、自闭症儿童、特困户、公益献血等项目都是大学生活社会创业的热门选择，项目重复率较高。但是社会问题层出不穷，社会需求复杂多变，如“二孩”政策问题、失独老人问题、新能源等都未能得到及时关注。

作为社会中间力量的大学生群体目标更应高远，进行社会创业更应展示创新精神和国际视野，能在更高的层面上，凸显大学生群体的认识和解决社会问题的勇气和魄力。从这个角度看，目前我们离大学生社会创业的目标还有一定的距离。

二　创业能力及意识

大学生的创业能力是影响创业的一个重要原因。不可否认的是，当代的大学生在知识领域方面的储备是十分丰富的，而这些知识大多源于书本，源于老师的课堂教学。这些听起来相当专业的创业知识，在运用的过程中往往会出现很多的问题。观念中的创业知识是未经实践的，创业过程中难免遇到纸上谈兵的尴尬。实践经验的缺少，也展示了社会化的不足。[①]

大学生社会创业的经验主要来源于大学社团活动、志愿者服务，虽然拥有较强的社会责任感以及使命感，但是在校期间参加公益活动大多是为了增添大学生生活的丰富性，在面对就业的时候也就只将个人价值与目标的实现作为就业的唯一标准，而忽视了自我价值与社会价值的统一。因此，很少去选择新兴的、经济效益与稳定性都不太确定的社会创业。

大学中的公益活动，往往追求的是短期、显著的效果，而社会创业则并非如此，它更加注重长期而稳定的效果。因此，大学生在社会创业的过程中，采取的方法未能很好地和社会实际创业相结合，从而影响了创业结果。

三　社会创业的支持系统

我国的社会创业目前正处于起步发展阶段，政府因财力有限，因而对社会创业的帮扶力度极为有限。同时我国对社会创业方面的法律法规还十分不完善，对社会创业的准入门槛的规定过于严苛。《社会团体登记管理条例》中在人员上规定“有 50 个以上的个人会员或者 30 个以上的单位会员；个人会员、单位会员混合组成的，会员总数不得少于 50 个”，在资金上规定“全国性的社会团体有 10 万元以上活动经费，地方性的社会团体和跨行政区域的社会团体有 3 万元以上活动资金”。[②] 由于社会创业组织大多由民间发起，人员较为分散和小

---

① 黄兆信：《论高校创业教育转型发展过程中的几个核心问题》，《兰州大学学报》（社会科学版）2014 年第 6 期。

② 《社会团体登记管理条例》，1998 年 9 月 25 日国务院第八次常务会议通过。

型，很难达到这个标准，这一举措无疑阻碍了大部分创业人群。

四　可持续发展的动力

社会创业的可持续发展，必须兼顾经济效益和社会效益。要运用商业创新模式，实现社会目的，实现自身"造血"，保证创业的有效、持续发展。本书通过调查和访谈发现，我们很多的团队以实现社会价值和目标为己任，忽略了兼顾社会经济价值，面临着可持续发展动力缺乏的巨大挑战。如温州童馨教育服务中心，以企业、个人募捐为主要来源来关爱留守儿童，其本身不能产生相应的经济价值，自身"造血"功能不足，这样的方式与社会创业的目标不吻合，并不是真正意义上的社会创业。此外，由于自身"造血"功能不足，无论是从中获得的社会认可感还是资金的回报，都无法很好地使创业成员得到很大的满足。这一结果将会导致创业项目出现人员更替频率快的状况发生。

因此，从创业目标看，大学生社会创业的目标单一，层次低，缺乏高远的社会目标；从创新性看，注重社会价值的实现，经济价值难以保证，缺乏可持续发展的机制；从商业运作模式看，创新意识和能力不足，商业运作模式和手段匮乏。

第五节　大学生社会创业的内外扶持

以社会公益理念为导向，兼顾经济效益和社会效益统一的大学生社会创业是以创业带动就业、拓宽大学生就业路径的新思路。从社会创业的流程看，根据马赫（Mair）和诺波（Nobaa）的分析，社会创业的意向形成需要一个过程，创业愿望受到个人社会情感和认知态度这两个因素的影响。创业的认知的可行性也需要创业者个人自我效能和社会支持的支撑。[①] 创业愿望和创业认知可行性的有机结合产生了创业的行为。马赫和诺波的社会创业的流程分析告诉我们，社会创业

① 严中华：《社会创业》，清华大学出版社2008年版，第10页。

的产生是一个过程，受到各种因素的影响，针对大学生的认知特点，采取有针对性的内、外鼓励以及激励措施，保护创业意向的形成，推动社会创业事业的发展。

一 加快资源整合，加大资金投入

近年来，我国大学生社会创业的发展很大程度上得益于社会企业和慈善组织的支持和推广，包括资金和技术支持、信息服务、人员培训等。国外社会创业实践证明，企业和社会组织在资本项目对接、科研成果转化、产业链条构建、公益项目融资等方面具有不可比拟的优势。[①]

以童馨为例，童馨在萌芽阶段也是通过参与学校举办的策划大赛，同时核心成员也获得学校相应的培训机会。项目成立之初也是由学生出资，学校扶持的方式起步的。由于资金规模很小，只能满足丽水等小部分地区的留守儿童，可是由于社会创业的公益性，决定了这样的创业即使模式十分新颖、团队建设十分完善也没有足够的资金形成大范围的推广，而在校大学生在这一方面的资源又十分欠缺，所以如何吸引资金对优秀社会创业项目的扶持，也是推广大学生社会创业的一个难点。

对此，可以考虑设立大学生社会创业基金，支持创业策划大赛，对大学生进行大规模培训和持续性的资源跟踪支持，进行绩效评估，形成全方位支持大学生社会创业的文化氛围。

二 制定扶持政策，强化保障机制

以温州为例，2012 年 10 月，温州市政府出台了《关于加快推进社会组织培育发展的意见》“1 +7”系列等文件。其中，公益慈善类、社会福利类、社会服务类和基层社区社会组织申请成立登记时，资金“门槛”降为零。[②] 允许民办非企业单位社会组织取得合理的回报，大大促进社会组织的发展。但是目前社会创业的有关团体基本都

---

① 潘加军、刘焕明：《基于社会创业实践基础上的大学生就业推进模式探讨》，《湖南科技大学学报》（社会科学版）2012 年第 3 期。

② 《关于加快推进社会组织培育发展的意见》（温委发〔2012〕128 号），2012 年 10 月 21 日。

是以社会组织、社会团体和基金的形式存在，而社会组织的申报要求非常严格，对法人的资金、办公地址、设备和法人的职业都有一定的要求。在校的大学生想要顺利申请就要花费很多的精力。即使申请成功，也有定期繁复的检查和汇报。

社会创业是近几年在国内兴起的一种新兴创业模式。其解决的问题、面向的人群、需要的制度保障和形成的社会影响力都决定了其模式与方法和普通创业不同。政府要完善专门针对大学生社会创业的知识产权保护制度和创业的法律、法规建设。明确大学生创业组织的社会性质、地位和作用，维护大学生创业的合法权益，保护大学生社会创业的积极性和原动力。此外还要充分利用媒体的覆盖力和影响力，发挥校园文化活动在责任感教育中潜移默化的作用。这不仅有利于社会创业的发展，也有利于对大学生自身素质的提高和对社会思想的整体改善，从根本上为社会创业铺路搭桥。

三　加强社会责任意识培养，推动社会创业教育

毋庸置疑，在经济新常态下，高校完善社会创业教育对其自身更好地发挥人才培养、科学研究和社会服务的功能具有重要的意义。我国高校应更新理念，充分认识社会创业教育的作用，社会创业教育是实现高质量的“大众创业、万众创新”以及建设“美丽中国”、“健康中国”、“平安中国”的重要保障，是解决大学生就业问题、培养大学生社会责任感的重要途径。针对我国目前的实际情况，借鉴国外高校社会创业教育的实践经验，我国高校社会创业教育的开展应着重抓好以下几方面的工作。

（一）加强大学生社会责任意识培养

社会使命是社会创业发展的不竭动力，培养社会责任意识对于大学生社会创业来说就是最重要的基础。大学生作为社会新技术、新思想的前沿群体代表着最先进的流行文化。但是大学生群体素质仍有良莠不齐和对社会的认识、体会不深刻的现象，其社会责任感也需要高校和社会的加强培养。目前大学生的自我意识比较强，生活优越。在个人利益、个人价值、个人前途等方面都非常重视，这也导致了其社会主人翁意识的淡化。所以在校园文化建设中，更要注重大学生的社

会责任意识的培养，拓展择业视野，树立公民意识、社会风险意识、慈善意识和履行社会义务的自律意识，提升公益素养。除了社会责任感的培养，社会责任感的实践也需要高校和社会的鼓励。社会实践和志愿者服务等活动的开展是大学生的社会责任感实践的重要平台。学校要积极引导大学生开展各类课外实践活动，培养践行他们的社会责任感，让大学生深入了解社会，发现社会问题，并从中找到创业的机会。[①] 对于社会创业而言，社会责任感和有效的创业机会识别是关键。因此，拓宽社会视野、扎根社会、追踪民生民意成为大学生社会创业的必由之路。创业者只有有效融进社会，夯实社会创业商机选择基础，才能有效提升创业层次。

（二）加强高校社会创业教育课程和师资建设

从国外高校来看，社会创业教育出现了新的趋势，如社会创业辅修学位与主修学位相继出现，除商学院以外的其他院系也开始提供社会创业教育课程，社会创业的跨学科教学模式初现，全校性的社会创业教育体验已成为一种追求等。[②] 我国高校的社会创业教育与之差距巨大。

首先，我国高校近年来通过建立各种大学生创业实践基地、孵化器、创业园、高科技园区、与企业合作建立创业平台等多种形式，突出了创业教育的实践性。我们高校借鉴美国的经验将创业教育的重心放在创业实践教育上无可厚非，但我们需要注意创业教育的本土化问题、中国与欧美发达国家之间的差距和不同国情问题，因此不仅要推进专业类创业教育课程，将创业教育内容有效融入专业课程体系，更要以任务导向和学生兴趣结合起来进行教学，促进课程与市场需求尤其是本土化社会问题的有效衔接。如有学者指出，在创业教育 2.0 时代，创业教育除了应在学校的战略层面进行规划外，受益面还要从少数学生扩展到大众（包括校外），而创业课程则要从零星、单独课程

---

① 黄兆信：《地方高校创业教育转型发展之维》，《教育研究》2015 年第 2 期。

② 黄兆信、赵国靖、唐闻捷：《众创时代高校创业教育的转型发展》，《教育研究》2015 年第 7 期。

发展为立体化、定制化的创业课程体系。[①] 如芝加哥大学的社会创业计划（Social Enterprise Initiative）为学生提供量身定制的资源和课程来帮助他们脱离传统的创业项目从而进行社会创业。特别是可以帮助学生探索他们的社会企业应该采取什么形式，如何获得资助以及如何识别和培养一个区域性顾问网络。[②]

其次，师资匮乏是我国高校创业教育的短板。近年来，杨晓慧、徐小洲等专家学者呼吁通过制度创新建设专家化师资队伍，推动和促进我国高校创业教育的专业化发展进程，并提出了建立创业教育学科、开设专业学位教育、设置专任教职、建立激励机制、打破体制性流动障碍等策略，为高校创业教育的师资建设指明了方向。高校社会创业教育的开展，需要推进“校内导师 + 企业兼职导师 + 创业学生导师”的多元化师资建设。

（三）完善高校社会创业教育治理结构

完善的治理结构是实施高校社会创业教育的重要前提。社会支持体系要包括社会舆论、政策、资金、技术等，并要建设社会创业生态系统，包括动力机制、资源整合机制等。[③] 我们认为完善高校社会创业治理结构需要同时着力于外部和内部，并系统优化动力和评价机制，最终建立良好的高校社会创业教育生态系统。

首先，要完善高校社会创业教育的外部治理结构。社会创业相对于商业创业更依赖于广泛的社会关注、政府的政策支持，因为它通常要解决的是具有复杂性、深层性、公益性的社会问题。因此，相对于商业创业，社会创业更依赖于广泛的社会关注和政府的政策支持，也需要社会舆论对社会创业典型的宣传，尤其是对大学生身边的同学、学长的宣传。相关部门亦可举办更多的以社会创业为主题的创业大

---

① 汪忠、廖宇、吴琳：《社会创业生态系统的结构与运行机制研究》，《湖南大学学报》（社会科学版）2014 年第 5 期。

② 郑刚：《高校创业教育向斯坦福学什么?》，http://www.mbachina.com/html/jsgd/201601/91043.html，2015 年 9 月 3 日。

③ 倪好：《高校社会创业教育的基本内涵与实施模式》，《高等工程教育研究》2015 年第 1 期。

赛，资助社会创业者，帮助他们在获得商业成功的同时能更好地为社会创造价值。

其次，要完善高校社会创业教育的内部治理结构。学校应灵活设立专门的社会创业组织机构，或者依托专业的学院，负责统筹协调推进校内的社会创业教育课程、师资、政策、学位等各项事务，促进高校社会创业教育的蓬勃开展。

最后，系统优化高校社会创业教育的动力机制和评价机制，最终建立良好的高校社会创业教育生态系统。如传统的商业创业教育由于基数较大，发展较成熟，是高校开展社会创业教育活动的重要动力机制。有条件的高校可依托已有的商业创业教育基础或成熟的众创空间，结合自身的资源优势，不断向社会创业教育拓展。社会创业是围绕特定的关键问题，整合各类人力、物力、财力资源以满足需求、解决问题的过程，克服各种困难，完美实现社会价值和商业价值“双赢”是每位社会创业者的目标，这离不开政府、高校、社会、众创空间等各创业要素的紧密合作和高效运行。从事社会创业的学生和教师同样离不开科学客观的评价机制，如应在传统各类创业大赛评价中加重社会责任指标的权重，对社会创业做出贡献的教师和学生给予应有的奖励等。

综上所述，社会创业教育是一种创新性的创造社会价值的活动，在“大众创业、万众创新”的背景下，我国高校尤其要注重商业价值和社会价值的有效平衡，提升创业教育的内涵和层次，丰富创业教育的形式和内容，培养兼具创新创业能力和社会责任感的高素质创新创业人才，早日实现中国梦。

第五章 创业教育新载体：大学生创客

在众创时代，创新人才是构建创新型国家的必备条件。克里斯·安德森的《创客：新工业革命》让“沉默的”创客走向“爆发”，不仅引来科技、企业、投资界的广泛关注，在教育界也引起了极大的反响。2015年1月4日，国务院总理李克强来到深圳柴火创客空间，让创客火遍全国；并于2月的国务院常务会议上确定支持发展“众创空间”的政策措施，为创业创新搭建新平台。随着创客运动的不断高涨，大学生成为最活跃、最有创造性的创客群体，大力发展创客教育成为推动高等教育改革创新的时代选择。

第一节 创客运动的兴起

互联网和3D打印技术的发展和普及，推动了“创客运动”在全球范围内的传播。以下本节将主要概述创客运动兴起的外在背景基础。

一 创客运动兴起的经济与社会背景

随着移动互联时代的到来以及3D打印技术、智能制造技术、开源硬件平台的迅速发展，“创客运动”（Maker Movement）正在成为一股席卷全球的变革力量。创客源自英文单词“Maker”，原意是指“创造者”。现在，创客被广泛指代那些能够利用3D打印技术和开源硬件平台，迅速地通过互联网进行学习和创造，将自己层出不穷的创意和想法转化为现实、勇于创新的一群人。① 创客这个群体最早出现在美

① 李凌、王颉：《“创客”：柔软地改变教育》，《中国教育报》2014年9月23日第5版。

国绝非偶然，它不仅是20世纪80年代以来技术消费主义和“黑客”（Haker）思潮的产物，其思想来源甚至早已潜藏在美国国家形成的历史文化背景之中。《创客》杂志的创始人戴尔·多尔蒂认为“创客是一群富有创造性的、创新精神的、能够产生源源不断的新发明和合作精神的人，他们看待事物的角度有所不同，而能够擅于利用技术实现创意的他们，将是未来新一代的科学家、工程师、发明家”。[①] 创客将技术看作实现自己个人理想和满足内心创造欲望的工具，他们喜欢探究事物的构成、事物运行的内在机理，并在此基础上探讨如何进一步的改进和完善。或者说，在全新的方式之下使用它。创客是非线性思维的思考者、富有好奇心的发明者和问题解决者。白宫科学与技术政策办公室副主任托马斯·凯利认为，创客运动“发端于创客群体自身——这是一群依靠创意和想法来制作、发明、改进、进行问题解决、探索和分享内在荣誉的人”。[②]

在创客们看来，自己不仅是工业生产和产品设计的最终消费者——自工业革命以降，人类社会就被分为了生产者与消费者两大阵营，他们彼此之间唯一的纽带则是基于需求满足的利益竞合关系。在消费主义盛行的时代里，“用户体验”、“标准化生产”、“流程控制”等概念成为构建工业文明中人与人之间关系格局的基本概念。但是伴随着互联网的出现，每个人不再是精神产品和物质产品的消费者，他们同样也是创造者，创客的理念正是建基于此。创客们所具有的充沛精力和旺盛的探索意愿成为推动他们创造新事物的内驱力，特别是通过原型设计和在线分享等交互体验方式寻求对创造感的满足。与传统的工业文明所孕育的手工业者相比，虽然二者都是一种以实践动手为主的活动，但支撑传统手工业者实践活动的原动力来自自身生存的经济利益，而支撑创客各种实践的原动力则来自物质产品极大丰富和社会经济达到较高阶段后的自由意志探索。简言之，创客并非为了物质

---

① New York hall of science. A blueprint: maker programs for youth, http: //nysci. org/wp - content/uploads/nysci_ maker_ blueprint. pdf, 2015 - 05 - 13.

② Martinez, S. , & Stager, G. , Invent to learn: Making, tinkering, and engineering the classroom, California: Constructing Modern Knowledge Press, 2013.

的激励而进行实践，他们会非常执着于自己所动手创造的事物——即使这个事物或这个项目没有所谓的商业价值，但依旧无法消退他们在创造过程中所具有的欢乐。与传统手工业者相比，创客更加开放与包容，他们愿意吸纳任何对创造感兴趣的人或群体，也愿意为新创客们提供各种支持，这种建立在共同兴趣之上的相互激励与支持，构成了创客群体内生发展和演进的循环系统。

二　创客运动兴起的技术与环境基础

自 2000 年以来，技术发展已经大大降低了 3D 打印技术的成本，移动互联网的繁荣使人们在线实时交流更加频繁和有效。更重要的是，上述技术进步不是来自工业，而是来自学术研究者和狂热兴趣者的活动，他们的首要目标是利用这些技术制作出各种新颖的成型产品，基于开源平台的自主设计与创新，随后在以互联网为平台的社群之中进行广泛扩散。正如媒体所描述的那样，创客运动使“无论是作为业余爱好者还是作为专业人士，创客都是富有创造性的，有资源使用的和具有好奇心的，能够发展一个项目展示他们是如何与周围世界互动的”。[①] 创客运动遵循着三大原则：第一，人们使用桌面工具设计新的产品；第二，人们通过互联网，在创客社群中进行合作，免费分享这些设计；第三，人们使用标准化文档设计使得个体将自己的设计发送到工厂。

此外，开源硬件（Open Source Hardware）的出现及低成本化趋势也促进了创客运动朝着更为广阔的空间发展。由个体组成的在线社群则通过免费交换信息和协作进行创造活动。开源硬件平台体现了开放设计的理念——人工制品的核心组成部分及其设计信息的过程可以由终端用户便捷地获取——而无论其地理位置、社会和经济水平。只需要通过互联网连接，地球上任意地方的人们就可以在任意时间进行创造性的实践合作。迭代设计的理念则构建了渐进式创新与协同创新的意义，将过去那种在封闭的知识组织中才能够进行的创新转化为开放

① Makermedia, Leading the Maker Movement, June 5, 2015, http://makermedia.com, 2015 - 04 - 20.

式的、民主化的参与过程。

三 创客运动的发展现状

创客运动方兴未艾。目前全球已有超过 1400 个创客空间，而创客空间的数量仍然保持着大幅增长的速度。各种类型的创客活动，如创客嘉年华、创客节、创客工坊、创客社区也层出不穷，它们向人们展示着创客的理念、创客的设计、创客的产品，从而吸引了更多的人对创客产生兴趣。3D 打印技术和 Arduino 为代表的开源硬件平台提供了更便宜、更便捷的原型设计和产品制造元素。创客杂志认为创客运动的流行将对社会产生一种类似于火箭发射的推动力，使人类社会中最有创造力的、对技术有着狂热兴趣的人实现高度的满足感和成就感。[①] 今日的创客运动已然发展成为一种社会运动，它在利用互联网连接起全球不同国家、不同文化的人群时，也在纵向的时间维度上将过去、现在与未来相连接。

克里斯·安德森在《创客：新工业革命》一书中认为，创客不仅具备接受技术挑战和将创意转化为现实的能力，更重要的是要拥有一种首创精神、实践精神以及与他者分享和交流的价值观。[②] 互联网时代的到来使人类的创新理念与创新产品可以得到实时的分享与交流，也激励了更多的人加入到创客的行列。在这种背景之下，美国、英国等发达国家中正在出现众多的创客空间——一个具有加工车间、工作室功能的、开放的实验室环境，创客们可以在创客空间里共享资源、创意、技术、知识，并通过协作和基于项目的实践来实现各种天马行空的创意。通过实践革新技术、发展新的生产工具是人类文明不断进取的原动力。而进行创造的冲动则是这一原动力最核心的那个“原点”——以这一原点为核心所产生的各种思想与知识“爆炸”使人类大脑中的创新潜力得到激发。今天，互联网时代的到来使人与人之间的迅捷沟通成为可能，3D 打印技术、机器人技术、开源硬件平台、

① Maker Education Initiative（2014）. The Maker Education Initiative' smission，http：/maker. org /about - us /mission，2015 - 4 - 17.

② ［美］克里斯·安德森：《创客：新工业革命》，中信出版社 2012 年版。

可穿戴设备、交互式电子设备、可拆解材料——这些正在实现或即将实现的技术变革使个体第一次在现实世界中拥有了充分利用自身创造潜能的机遇。对于青少年来讲，他们正处在最具有创造力的阶段，而充分利用上述工具实现自己的各种疯狂想法。免费与分享是互联网最核心的精神，在今天，任何人都可以利用、改进、分享这些工具、讲解创造的过程、分享创造的喜悦与经验，从而通过虚拟世界中的在线合作解决现实生活中的种种难题。

第二节 高校创客空间的构建

以高校创客空间为依托载体的高校创客教育将成为培养新时期创新创业人才的重要途径，创客空间和创客教育的融合与碰撞是推动创新教育发展的重要驱动力。2015 年高等教育地平线报告显示，创客教育将在高等教育领域产生深刻变革，未来 2—3 年内，用于创客教育的创客空间将会在越来越多的高校中得到采用。[①] 如科罗拉多大学创设的发明工作室（The Invention Studio），通过为工程专业的学生提供基础设施、工具、文化转移，展示了动手制作的价值和可持续性，提高了他们自身的创新性、创造力以及创新创业的能力。[②]

一 高校创客空间的兴起及其特征

创客空间（Maker Space）是指一个人们基于共同的兴趣，如开源、科学、工程、数字或者电子等进行交流、合作、创造新事物的工作空间、厂房、实验室等。[③] 世界上第一家创客空间可以追溯到 1981 年在德国柏林成立的混沌计算机俱乐部（Chaos Computer Club，CCC）。3D 打印技术和 Arduino 等开源硬件平台的成熟极大地推动了

① 龚志武、吴迪、陈阳键等：《2015 地平线报告高等教育版》，《现代远程教育研究》2015 年第 2 期。

② Craig R. Forest & Roxanne A. Moore. The Invention Studio：A University Maker Spaceand Culture，Advances in Engineering Education，2014.

③ List of ALL Hacker Spaces，https：//en. wikipedia. org/wiki/Hackerspace，2015 - 04 - 20.

创客运动（Maker Movement）的发展。

据统计，全球有超过1400个创客空间，可分为独立的创客空间、以学校为基地为学校服务的创客空间和为社区服务的以公共图书馆为基地创客空间三种类型。[①] 我国的创客空间始于2009年。目前，已构成以北京创客空间、上海新车间、深圳柴火为三大中心的创客生态圈格局。在中国高校里，创客运动也逐渐兴起，形成了以学校为基地为全校师生服务的创客空间，如清华创客空间、西南交通大学创客空间、同济大学创客空间及温州大学创客空间等。依托于不同的定义，本书将创客空间概括为“实践”、“共享”、“创新”的群体空间。创客空间具有以下特点：

1. 融合性

凡是参与创客空间的都具有“创客”的社会角色，创客空间的参与者不存在主动或被动的系统排斥，都可以在融洽的交流环境中提出自我创意或者参与队友的创意转换。

2. 独立性

创客空间不同于传统的科学实验室，属于某一专业或者某一行业的专有空间，创客空间不隶属于某一个专业或者任何一个二级学院，而是向全校任何专业学科背景的师生开放，鼓励所有成员主动参与。

3. 开放性、实践性

创客空间旨在为“大众创业”提供创新平台，鼓励全民动手参与，高校创客空间则为不同专业不同学科背景的有创新创业想法的创客提供交流空间，鼓励他们将自身的想法借助于创客空间的共有资源和团队力量，将创意变成现实。

4. 分享性

社会建构主义学派（Social Constructivism）认为，人们可以通过彼此之间的交流合作，在已有的知识储备和经验的基础上，构建新的

---

① 王敏、徐宽：《美国图书馆创客空间实践对我国的借鉴研究》，《图书情报工作》2013年第12期。

知识体系。[1] 创客空间为创客提供了一个就自己的某一想法和创意交流互动、取长补短的平台，不同的学科和专业之间通过头脑风暴进行知识的碰撞，产生新的创意。

5. 随意性

不同于传统的科学实验室所具有的目的性和学科标准，创客空间不对参与者提出任何专业性硬性要求，完全以学生为中心，为兴趣所驱动。鼓励学生依据自身兴趣参与创造，无教学大纲，无学科标准，开设课程也具有随意性。

6. 大众化

创客运动的兴起和发展受美国“黑客文化”的影响较大，最初简易的创客空间源于美国家庭的“仓库空间”，并不具有多少先进的设备，几乎每个美国的家庭创新者都可以在自己的仓库中进行创意发明，这种基础物资的“低廉性”和“普遍性”使创客空间具有大众基础。美国首个创客空间的联合创始人 Mitch Altman 指出，创客空间并不需要物资上的奢华，最重要的是能够为每个参与者提供一个可以自由交流思想、一起探索未知的环境。[2] 创客空间本身的低门槛性，以及为全民提供创意平台的初衷，使它本身就是大众化的“消费品”。正如李克强在给清华大学创客的回信中所提到的“创客不再是少数人的专业，而是多数人的机会”。高校师生应积极转变自身想法，勇于并乐于将自身创意转变为现实。

二　高校创客空间内在环境的塑造

根据统计，美国包括 University of Wisconsin，Madison、University of Nevada，Reno、University of Mary Washington、Stanford 等在内的 60 多所高校已经陆续在校园里开设了创客空间。[3] 与其他创新主体相较

---

① New Horizon Report：2014 Higher Education Edition，http：//cdn. nmc. org/media/2014 – nmc – horizon – report – he – EN – SC. pdf，2014 – 10 – 08.

② Young，Richard & Collin，Audrey，“Introduction：Constructivism and social constructionism in the career field”，*Journal of Vocational Behavior*，2004，64（3）：373 – 388.

③ 吴俊杰：《创客运动与 STEM 教育——专访“创客教父”Mitch Altman》，《中小学信息教育》2013 年第 12 期。

而言，高校在创新系统中占有知识主体的重要地位，高校不仅是一整套行之有效的高等教育体系的拥有者，而且是知识传播和知识创新的主体。[①] 高校作为拥有着某区域最多高学历人群、受过良好教育的群体、承担着教学—科研—社会服务三大功能、拥有大量研究资源、图书馆的机构，在构建高校创客空间的过程中，仍要坚持高校自身的本质属性，发挥高校知识主体的功能。

（一）回归大学理性，发挥高校在创客空间中知识主体的重要地位

知识经济带来高等教育大众化趋势，国民关注的重点不再是高等教育的质量，而变成高等教育之后的就业率。为职业做准备的功利性教育定位逐渐成为大多数人心中的大学形象，我们要重塑大学理念，不再仅仅是在传统的要素驱动、投资驱动阶段的知识劳动力资源的提供者，而是创新资源的传播源和主体。除此之外，“学而优则仕”的传统教学理念，本身就把政治性的情怀赋予高等教育，将高等教育看作是一种为国家建设服务的机器，忽略了知识本位的大学理念，高等教育的建设方向正由功利性大学取代经典大学。现代大学的自身变革，不应受市场变化影响而产生盲目性，忽略大学本身的使命和理性观。要根据大学理性视野下的大学行动模式，在责任伦理支配下履行自己独特职能与使命，而不是依据信念伦理包揽太多，负载太多……[②]因此，大学的理性回归有待重塑高等教育知识本位的经典理念，同时要在吸纳传统和历史的以及西方大学理念中值得我们借鉴的基础上，以开放、包容、学习的心态塑造中国大学自身的理念，这种理念应该是在重视知识的基础上，尊重个体差异，鼓励教师和学生的创新创业活动，鼓励自由探索，真正以学生和教师为本。高校创客空间的塑造和持续发展，最大的前提就是立足于高校知识主体的自身优势，发挥高校基础研究在创新创业中的独一无二的作用。

---

① Watters Audrey. The Case for a Campus Makerspace, http://hackeducation.com/2013/02/06/the-case-for-a-campus-makerspace/, 2015-07-06.

② 黄兆信、王志强：《论高校创业教育与专业教育的融合》，《教育研究》2013 年第 12 期。

（二）弱化教师“中心角色”定位，强调学生的中心地位和教师在创客空间中的引导性作用

传统教学中的教师中心地位以及灌输式教学方式逐渐弱化，或者说并不适用于创客空间这样一个自由开放的环境。20世纪美国现代教育派的代表人物杜威的“体验教育”论，恰好适用和体现创客空间参与者的主体地位，他主张教育的核心“在于学生主动参与学习过程”。[①] 高校创客空间的建立就强调学生的参与主动性，立足于学生自身旺盛的求知欲，突出教师的引导性作用。例如，麻省理工学院媒体实验室（MIT Media Lab），其参加人员都是来自不同专业的本科生、研究生、博士以及技术人员，对创客成员进行创客培训以及项目引导等，但并不予以强制性灌输。因此，完善教师聘任制度，拓宽教师队伍的专业学科背景范围。聘请创业导师（包括线上或者线下），高校自身要依托于信息技术的发展，突破时间和空间的限制，不再局限于课堂或者课上时间。聘请具有丰富创业经验的创业导师加入创客空间，比如华南师范大学不断完善自身导师队伍建设，除了学校自有的从事创业教育研究的博士之外，还包含创业研究的一线学者以及不同年龄段和不同行业创业成功的创业者。同时，创业导师的选拔除了自身的创业经历之外，应当是一名具有创意以及创业热情的创客，这样才能更好地带动创客空间的不断发展。同时要鼓励和激发学者兴趣，当前现代大学“官僚主义”的行政等级制度，扼杀了大学教育者地位的至高性，忽略了知识至上性而向实用性和世俗化的方向转变，同时教学与科研不再关注学者自身兴趣而变成了经济利益实现的场所。[②] 创客空间实施的首要精神支撑就是创客自身的创业兴趣，教师的课题设计除了考虑学生自身的知识储备和擅长领域之外，更重要的是关注学生兴趣。加之创客教育是当前高等教育的新领域，因此，教师在课程设计上要充分理解创客教育的核心理念，更好地指导创客的发展。

---

① 张学文：《大学理性研究》，北京师范大学出版社2013年版，第176—181页。

② Gentry, J. W., *Guide to business gaming and experiential learning*, East Brunswick NJ: Nichols/GP Publishing, 1990.

（三）营造自由宽松的创客环境，宣传创客文化

高校创客空间区别于传统的教学课堂或者科研试验室的一大特点在于为学生提供一个自主、开放的创意转化平台，这一平台中不存在严格意义上的教学要求和创造规则，在解决问题的同时，培养学生的团队合作能力和创造力。[①] 除此之外，宣传创客文化，提高大学生对创客的了解度也是必要的。“创客”作为我国的一个新型社会群体，还需要提高民众的认知度。高校则可以依靠大学生社团活动、报告会等形式，宣传创客文化。比如，清华大学将每年的 11 月最后一个星期六定为“清华创客日”。温州大学将创客空间的其中一个模块设立为创客学堂，定期举办创新创客沙龙、创意制作与分享、创客交流等活动。

（四）建立高校经费来源多元化机制，为创客空间的建立提供经费支持

伯顿·克拉克在研究大学的持续性变革中，提出当前很多高校对于建设创业型大学的固有惰性，完全依赖以学生人数为基础的政府资助进行自我建设，从而变成一所所谓的“接受学生的大学”（access university）。[②] 高校创客空间的建设，基于当前创业型大学的发展理念，经费来源多靠高校建设中的政府支持，经费来源相对单一，而建设和维护高校创客空间，需要配备数字切割、数字扫描、虚拟设计以及 3D 打印等各种硬件设备，初期建设以及维护都需要较多的经费投入，因此高校创客空间建设要依靠多方力量，协调和发动创客导师的社会资源、政府支持以及媒体宣传等各方作用。除此之外，创客创意基于自身兴趣建设，但并不排斥商业与市场，对接相关企业，帮助成功转化的大学生创意产品推向市场也是创客空间建设的重要经费来源。波士顿 Artisan’s Asylum 创客空间，其经费来源都是自筹且多样化，比如，个人和社会组织的捐助、会员会费、公开创客课程学习费

① ［美］詹姆斯·杜德斯达：《21 世纪的大学》，刘彤等译，北京大学出版社 2005 年版，第 31 页。

② 黄兆信：《论高校创业教育转型发展过程中的几个核心问题》，《兰州大学学报》（社会科学版）2014 年第 6 期。

用以及空间和设备租赁的费用。除此之外，奥克兰 The Crucible 创客空间还设计和发展创客空间的周边产品以赚取费用，比如，会员 T 恤等。

三 高校创客空间外在环境的创设

李克强在视察深圳柴火创客空间时提出，“要创造一个让人时时感到方便的政府”，这也是创客理念的体现，属于政府创客行为。创客空间的运行需要活跃的创新思想，活跃的创新思想是创新行为的基础，而一个良好的创新环境又是持续不断创新的保障。[①] 政府作为政策的制定者，在搭建创新平台、创设激励创新的制度环境方面发挥重要作用。

（一）协调地区资源流动，带动全国高校创客空间建设

根据全球创客空间维基站点统计，我国共有 21 家创客空间，大多分布于华北地区、长三角地区和珠三角地区。[②] 或者说多集中于东部沿海，具有政府定向支持、人才聚集、互联网发达、国际交流便利以及经济比较发达等外在优势的地区。受市场需求导向和政策支持影响较大。与此相同，高校创客空间的建立也多集中于东部沿海，形成北京、上海以及深圳三大创客圈。李克强提倡创业是“大众创业”，创业不应该具有区域限制和地域歧视。因此，建立东部带动西部的高校创客圈是必要的。同时，政府搭建互动平台，促进创新主体间的联系以及不同区域之间创新战略和政策之间的经验介绍与交流。清华大学建立的“创客教育基地联盟”，有包括 60 多所院校工程训练中心、十余所创客机构和企业加入，进行创客资源分享交流等。政府在一定程度上可以帮助搭建平台，促进高校、企业以及创客机构之间的联合，实现资源共享。[③]

---

① ［美］伯顿·克拉克：《大学的持续变革——创业型大学新案例和新概念》，人民教育出版社 2008 年版，第 227—247 页。

② 周琪、徐修德：《试析美国国家创新体系的现状及特点》，《山东教育学院学报》2005 年第 3 期。

③ List of All Hacker Spaces, http：//hackerspaces. org/wiki/List_ of_ ALL_ Hacker_ Spaces，2015 - 07 - 09.

（二）完善相关法律法规，为高校创客空间的运行提供法律保障

创客空间是美国的车库文化和黑客空间的结合体，强调创造、创意的实现，创客并不排斥市场，甚至可以利用市场需求导向不断发展。但是创客空间的运行和创意的转换以及市场化，必然会面临知识产权归属问题或者侵权问题，因此，政府要不断完善专业法、公司法以及专利法等，构建知识产权以及与之相关的法律制度体系，保护创客的知识产权。

（三）完善财政政策，为高校创客空间提供优惠政策支持

2015 年 6 月，国务院发布《关于大力推进大众创业万众创新若干政策措施的意见》提出“完善普惠性税收政策”对“符合条件的众创空间等新型孵化机构适用科技企业孵化器税收优惠政策”。除此之外，政府作为创新政策的主体，转变自身角色定位，做服务型而非管制型政府，遵循市场在资源配置中的决定性作用，搭建起校企交流合作的平台，实现二者之间有效的衔接，从而构成科学研究激发创新，进而由创新支持新的科学研究这样一个良性循环。比如，华南师范大学积极建立和完善高校创客空间，建成创客空间与创业园发展一体化，公开选拔创业培育项目，邀请企业负责人参与创业学生项目推荐会，并积极帮助创业团队提供空间、设备，帮助创业团队联系投资者等，提高了创业项目市场化的效率。

（四）建立校企合作平台

2014 年 3 月，中国科学技术发展战略研究院公布的《2013 年国家创新指数报告》指出，企业“逐渐成为全社会研发经费投入和研发活动的执行主体”，“开展创新活动的主体”。企业具有把高校科研成果市场化的有利条件，因此建立校企合作平台，充分发挥企业创新成果转化功能，是推动高校创客空间发展的有效途径。

其一，联合高校创客空间，开展产业需求征集发布会。加强校企良性互动，高校创客空间作为一个创意转化场所和创新基地，产品市场化的途径是进行技术转移，但是技术转移一个重要方面就是创客所从事的研究或者创意恰好为市场或者企业所需。这就需要深化校企互动平台，实现信息沟通以及信息对称。地方性企业可以联合地方大

学，定期召开企业需求发布会，给予高校创客一定的需求导向，让初期的大学生创客的创新创意具有一定目的性，减少初创活动的盲目性。同时，高校可以定期邀请企业管理人员参观创客的创意展示会，为高校创客提供创意市场化的机会。

其二，开展校企合作的创新创意竞赛活动，鼓励校企双方成员参与创新创意活动。2014 年公布的《2013 年国家创新指数报告》，相比之前国家创新能力衡量标准，又增加了“有效专利数量”、“万名企业研究人员拥有 PCT 专利数”和“企业研究人员占全社会研究人员比重”的三项重要指标。由此可见，创新驱动阶段，国家越来越看重知识或者产品的原创性、有效性。开展校企合作的创新创意竞赛活动，有利于企业发现新的投资增长点，实现产业转型升级，同时也有利于调动高校学生的参与热情，宣传创客文化。

其三，派驻企业创新技术人员，进驻高校创客空间。高校可以聘请企业的一线技术人员进驻高校创客空间，为高校创客空间注入“创客经验”，提高大学生创意转换的可行性。除此之外，高校创客空间的建设也有利于企业的发展壮大，并解决当前困扰社会进步的就业问题，著名的“长尾理论”的提出者安德森说“真正创造就业的是发展壮大的小企业”，而“建立在网络驱动的创客模式上的公司能够完成这一任务”。① 高校创客空间的低门槛性、开放性以及共享性等特点，恰好为高校大学生提供了一个创业平台。比如温州大学创客空间建设初期开办众创空间讲堂，邀请包括温州聚众科技有限公司、温州美尚美鞋网络科技有限公司以及温州浩维三维技术有限公司的领军人物等参与创客项目推介会，为创客项目提供转换平台。

（五）加强媒体对高校创客空间的宣传力度

依托于中国知网的搜索平台，截至 2016 年 1 月 16 日，以“众创空间”或者“创客空间”为篇名在“报纸”中进行搜索，共搜到 811 篇相关报道，其中，2015 年有 774 篇，2012 年、2013 年以及 2014 年

---

① 黄兆信、刘燕楠：《众创时代高校如何革新创业教育》，《教育发展研究》2015 年第 23 期。

每年只有两篇。而倘若仅仅以“创客”为篇名进行搜索的话，有1580篇相关报道，其中2015年占有1474篇，由此可见，“创客”2015年开始出现在大众的视野中。当媒体开始对“创客”进行“议程设置”时，就会形成一个话语环境，让大众感受到“创客”发展的大潮流。[①] 因此，充分发挥媒体的宣传作用，提高大学生创客或者“创客空间”的曝光度，对于“创客空间”的普及具有重要意义。

其一，利用线上媒体和线下媒体的宣传，有利于提高大众对高校创客空间的认知度。高校创客空间目前处于初创阶段，本身的建设并不完善，而且多是由创业社团或者创业联盟转变而来，缺乏社会创客空间的熟练运营度。社会大众对创客空间缺乏应有的认识，甚至不理解高校创客空间存在的意义，这就使高校创客空间在推行和宣传时，遇到一定的观念阻力。甚至有些家长对高校创客空间存在认知偏差，把高校定位为知识灌输的单一角色，排斥或者反对子女参与高校创客空间的实践活动。

其二，发挥媒体的监督作用，有利于高校创客空间运营透明化。政府在高校创客空间的运行中扮演着政策支持和制定者的角色，但是政策的顺利施行和推进，有待于长效的政策监控和追踪机制，以及及时提出政策施行中的相关问题。“高校创客空间”作为当前我国创新驱动阶段的新生事物，其运行和发展需要媒体的监督，只有加强媒体的监督，才能建立完善的创客良性生态系统。

其三，媒体的宣传，可以为“创客产业链”吸引更多注意力资源，或者潜在的机会资源。目前，我国高校创客空间建设面临着各种问题，比如：实体空间数量有限，软硬件设备并不完善，大学生创客创意转化实践之后的“去向”问题以及长期的“停滞”状态等，都在一定程度上打了高校创客积极性，加大媒体对高校创客空间的宣传，为高校创客空间吸引更多机会资源，有利于高校创客空间的建设。

综上所述，迈克尔·波特将后发国家参与国际竞争的过程划分为

① ［美］安德森：《创客：新工业革命》，中信出版社2013年版，第171—174页。

4个阶段，分别是要素驱动、投资驱动、创新驱动以及财富驱动的发展阶段。我国经过多年的发展，逐渐实现从要素驱动、投资驱动到创新驱动的转型，当前开始进入创新2.0模式（Innovation 2.0），受互联网发展和信息技术进步，逐渐摒弃以传统实验室为载体的科研人员研究模式，转向以“共同创新、开放创新”的全民创新的新模式。创客空间的出现和建立恰好顺应了创新型国家建设的时代潮流。依托于高校的人才优势，利用政府、企业以及社会媒体的推动力，构建高校创客空间，对实现创新驱动的社会转型具有重大意义。

第三节 大学生创客教育的推动

2014年高等教育版的美国地平线报告中预测，学生从知识的消费者转变为创造者，将是未来三到五年内的趋势，而教育界日趋发展壮大的创客运动将是推动这一趋势的主动力。[①] 创客教育可以从两个角度去理解：一种是指培养创客人才的“创客的教育”；另一种是用创客的理念与方式去改造教育的“创客式教育”。无论是哪种角度的高校创客教育都应该具备以下八个要点：相关性、复杂性、互动和合作、高投入、高强度、可获得性、分享性和新颖性。[②] 以下本节将在概述我国高校开展创客教育的现实必要性及有关概况的基础上，从几个层面出发论述大学生创客教育的实践路径。

一 我国高校推行创客教育的现实可行性

（一）政策驱动，为创客教育插上翅膀

2014年9月10—12日，国务院总理李克强在第八届夏季达沃斯论坛开幕式致辞中着重强调了改革和创新对我国经济增长、就业结构优化的贡献。2015年1月28日，李克强总理在国务院常务会议上确

---

① New Horizon Report: 2014 Higher Education Edition, media/2014 - nmc - horizon - report - he - EN - SC. pdf, 2015 - 04 - 20.

② Sylvia Libow Martinez & Gary S. Stager. 8 Elements of a Good Maker Project, http://www.weareteachers.com/8 - elements - of - a - good - maker - project/, 2015 - 04 - 20.

定了大力发展市场化、专业化、集成化、网络化的“众创空间”，培育包括大学生在内的各类青年创新人才和创新团队，实现创新与创业、线上与线下、孵化与投资相结合，打造经济发展新的“发动机”。2015年3月11日，国务院办公厅印发《关于发展众创空间推进大众创新创业的指导意见》，提出推进“大众创业，万众创新”的八大任务，为我国高校创客教育的开展奠定了政策基础。

（二）“互联网+”与新兴技术的普及，为创客教育提供了便利条件

“互联网+”行动计划于2015年3月5日十二届全国人大三次会议上首次进入政府工作报告。以云计算、物联网、大数据为代表的“互联网+”计划，为大众创业、万众创新提供环境，为新的经济发展提供动力。与此同时，3D打印技术、Arduino、Raspberry Pi等开源硬件的普及，不仅降低了科技创新的成本与门槛，也为创客教育提供了便利的交流平台。

（三）变革学习方式，培养学生创新创造能力的需要

当前，我国学校的创新教育主要存在成本高、适应范围窄、新意不足等问题。创客教育建立在成熟的教育理论基础之上，如项目学习法、体验教育、DIY教育、做中学、快乐教育以及构造论，与信息技术教育相融合，立足于培养学生的创新、创造和实践能力，利用3D打印技术及开源硬件的普及，可以使每个学生参与到创新活动中来，丰富学生的创意。

二　我国高校开展创客教育的实践路径

国内的创客教育自2012年兴起，相较于欧美高校，我国高校的创客教育才刚刚起步。主要通过开设创客空间，举办创客大赛，成立创客俱乐部，召开高校创客教育学术研讨会等方式推动高校创客教育的发展。但高校创客教育的开展毕竟是一项系统性的工程，需要从创客文化、创客课程、创客教师、创客理念等方面协同进行，途径可具体到打造优质创客空间，开发专门的创客课程，重塑教师角色、打破传统的教学模式，转变学生的学习方式等。在这一过程中，还要注意发挥企业、政府和社会媒体的推动作用，整体设计、合理规划，以学

生为中心，基于“创新、实践、分享”的创客理念，培养学生创新创造的能力。

（一）优质创客空间的打造

高校创客空间是高校创客教育得以实施的依托载体。优质的创客空间不在于物理空间的大小，也不在于创客数量的多少，而是在于创客们的创新创意与创造的积极性。打造优质的创客空间，首先，高校自身要积极营造创新、实践、分享的创客文化氛围。通过举办创客沙龙、创客大赛、创客马拉松等形式，跨学科培养学生的创新意识、创新思维及创新能力，调动学生的潜力。充分利用学校的化学实验室、物理实验室、图书馆等具有较大空间、设备齐全、材料多样、可供全校师生利用的共同空间。如瓦尔多斯塔州立大学图书馆将其中一间教室改装为创客空间，面向全校师生，提供3D打印机和其他工具，帮助他们制造出任何想要的东西。其次，要寻求多方位的支持。如加强校企合作、寻求政府或相关机构的支持、重视社交媒体的宣传与交流功能，等等。这方面内容已在上文有所阐述。

（二）创客教育课程开发

大课程观强调：课程本质上是一种教育进程，课程作为教育进程包含了教学过程。课程不仅仅是存在于“观念状态”的可以分割开的“计划”，课程根本上是生成于“实践状态”的无法分解的、整体的“教育活动”。[①] 因此，创客课程是高校创客教育的内容、方式、过程等的总称。从高校创客教育课程科学性、实践性、主体性、创新性的特征出发，创客课程体系应包含以下三类：第一类是面向全校学生的基础课程，如3D设计与打印、Scratch趣味编程，将创客教育整合于已有的课程教学中。如同济大学艺术与传播学院为大一新生开设开源硬件与编程等基础课程来消除他们对技术的畏惧。第二类是以选修课的形式开设的拓展类课程。高校以辅修学分的方式开设关于新一代物联网技术，如智能控制、传感器等专门的创客教育课程。第三类是激

---

① 陈德明、祁金利：《大课程观视野下高校就业指导课程体系的建构》，《前沿》2010年第5期。

发学生创造潜能的创新课程，以“learning by doing”和“learning by making”为教学理念，把想象的一切变为现实的东西。

（三）创客教育师资队伍的建设

教师是教育活动开展的基本要素，是指导和推进创客学习的主体，是推进高校创客教育前进的关键因素。从创客教师的类型上考虑，高校应培养专业型和兼职型的两大类创客教育师资。首先，教师要摆正自己的角色定位，放开心态，变成课堂的设计者、组织者、引导者和学习者。教师在设计创客课题时，应充分考虑学生已有的知识结构和擅长的领域，最大限度地让学生利用多个学科的知识来解决问题。其次，教师除了要具备专业的知识素养外，还要掌握新兴信息技术，设计出合理的创客教学案例，合理规划时间，鼓励学生的创新意识和团队合作精神。当然，教师也会面临新的问题和挑战。因此，要为创客教师提供相应的培训，培养专业型的创客教师。如各种专题培训和基于创客理念的教学研讨会。美国巴尔的摩市建立的电子港科技中心（Digital Harbor Tech Center）既为学生提供了创客空间，又为教师开设了培训课程，激励广大教育者与学生共同学习、共同进步。①再次，教师要最大限度地利用创客空间，尽可能地为学生提供设施需求和线上线下的优质资源及服务。对创客教师展开评价与激励机制，一方面奖励创客教师在高校创客运动中的贡献；另一方面鼓励他们在不同的领域展开研究实践。最后，从社会上吸收一些热爱创造、喜欢和学生共同学习的超级创客作为学校的兼职创客教师，壮大创客教育师资队伍。

（四）大学生学习方式的转变

转变学生的学习方式是推动高校创客教育发展的重要途径，也是促进学生全面发展的需要。创客教育强调的“基于创造的学习”与杜威提倡的基于“做中学”有异曲同工之妙。因此，高校创客教育的核心应立足于激发学生的创造热情，发展学生的创造力，推动跨学科的

---

① 祝智庭、孙妍妍：《创客教育：信息技术使能的创新教育实践场》，《中国电化教育》2015年第1期。

互动与交流，促进知识创新，转变学生的学习方式。根据学生的主动性、创新性表现程度，可以将学生的学习方式分为四种类型：机械接受学习、意义接受学习、发现学习及研究型学习。简单来讲，转变学生的学习方式也就是将传统的学习方式转变为新的学习方式——发现学习和研究型学习。但是在这一过程中，不能完全否定传统教学方式的教学意义，而是要正确处理好两者之间的辩证关系。另外，教师的教学思想、课程类型、教学资源、学校的文化环境都有可能成为制约学生学习方式转变的因素。因此，为了促进学生适应"基于创造的学习"，学习方式的转变必须与高校创客空间、创客课程及创客教师等因素协调规划、统一进行。

2015 年 5 月 8 日，国务院公布了《中国制造 2025》，将创新摆在制造业发展全局的核心位置，对高等教育发展提出了新的要求——以创新驱动发展，而创新驱动发展的关键是人才，因此创新创业人才的培养成为高等教育改革创新的新聚焦。新兴科技的发展正逐步推动着以个性化生产为主要特征的第三次工业革命的到来，著名科学家钱学森曾描述，"21 世纪的教育应当是培养 18 岁的大成智慧学硕士"，创客教育融合了创新教育的理念，注重培养学生的创新意识和创造能力，顺应了发展钱学森先生描述的未来教育的时代潮流。然而，由于创客教育在很大程度上依赖于信息技术的发展与应用，因此高校创客教育的发展还面临一系列的问题与挑战，如很多高校的创客教育还没有一套系统的教学模式，对创客教育的推广带来极大的不便；由于场地和经费的限制，很多高校未能为学生创建一个交流和分享的创客空间平台；加上一部分高校的教师多数都不是热爱创造的"超级创客"，对创客教育的开展无从下手。为此，发展高校创客教育还有很长的路要走，各高校既要结合自身的优势不断摸索和探索，更要融合社会各界的支持，才能进一步发展与完善。

第四节　高校创客教育实践的经典案例

创客教育自从纳入高校办学实践以来，虽然时间不长，但却取得了令人称道的成绩。在这方面，美国的一些高校堪称代表。如由麻省理工学院（MIT）比特和原子研究中心（CBA）发起的有“创新梦工厂”之称的fablab①，亚利桑那州立大学为了将创客教育和创业教育相结合，培养学生的创新创业能力，启动了2014—2015学年的“创新挑战”项目②等。以下本节将介绍并分析美国现存的两个比较经典的案例。

一　创客教育+STEM教育：美国高校工程人才培养战略的变革路径

（一）制定国家层面的“STEM+创客”的发展战略，培养具有创客精神的STEM人才

美国的国家战略中始终将创新放在优先地位，强调国家与公民、经济与环境的健康可持续发展都要极大地依赖于技术创新。为了保持其创新的国际领先地位和竞争力，美国在过去十年来陆续通过《美国创新法》、《美国竞争法》等一系列法案和政策维系其持续的创新能力。近年来，美国政府高度重视科学、技术、工程和数学领域的教育（Science，Technology，Engineer，Math，以下简称STEM教育），强调通过跨学科领域的学习，培养大学生的多学科知识结构与开放的知识视野、基于创新和团队合作的实践能力、基于信息资源检索与分析的数据整合应用能力等未来新经济形态下大学毕业生所必须具备的基本素养。2013年5月，在奥巴马的发起下，美国国家科学与技术委员会向

① Fab Academy 2015 x Alexander Nikolas Walzer，http：//www.fabacademy.org/archives/nodes/barcelona/walzer.alexander_ nikolas/index.html，2015－04－20.

② Castleton State University.（2015）Join the Maker Movement with 3D printing.［ED/OL］http：//www. Castleton.edu/academics/professional development continuing education/the－castleton－center－for－schools/continuing－education－workshops－contract－courses /join the maker movement with 3d printing－2/，2015－04－20.

美国国会提交了《联邦政府关于科学、技术、工程和数学教育战略规划（2013—2018）》，对美国未来五年高等教育中 STEM 教育发展的战略目标、实施路径、评估方式等做出了中期规划，旨在加强美国 STEM 领域的人才培养与储备，以继续保持美国在未来国际竞争中的优先地位。其实早在奥巴马的第一个任期里，他就已经确定了 STEM 在美国教育系统中的优先资助地位，通过与企业界之间的沟通协调，筹措数千万美元的资金资助美国 STEM 教师的培训，在 2010 年和 2012 年分别举办了白宫科学节，利用总统的个人影响力号召 20 万名科学家和工程师为地方和相关部门 STEM 教育提供帮助。①

2012 年 1 月美国商务部发布了《美国竞争力与创新力报告》，这份报告认为“创新”的内涵与外延将发生极大的变化。未来的创新不仅涵盖了新产品、新服务、新流程、新制度与组织形态的变革，更重要的是强调个性化定制产品与服务、为客户创造价值、开放的创新链等新经济模式。为了实现这一创新战略，高等教育的改革与发展是关键。而 STEM 教育则当仁不让地成为推动美国高等教育领域中创新人才培养的重要领域。STEM 教育涵盖了科学、技术、工程、数学等跨学科领域的学习，毕业生则覆盖了计算机科学、应用数学、工程技术、智能制造、新能源技术、生命科学等多个知识密集型的产业部门。可以说，美国过去 30 多年来持续的经济繁荣和创新强国地位，都建基于大量 STEM 领域的人才效应，它不仅构成了美国创新的基石，也成为未来推动美国创新更进一步繁荣的发动机。从美国过去十年来 STEM 领域就业量的增加，我们可以看出美国对 STEM 人才的需求程度。2000—2010 年，美国 STEM 领域的职位增长率年均达到了 7.9%，远远高于其他领域的职位增长率（2.6%）。2010 年，美国共有 760 万 STEM 领域的从业人员，占据了全社会劳动力的 12%，其中计算机科学与数学领域的从业人员几乎占据 STEM 从业人员总数的一

① Committee on STEM Education, National Science and Technology Council. Federal Science, Technology, Engineering, and Mathematics (STEM) Education 5 - Year Strategic Plan, http://www.whitehouse.gov/sites/default/files/microsites/ostp/stem_stratplan_2013. 2015 - 06 - 17.

半，工程学领域的从业人员占比为32%，物理和生命科学领域从业人员占13%。[①] 但是，伴随着高端制造业回流美国以及智能制造、页岩气革命等新技术为支撑的经济复苏，美国对STEM领域人才需求显得更为迫切，与此相对应的则是高校培养的STEM毕业生无法达到劳动力市场的需要。

创客教育内在的跨学科、实践导向、极客等特质使其广受世界各国大学生的欢迎，其影响力也与日俱增，而创客教育与STEM教育的融合，则有力地增强了STEM教育在美国高校工程人才培养中的发展趋势，吸引了更多的大学生学习STEM教育。因此，美国政府早在2012年就开始启动“创客教育计划”（Maker Education Initiative，MEI），该项目由创客运动的发起者、《MAKER》杂志创始人戴尔·道尔特（Dale Dougherty）作为首席负责人。该计划旨在激发学生的创造天赋，培养他们的自信和动手实践能力，使每一个学生都有可能成长为创客。该计划目前正在对传统的学校STEM进行设计与改造，大力推动创客空间和繁荣各种类型的创客项目，最终推进美国高校创客教育的繁荣。创客运动的盛行以及迅速融入学校教育的趋势点燃了美国学生的想象力，培养了他们面对未来工业4.0时代所需要的技能和创造力。创客教育所营造的团队协作与动手实践过程不仅提升了学生的创造力、问题解决能力、沟通协作能力和自我表达能力，也有力地支撑了K-12阶段STEM教育的实现方式。除了“创客教育计划”之外，目前，美国联邦教育部也已经启动了“Make Over”计划，该计划将在全美的各类型学校中建立更多的创客空间，对现有学校的职业与技术教育课程（CTE）进行重新设计，融入创客的理念和实践经验。此外，联邦教育部还与企业、非政府组织等合作，引入“Career and Technical Education Make Over Challenge”项目，在全美范围内的高中将职业生涯教育与创客教育相融合，提供专业发展指导、技术保

---

① U. S. department of commence. The competitiveness and innovative capacity of the united staes, http//www. commerce. gov/sites/default/files/documents/2012/january/competes_ 010511_ 0. pdf.

障、信息合作网络等支持。

（二）革新 STEM 教育的教学模式，通过创客教育实现 STEM 的创新与设计理念

通过移动设备的教学、混合学习、虚拟视觉影像技术的应用，STEM 教育的未来发展模式得到了更新。STEM 教育涵盖了科学、技术、工程和数学四大学科，同时也包含了在真实世界中如何使用这些学科知识解决问题的能力。根据相关报告，到 2018 年，将有十二大技术影响 STEM 教育，其中具备直接影响能力的 3D 打印、数学建模、游戏化教学、可穿戴设备等十二项技术的广泛应用会促成 STEM 教育的变革。① 在上述变革中所形成的浸入式学习环境，将为学生提供更具个性和创造力的学习方式从而在实践和团队合作中提升技能，增强学生的学习体验，丰富学习的情境。

年轻的创客正在使用诸如 3D 打印技术、激光切割机、开源硬件设备来设计和激发个性化的表达。今天，包括大学校长和行政机构、教师群体、产业部门在内的更广范围的利益相关群体，通过创客文化的培育与创客教育的实施确保 STEM 教育在大学生之中持续具备吸引力。美国认为创客文化对高等教育的未来变革将扮演重要的角色。创客可以激发大学生在 STEM 教育中的积极性和创造性，在工业设计、智能制造、创业等各个领域中培养大学生的能力。创客所具有的实践和团队合作特征也有助于增强大学生在真实社会情境中解决问题的能力。有数据表明，超过 2/3 的大学生认为他们在创客活动中所获取的进步要高于其他学术课程。目前，美国联邦教育部推行的 21 世纪社区学习中心（21st century community learning centers）正计划在加利福尼亚、佛罗里达、纽约、宾夕法尼亚和得克萨斯等多个州的大学中发展创客中心，促进创客教育的繁荣。美国创客教育计划也正在为 24

① Dian Schaffhauser. 12 Technologies to Dominate STEM Education, http://campustechnology.com/articles/2013/10/21/12 - technologies - to - dominate - stem - education.aspx, 2015 - 06 - 20.

个州的超过 14 万名大学生提供创客教育。①

除了制定国家层面的创客教育发展战略，奥巴马政府通过各种活动形式来推广创客理念在全社会的影响力，激发更多的社会成员和组织参与到创客教育之中，尤其是在将创客教育与 STEM 教育相结合方面，美国政府更是提供了尽可能多的措施。2015 年白宫创客节的主题就是 STEM 教育在全美高等教育领域中的进一步发展。在此次创客节中，奥巴马宣布将投入 2.4 亿美元用于支持大学生以创客的形式参与到 STEM 教育中，他所力推的“为创新而教育”（Educate to Innovate）运动则为 STEM 教育提供了超过 10 亿美元的经费支持。其中包括了募集 1.5 亿美元的慈善经费，专门用于为大学中表现优异的创客提供经费，为其成长过程提供足够的资金保障，使其成为未来的科学领袖；设立 9000 万美元“让每个人充满梦想”（let everyone dream）基金，扩大 STEM 教育在年轻人群体中的影响力；美国联邦教育部则设立了高达 2500 万美元的创客竞赛，鼓励大学生在学习 STEM 的基础上进行创客方面的探索，培养其科学与技术素养；在超过 120 所大学和学院培训 20000 名熟悉 STEM 与创客的专业教师以加强此领域的师资建设。②

（三）创设开放、合作的创客空间，为 STEM 教育提供实践性场所

创造性和学科整合性是 STEM 教育的核心价值。然而，大学现有的教育理念及其制度设计却并不鼓励开放导向的、实践创造为基础的教育。在大学已有的 STEM 课程中，大学的制造与建模空间更像是典型的“机器商店”，在这里学生放弃了实际的建模活动来训练专业性或者仅仅是作为高度训练学生的学术入口。制造设计与建模师工程专

① Tom Kalil, Roberto Rodriguez. Building a Nation of Makers, https://www.whitehouse.gov/blog/2015/05/04/building-nation-makers, 2015-06-21.

② FACT SHEET: President Obama Announces Over MYM240 Million in New STEM Commitments at the 2015 White House Science Fair, https://www.whitehouse.gov/the-press-office/2015/03/23/fact-sheet-president-obama-announces-over-240-million-new-stem-commitmen.

业大学生必须具备的学历体验。为了改变这一状况，培养学生在实践过程中的创造力，佐治亚大学技术研究所就建造了3000平方米的发明工作室，用于免费向大学生提供，进行各种创客活动，将STEM教育中的核心知识内容与实践性、开放性、团队合作、强调设计和原创性的创客相结合。虽然刚开始建设的目的是为了一门设计课程，但是发明工作室为自己带来了生命与文化，也远超过最开始的预期。在这里每个月都会有超过1000名大学生进行创客活动，并与工程领域相关的导师建立合作关系。

美国国家研究委员会的《工程2020报告》提出创造、发明、创新是工程教育的核心价值，培养具备创造力的创新能力的大学生是工程教育的终极目标。然而，在传统的标准化工程教育环节中，学生通常没有进行创造或者发明任何有形事物的学习经历，他们只被要求最后毕业设计阶段才进行创造性的问题解决。过去，工程教育从实践为基础转向了理论为基础的路径，特别强调数学模型在工程教育中的作用。许多教育者如构思—设计—执行—运营（conceive - design - implement - operate，CDIO）则满足了产业部门的需求，需要更多的工程专业毕业生追寻技术知识的轨迹，包括个人成熟度、人际交往技能，以及整体和批判性思维。与此相反的趋势在最近一些年出现，则是重新引入了动手实践的学习，一些项目开始启动了很新的设计体验。这种体验的好处已经在科罗拉多大学得到了印证。比如说，那里的学生参与到早期设计的体验之中，与工程专业学生一起设计新项目而完全没有指导手册。这一发现表明了早期实践创造性和开放性活动的潜在影响。佐治亚大学创造工作室的目标就是提供一个创客空间——学生可以在课堂中应用自身所学的理论，设计项目、制造工具、材料和与社区导师的交流，学生自己也会制定课程要求的独立性、课堂项目、课程作业的层级结构等。

近年来在创客文化的影响之下，许多大学开始创设独立运营的创客空间。波士顿大学计算机协会2010年建立了美国较早的、由大学生设计和管理的创客空间。这些空间支持了“自下而上”的理念，鼓励大学生自主的探索精神和创新精神，完成创客空间的所有活动，强调跨学科的互动与经验分享。宾夕法尼亚州立大学、华盛顿大学、北卡罗来纳大学也通过创客空间的发展来促进和激励工程人才培养的效果。在这些创客空间中，主要凸显了三大原则：第一，空间的每一个参与者都必须是天赋的、创造力的、热爱工程领域和设计领域的大学生；第二，学生强烈要求更丰富的、实践导向的课程以便将理论知识打通使他们能够更加有效地将结构化的知识体系与非线性的创造过程相结合；第三，教师群体创客们的导向是将自己的创造活动与真实世界的问题解决和产业需求联系在一起。①

二 创客教育对大学创新能力的塑造：以卡内基梅隆大学为例

卡内基梅隆大学（以下简称 CMU）校长 Suresh 认为 CMU 之所以能够发展成为世界顶尖的研究型大学，就是源于对创新的追逐和设计创意的结合。早在 20 世纪 90 年代，CMU 的机器人研究所就已经开始进行此领域的探索，随后又展开了 3D 打印技术的研究。CMU 也是世界上第一个为本科生提供创客教育的大学。近年来，CMU 为本科生提供了大量的设施设备和资源支持，建设分层次和完善的创客教育资源基础设施，为大学生的创客活动提供机会和平台。它也是全美最早的为本科生提供创客空间和创客平台的大学，通过一系列整合性的资源供给，为大学生在以市场为导向的创新过程中奠定了跨学科的实践基础。

CMU 的整合设计艺术与技术网络（Integrative Design Arts and Technology，IDEATE）于 2014 年启动。在这个综合性的创意设计网络中，大学生可以选择八门跨学科选修课程，为其提供超过 30 个新建实验室的活动机会，通过协作性的创客经历培养大学生对新技术运用的敏感性、团队合作和沟通能力，其中许多课程都是通过 IDEATE 协作创客网络进行的。自创建以来，IDEATE 已经成为一个校园内的协作创客空间，通过该设施，图书馆可以为学生提供各种新的帮助。

---

① Martinez S. & Stager. G. S. How the Maker Movement is Transforming Education，http：//www. weareteachers. com/hot - topics/special - reports/how - the - maker - movement - is - transformingeducation，2015 - 04 - 08.

超过3000平方英尺的图书馆被改造成为创客空间，其中以数字制造为特征的商店、实体的计算机实验室、交互性的媒体实验室、虚拟计算机集群和协作设计工作室成了创客空间的主要组成部分。此外，I-DEATE也扩展了与校外合作伙伴的联系，为大学以外的其他群体提供创客工作室和建模工作室，鼓励CMU的教师、校友、学生、周边社区的高科技企业等都可以充分利用大学创客空间的设施和工具来实现自己的创新性想法。2014—2015年，CMU也在匹兹堡地区建设了新的先进制造实验室以进行高分子聚合材料领域的研发工作，CMU利用这些设施与美国创客、全国添加剂制造创新研究所等机构进行合作。作为西蒙计划（Simon Initiative）的一部分，CMU于2014年9月启动了学习媒体设计中心项目，为大学生提供新媒体和创客经验的交流学习平台，该中心同时还会与匹兹堡再造学习委员会进行合作，整合社区、图书馆、大学、博物馆等来激发大学的研究和创新。

IDEATE所设计的一系列活动主题有效地将创客精神与STEM人才培养的要求结合在了一起，使学生在充满快乐、趣味、创造、探索的环境中，通过彼此间的分享与合作、实践与改进掌握STEM领域的跨学科知识。这些活动涵盖了3D游戏设计、动画模型与特效、媒体设计与展示、音效设计、学习媒体设计、创意产业创业、知识环境营造等新兴的技术领域，而艺术学院、计算机科学学院、工程学院也都开始纷纷设置新媒体、计算机数据分析科学、整合创新、城市设计等学士学位，从而打通创意、设计与创新，培养在前沿领域具备跨学科知识与能力结构的工程人才。①

---

① Martinez, S., & Stager, G. *Invent to learn: Making, tinkering, and engineering the classroom*, California: Constructing Modern Knowledge Press, 2013.

第六章　创业教育新领域：互联网+创业

大学生是使用网络的主要人群之一。随着大学生网民总数的节节攀升，大学生网络成瘾（以下简称“网瘾”）问题凸显。有研究指出，我国大学生群体中网瘾比例高达10.9%，[①] 已经引起社会各界的广泛关注。目前关于大学生“网瘾”问题，研究者对于什么是“网瘾”以及“网瘾”干预策略等问题，仍充满争论。其中，对大学生网瘾有重要影响的高校，没有在技术、文化和教学等方面充分准备；也没有进行足够导引，或处理方法简单，或缺乏科学的探索。大学生网瘾固然有社会、家庭的影响，但高校教育不当是一个重要的因素。高校要转变思想政治教育工作价值理念，将沉重的大学生网瘾压力转化为取之不尽、富有创新活力的人力资源，从“网瘾”走向“网创”，从“网瘾学生”走向“网创人才”，是提升高校网络教育有效性的根本所在。

第一节　从“网瘾”走向“网创”

一　网瘾学生“资源论”

本书认为，网络使用者分为三种状态：网络成瘾、网络依赖和网络科学使用。网瘾是技术进步带来的网络社会特有的一种成瘾现象，有人叫它“因特网瘾”，有人称它“在线瘾”，还有人定义为“病态因特网使用”、“互联网成瘾综合征”等。叫法各异，定义很多，但

① 程福财：《青少年网络成瘾与社会工作的介入》，《当代青年研究》2009年第9期。

所表述的内涵指向是一致的，都是指对网络的过分依赖，导致沉迷网络，并危害个体甚至社会的行为。

1994 年，美国纽约精神病医生伊万·戈德堡（I. Goidberg）宣布发现了一种新的心理障碍，并把它命名为“网络成瘾症”（Internet Addiction Disorder，IAD）。① 此后，网瘾对人类心理上危害很快引起了社会和学者的关注。1997 年，美国心理学会（APA）年会上，研究者专门讨论了“网络成瘾症”，正式承认了网瘾研究的学术价值。②

近几年来，国内外心理学家、精神病医生、教育工作者和网络研究者都对网瘾现象及其原因进行了深入研究，但对网瘾的认识并未取得一致意见，主要是研究历史不长。网络技术诞生于西方，我国研究历史更短。1997 年我国台湾学者率先开始研究，大陆随后开始研究。我国针对网瘾的研究，笔者把它归纳为南北“两陶说”。一种观点是“疾病说”，代表者是国内率先开展网瘾药物治疗的北京军区总医院网络依赖治疗中心主任陶然，认为：网络成瘾不只是一种心理疾病，准确地说是一种内分泌紊乱的精神类疾病；根除网瘾，必须以药物治疗为基础，通过心理治疗，把错误的心理发育扭转到正确的道路上来。③另一种观点是“习惯说”，以华中师范大学客座教授陶宏开为代表，认为：网瘾既不是心理疾病也不是生理疾病，而是一种比较偏激的爱好，一种比较强烈的习惯；青少年上网成瘾，只是行为习惯上出了偏差，并不需要药物治疗，只要适当矫正，完全可以引导他们戒除网瘾。④

《国家中长期教育改革和发展规划纲要》指出，人力资源是我国经济社会发展的第一资源，教育是开发人力资源的主要途径。因此笔者认为，不管是国外网瘾研究，还是国内“两陶说”，都侧重贬义的

---

① Goldberg I. Internet Addiction Disorder，http：//www. cog. brown. edu/brochure/people/duchon/humor/internet. addiction. html，2004－07－05.

② Schuman E. It's Official：Net Abusers are Pathological，http//techweb. Com/wire/news/aug/0813addict. Html，2004－07－02.

③ 苏振芳：《网络文化研究》，社会科学文献出版社 2007 年版，第 329 页。

④ 陶宏开：《孩子都有向上的心》，湖南人民出版社 2005 年版，第 52 页。

角度提出，立足现状与原因分析为多，提出的“实名制”上网、绿色网络游戏、封闭式和药物戒除网瘾等方法都不能很好地帮助大学生摆脱或减轻网瘾。由于缺乏网瘾人群出路的有效探索，对高校解决学生网瘾问题现实价值不高。高等教育发展历程中，高校思想政治教育表现为两类导向：社会需要和个体需要，任何社会、任何国家和任何时候的高等教育都体现这两者的结合，绝无否定其一或只肯定其一的单一化状况。笔者的观点是立足褒义角度，从长远、开放的角度，从培养人的角度，提出网瘾学生“资源论”，即高校教育要切实以学生为主体，以教师为主导，充分发挥学生的主动性，促进学生成长成才作为学校一切工作的出发点和落脚点；面对网瘾学生，高校不能仅仅看到问题的一面，视网瘾学生为洪水猛兽，以“堵”了事；要看到其拥有的资源与潜能，网瘾学生不仅熟悉互联网，而且具有智商高、低情商的特点；看到网瘾学生可以激发的创新潜能，可以展现的创造才华，可以转型升级为“网创人才”的实际可操作性。优势视角理论，对于解读网瘾学生“资源论”有重要意义。按照优势视角理论，一切问题都是新生的机会，所有面临问题的案主都拥有自身的独特资源与潜能。处理网瘾学生问题时，要看到其在人才培养中存在的可见或不可见的机会，引导他们认识到自己目前的遭遇其实是一种获得新生的机会。因而，网瘾学生也是一种资源，一种放错地方的资源，关键在于如何开发、利用，这个过程本身就是高校思想政治教育工作转变价值理念的问题。

二　大学生网瘾“因缘论”

很多高校不仅未意识到网瘾学生的资源优势，而且教育不当或不到位，导致网瘾学生的数量增多和成瘾加重。针对高校教育对大学生网瘾的影响，本书分别于 2007 年、2009 年和 2010 年对浙江省杭州、宁波、温州、湖州、金华、舟山、丽水等地高校的 2500 名学生、170 余名教职工（专任教师、学生管理人员、校园网络管理人员）进行实证调研。

调研分为三个专题：高校校园网络、大学生网络素养和大学生网瘾。调查对象分两个群体：对高校教职工采用访谈与座谈方式进行；

对在校大学生采用问卷调研与座谈方式进行。调查对象的选择遵循四条指导原则：一是调查学校涵盖了专科和本科各个年级的学生；二是尽量使所选取的发达地区高校、欠发达地区高校两个区域的样本数量保持适当比例；三是注意涵盖不同类型高校的师生调查，包括本科院校、高职院校和电大；四是兼顾网络专业与非网络专业师生情况的全面调查。三次问卷调查共发放 2500 份，回收有效问卷 2443 份，发现技术、文化和教学是高校影响大学生网瘾的重要因素：

（一）技术影响

校园网络资源是高校校园建设的重要组成部分，它主要包括两方面内容：一是硬件设施建设；二是软件设施建设。硬件设施主要通过建立计算机教室等为学生创立良好的上网途径和上网环境，这是校园网络资源建设的前提。软件资源主要指校园网系统的建设，由网络办公管理系统、网络多媒体教学系统、信息查询等组成。①

当前，大学生学习、生活、娱乐、工作等许多活动都依赖网络完成，学校上网条件直接导致大学生网瘾的可能性。据北京大学法学院课题组对全国 13 个省、自治区、直辖市和特别行政区的教师问卷调查，所做的“学校上网条件是否便利与高校周围是否有网吧的交互分析”② 证实了这样一种假设：如果学校不能提供便利的上网条件（包括提供的上网条件一般便利、不太便利和无法上网三种情况），学校周围存在网吧的可能性就比较大（包括有、很多和有、很少两种情况）。相反，如果学校能够提供非常便利的上网条件，学校周围有网吧的可能性则相对较小。可见，学校不能提供良好的上网条件和环境，就会为周围网吧的生存提供空间，大学生去网吧上网的机会就会增加。与校园网比较，网吧的上网环境存在较多不良因素，容易使大学生受到影响而遭受网络侵害。

校园网络资源的软件资源建设主要体现在校园网建立和完善上。

① 聂伟：《校园网建设初探》，《中国现代教育装备》2007 年第 7 期。

② 赵国玲、常磊：《青少年网络被害的学校教育原因实证分析》，《教育科学研究》2009 年第 1 期。

据中国教育科研计算机网显示，目前国内92.7%以上的高校都已建立较系统的校园网，只有少数高职院校、民办高校还未建立。浙江省80所高校有65所高校网址已收录在中国教育科研计算机网中①，另外15所也能在网络上查到。显然，我国高校校园网发展很快，但使用中还存在很多问题。笔者对大学生关于校园网这块内容调查中，发现学生每天访问校园网的比例仅为3.86%，每周访问一次校园网的大学生比例为23.44%，每月访问校园网一次的大学生比例为28.49%，而很少或不访问校园网的大学生占调查对象的近半数，为44.21%。问及大学生浏览校园网对你有帮助吗？认为"很有用"的为29.22%，"有一点用"的为64.84%，"无用"的为5.94%。问及大学生为什么不愿意浏览校园网时，大学生对存在的主要问题选择如图6－1所示。

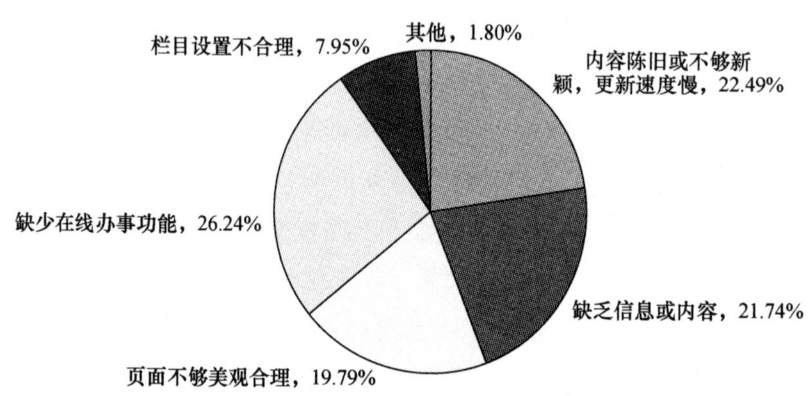

图6－1　校园网存在的主要问题

注：①n＝337（下同）。

②图中数据经过四舍五入处理。

浙江省各高校校园网的内容版块设置类似部分比例高，主要版块与学生关注的比例如图6－2所示。

"你在什么情况下浏览校园网?"，比例显示如图6－3所示。

---

① http：//www.edu.cn/HomePage/jiao－yu－zi－yuan/list？listid＝163，2010年5月10日访问。

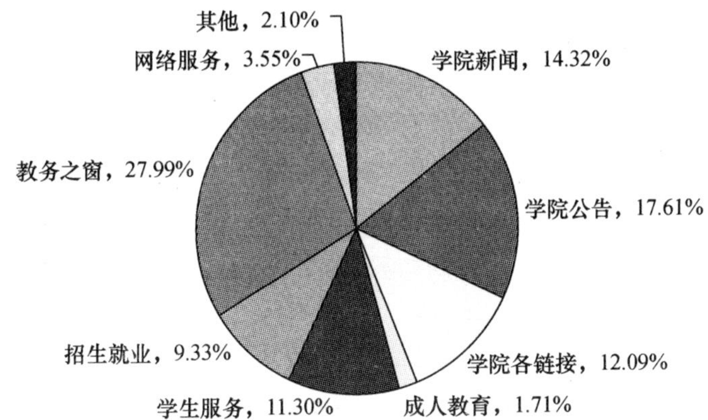

图6－2　大学生经常关注校园网版块的比例

注：图中数据经过四舍五入处理。

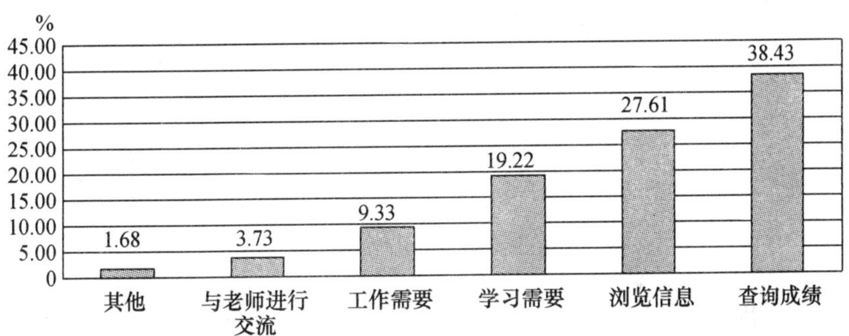

图6－3　大学生在什么情况下浏览校园网

"你没有去浏览校园网的原因"，如图6－4所示。

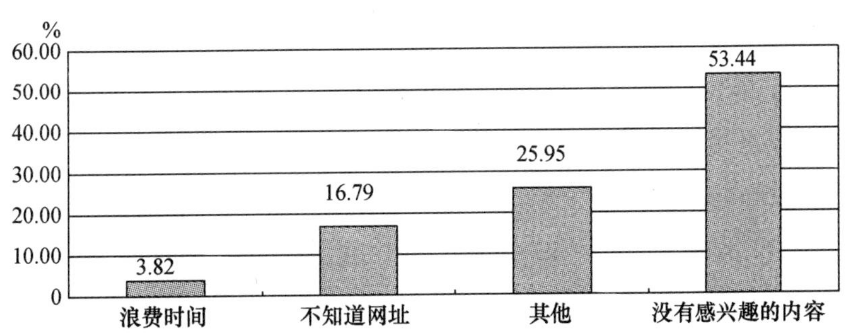

图6－4　大学生不去浏览校园网的原因

注：图中数据经过四舍五入处理。

大学生普遍认为高校校园网存在以下问题：登录速度不够快，网络页面不够美观，查询信息渠道不明；内容更新不及时，内容比较简单、集中，多为高校新闻、教师信息、学习信息，缺乏网络安全、网络道德、网络娱乐信息和个性化版块；缺乏互动交流内容、网上投诉、反馈渠道上线交流不畅通，与学生关注的话题不够多等。可以看出，现阶段浙江省高校校园网络建设远不能满足大学生对于网络信息的需求以及预防网瘾的需要。

（二）文化影响

所谓网络文化，是指在计算机技术和通信技术融合的基础上，反映出较恒定的网络群体的行为模式，以及网络群体所普遍认同和接受的社会心理、价值倾向，这种行为模式、社会心理和价值倾向则体现在互联网的各种现象和活动中。[①] 网络文化是当前高校校园文化体系重要的组成部分，对校园文化产生特殊影响的一种全能的文化形式。网络社会的沟通和交流使大学生的时空观念发生了巨大变化，校园主流文化中的精神文化、制度文化和实物文化等都因为网络社会的到来而受到巨大冲击。

一方面，网络对于高校的渗透和影响正在深入，网游、网友、网聊、网购、网恋等现象已成为高校网络现象的重要组成部分。此时，潜在的建设或破坏性能量伴随着网络技术创新逐渐释放出来，与社会主义核心价值体系形成越来越显著的互动和冲突，技术的侵蚀性带给大学生“网络游戏成瘾”、“网络信息成瘾”、“网络交友成瘾”、“网络色情成瘾”及其他强迫行为（如不可抑制地参与网上讨论、BBS 发表文章、购物、秒杀等活动），不自觉地陷入网络这个无底洞中浑然不知或难以自拔。大学生是不良网络的受害者。纷繁的网络空间存在一些不文明甚至违规违法行为，血腥游戏、虚假新闻、色情网站、人身攻击、黑客破坏、病毒传播等，影响大学生道德观，诱惑网络成瘾。据了解，2005—2006 学年，某本科高校有 90 名学生退学，其中 60 多人是因为网络成瘾，占退学人数的近 80%。该校某一高分考生

① 杨雄：《网络时代行为与社会管理》，上海社会科学院出版社 2007 年版，第 92 页。

云集的学院，有8%的学生由于“网瘾”拿不到毕业证书或学位证书。

另一方面，今天的“网瘾学生”会成为明天网络不文明的实施者。我们已经看到发生的大学生网络不文明甚至违法行为。“值得同学们警惕的是，沉迷于网络尤其游戏已成为近年来青少年刑事犯罪率升高的重要原因之一。”[①] 如北京某大学计算机专业卢某，破译并盗取某公司上网账号和密码，致使1000多人使用该账号，造成该公司16万多元的经济损失，卢某因涉嫌盗窃罪被刑事追究。所以，我国这两年加大对“网络色情”、“网络犯罪”等网络异化现象的打击力度。面对网络负面影响，许多高校网络文化建设中缺乏对学生网络道德、网络安全等方面的有效教育。大学生处在人生发展的重要时期，是“三观”形成的关键时期，在自制力、辨别力和意志力上还不够强，极易被网络不良行为诱惑。浙江省80所高校均建有校园网，从对学生的问卷调查、教师访谈及查看各高校校园网首页，发现没有一个高校设有预防网络成瘾的专栏或提示；仅有3个高校设有网络安全的专栏或提示，仅占浙江省高校总数的3.75%。[②]

因此，有必要调研高校在进行网络道德、网络安全等方面教育上的缺陷。在对1461名大学生的问卷调查中，对“被访者学校学生上网风气满意度”显示满意度为26.21%。一些高校教师认为：学校偏重网络技术教育，很少进行网络道德、网络安全等方面的警示教育。2001年9月，我国提出“增强网络道德意识，共同建设网络文明”。同年11月，共青团中央、文化部等单位联合发布《全国青少年网络文明公约》。教育部在推进校园网络文化建设方面，加强对BBS论坛的建设和管理，有效遏制校园网上有害行为的传播，不断增强了大学生网上行为的社会责任感和网络道德觉悟。但从调查情况看，浙江省高校在网络安全等方面的教育并未很好跟上，存在滞后状况。“你们

① 马克思主义理论研究和建设工程咨询委员会：《思想道德修养与法律基础》，高等教育出版社2010年版。

② 2010年5月17日通过百度查看浙江省80所高校校园网统计。

学校是否对学生进行过专门的网络道德、网络安全教育”调查数据如图 6－5 所示。

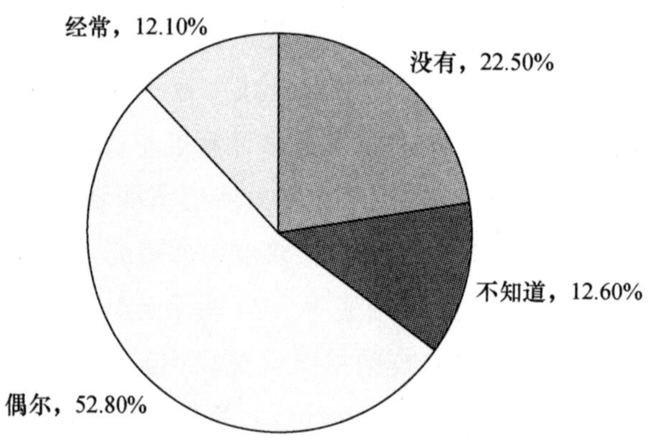

图 6－5　学校是否对学生进行过专门的网络道德、网络安全教育

注：①n＝1461（下同）。

②图中数据经过四舍五入处理。

从图 6－5 看，虽然多数高校对学生进行过网络道德、网络安全方面的教育，但经常教育的毕竟占少数，而且还有 22.5% 的大学生认为学校没有进行过任何网络道德、网络安全方面的教育。

（三）教学影响

教学影响主要从教师素养与教学方式两方面进行分析。

1. 教师素养

教师素养是教师在教育职业活动中按照教育基本规律的客观要求而自觉形成的综合性职业品性①，体现了教师的思想道德修养与综合素质。高校教师由于在学校教育中的权威地位，其素养直接影响大学生成长成才，无论是行为素质、心理素质、职业技能、兴趣爱好，都潜移默化地引导学生的一言一行。就大学生网络成瘾而言，教师素养是一个重要的影响因素，表现在两方面：

① 于光远、陈保平：《教师素养新论》，兰州大学出版社 2001 年版，第 16 页。

（1）教师的信息素养。信息素养通常指信息能力，着重于信息的获取、交流、检索和评估，是一种理解、发现、评估和利用信息的认知能力，成为网络时代教师的必备素质。[①] 教师预防“网络学生”时，要积极学习网络基本知识和技能，并应用到网络教育中。可以说，在印刷文化时代，师生掌握的信息不对称，教师在知识、能力、经验和社会化等方面占绝对优势地位，保证了教师的权威和吸引力。这种优势受到网络出现的冲击，学生通过多种渠道获取信息，从网络占有的信息不比教师少，教师的知识优势受到挑战，不少教师感慨大学教师也越来越难当，教师的信息素养并未得到学生的充分认可（如图6-6所示）。

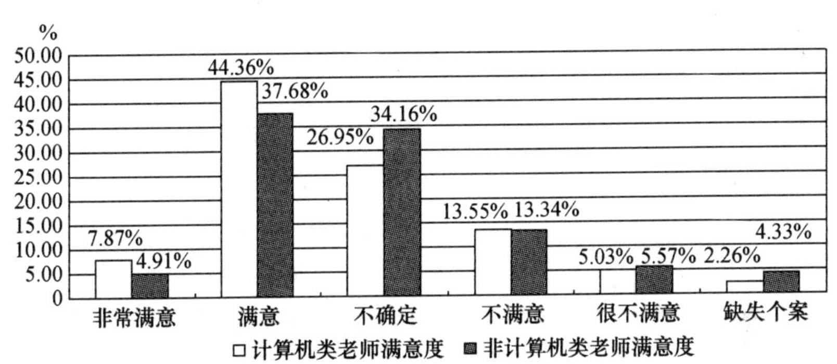

图6-6　学生对教师信息素养的认可度

注：图中数据经过四舍五入处理。

（2）教师的思想政治素质。在预防大学生网络成瘾问题中，教师思想政治素质非常重要，对“网瘾”问题的正确认识非常关键。教师只有热爱教育事业，才会关爱学生，主动承担起预防大学生“网瘾”的重要职责。教师只有加强对学生学习课余生活和网络合理运用的指导，才能让学生远离“网瘾”。问卷调查显示，相当部分教师对学生课余上网情况是关心不够的（如图6-7所示）。

① 罗萍：《试论教师信息素养》，《攀枝花学院学报》2006年第9期。

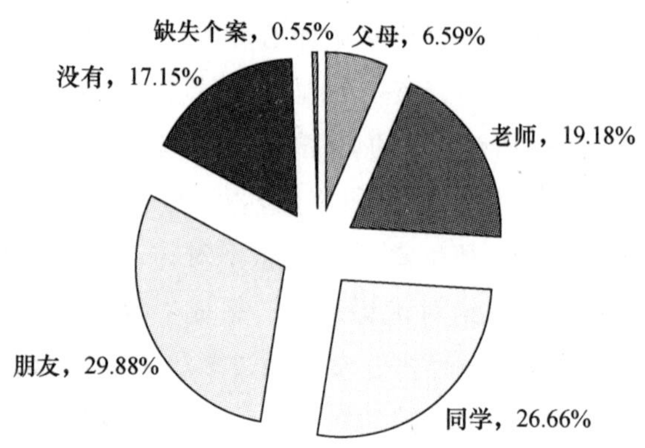

图6－7 谁最关心学生课余上网情况对比

注：图中数据经过四舍五入处理。

2. 教学方式不完善

适度上网对学习和生活是有帮助的，但长时期沉浸网络对人的身心健康有极大损害，高校选择什么样的预防学生“网瘾”方式很重要，主要有两条：一是传统途径，如思政课、讲座、主题班会、演讲和辩论等。二是网络教学。调查发现，浙江省大部分高校没有很好地利用这两种途径对大学生进行有效的预防“网瘾”教育，尤其是利用网络进行教学效果不佳。对1491名大学生“教学预防学生网瘾方法满意度”调查显示，各项满意度均不高。在“预防网瘾宣传、网络运用指导与培训、网络教学管理、网络教学平台、网络课程资源、网络教学特色、网络思想政治理论课教学、运用网络教学手段和预防网瘾教学活动丰富度”各选项上，非常满意的比例为2.94%、3.63%、3.76%、3.42%、4.04%、4.04%、3.90%、5.27%、3.70%，满意的比例为17.18%、19.99%、25.46%、24.30%、25.87%、21.42%、22.45%、27.93%、15.13%，不知道的比例为35.52%、31.55%、33.61%、36.28%、33.13%、35.87%、36.41%、31.82%、31.14%，不满意的比例为27.17%、28.82%、21.97%、19.92%、22.04%、23.75%、22.72%、20.60%、28.88%，很不满意的比例为8.90%、8.49%、8.15%、8.49%、7.39%、7.12%、7.46%、

5.23%、11.57%。

可以看出，在预防大学生网瘾的各种方法中，“不知道”选项比例是最高的，既可能是学生没有参与过此类活动，也可能是效果不好。所有选项满意度均未超过50%，说明各类教育的成效均不尽如人意，大学生认可度不高。另从北京师范大学进行的“网络环境与青少年品德发展研究”课题的问卷分析结果，对教师问卷“您利用过哪些网上教育类资源”问题的回答中，教师选择百分比最高的“学科教学”为89.7%，“思想品德教育”百分比为27.8%，比前者低很多。① 以上调查都说明高校利用计算机网络提升大学生网络道德与网络安全、预防大学生网络成瘾的力度远远还不够。

此外，高校对大学生网瘾预防与处理方式简单。据调查，浙江省80%以上高校在给学生寄出新生录取通知书时，随寄一本《学生手册》，上有一条“加粗”字体提醒：大学第一年不要带电脑来学校。接受访谈的一名湖南籍新生刘某说：“作为新生，学校的建议不能不听。”在杭某高校一名招办主任说：“建议学生不要带电脑到学校，也是出于无奈。至少一半以上的大一男生会受到网络的诱惑。所以经过慎重考虑，学校做出了不带电脑到学校的建议。”浙江一商科大学的学生寝室，只能拨号上网，不能接入宽带，而用学校的电子阅览室，3小时之后就要自动断网。浙江一大学独立学院除了规定新生不能带电脑以外，指导老师还要在晚自修时间到每个寝室巡视，发现学生玩游戏或看片，发白卡以示警告，并计入学生的德育考评。不仅仅是本科高校，许多高职院校和电大都不约而同地对学生使用电脑、上网做出了限制。如某学院规定大一新生不能在宿舍里配置电脑，大二以上学生若想在寝室里使用电脑，要先填写承诺书，保证文明上网。另一大学建工学院的做法是，大一宿舍楼网线不开通，即使有电脑也没法上网。有的高校还直接与网络运营商签订协议，在晚上11点或者11点半统一断网，一直到第二天早上。调查中也发现，一些高校对“网瘾”学生并没有采取任何帮助措施，而是简单地给予纪律处分或直接

---

① 檀传宝：《网络环境与青少年德育》，福建教育出版社2005年版，第83页。

退学处理。

可见，众多高校忽略了网瘾学生的“资源价值”，高校在应对大学生网瘾时还是采取以“堵”为主的办法，应对措施也比较简单，就是“禁带电脑，限制上网”。多数高校教师认为：因为专业的特点，一些学生平时学习就要用电脑，所以简单地“一刀切”并不合适。在调查中，高校师生一致认为：多数大学生远离父母的监护，高校应当倡导网络文明，坚持文明上网，主动帮助大学生养成科学、文明、健康的上网习惯。毫无疑问，大学生“网瘾”问题是一项社会系统工程，离不开学校、社会、家庭的合力，需要社会各界对“网瘾学生”的关注和支持。基于人才培养的特殊性，高校教育具有系统性、组织性、专业性等优势，在预防和应对大学生网瘾问题上发挥着不可替代的作用。

第二节　从“网瘾学生”走向“网创人才”

解决问题关键在于寻找一个方法。这个方法既要有前瞻性，因为社会、网络、人都在发展，还要有可执行性，实际可操作才能将思想问题与实际问题协同解决，更要有普适性，可以推广才有持久存在的价值。因此，笔者提出“网瘾学生”转型为“网创人才”的“三色网络”梯度策略，并于2006年开始在学校实践，取得一些成效。学院先后被评为“浙江省文明办网示范单位”，“三色网络育人，引导立德成才”获“浙江省高校校园文化品牌”，“走出网瘾青年志愿者劝导队”两度获“浙江省优秀志愿服务项目”。2010年12月29日，《光明日报》以《“网创”教育：帮助学生走出“网瘾”》为题刊发了笔者相关论点，认为是教育亮点。

“网瘾学生”转型为“网创人才”的“三色网络”梯度策略指从“预防与治疗”（心理角度）、“认识与提升”（思想角度）、“优势与激发”（行为角度）三个梯度进行黑色网络警示教育、红色网络引导教育和绿色网络创新教育（如图6-8所示）。

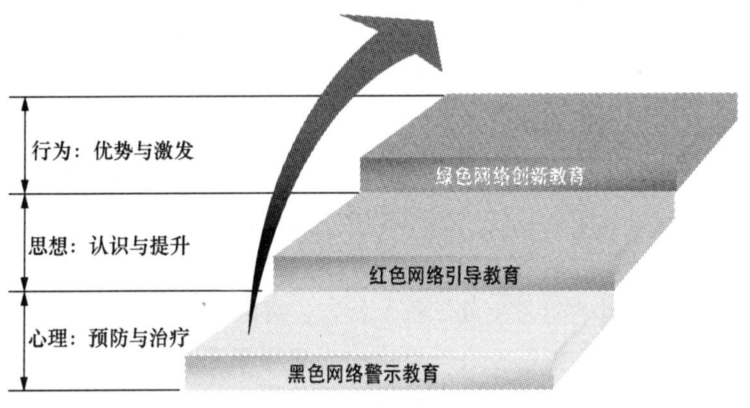

图6-8　“三色网络”梯度结构

一　黑色网络警示教育

什么是黑色网络？传播网络色情、黑客损害他人利益、沉迷网络游戏不能自拔等。警示学生，黑色网络是不能碰的，浙江某大学的王某在网上传播色情电影，成为浙江省打击淫秽色情网站专项行动中被正式批捕的“第一人”。① 黑色网络警示教育通过现状调研、心理咨询、危机预警、行为干预等方法让“网瘾学生”走出远离“网瘾”的第一步。

（一）对“网瘾学生”先兆做出预警，对于后续的危机管理至关重要

预警信号发早，处理及时，则有可能避免“网瘾学生”情况严重化。我们建立相应的网瘾学生预警制度：建立一支健全、专业的预警队伍；及时发现“网瘾”先兆，尽早对学生发出警告，并开始动态去跟踪，随着程度的发展及时给出新的警告；准确评估“网络学生”的严重性，判断不夸大，不缩减；发出警告信号后，学校给予足够的重现。预警制度仍处于摸索阶段，与网络发展的趋势有一定差距，例如，工作流程、量化研究都要完善。

① 《经营黄网者为何多为青少年？年龄最小的仅15岁》，http：//www.sina.com.cn，2004-09-06。

（二）对学生进行问卷调查、心理咨询与访谈

每届新生入学之际，学校便安排心理咨询中心对学生展开问卷调查和脑电信号分析相结合的研究方法，确定学生网络成瘾状态。带电脑进寝室的学生进行登记，并签订“自律协议”。建立网瘾学生数据库，建立联络员制度，对“网瘾学生”进行动态跟踪调查。在此基础上，甄别三种不同网络状态学生（网络成瘾、网络依赖和网络科学使用）的特征，并告诉学生处于哪个状态，对网络成瘾、网络依赖学生发出警示。我院依托学校心理咨询中心开通了“帮助学生摆脱网瘾”咨询热线电话，到目前共接受与处理本校来电1000余人次。

（三）对“网瘾学生”采用团体辅导干预方法

团体辅导是在团体情景下进行的一种心理咨询形式，通过团体内的人际交流作用，运用团体动力和适当的心理咨询技术，协助个体认识自我，探索自我，调整、改善与他人关系，学习新的态度与方式，从而促进自我发展及自我实现的过程。[①] 在各种网络成瘾的干预办法实践中，我们发现团体辅导是一种较好的选择，可以帮助“网瘾学生”从五个方面改变：协助“网瘾学生”认知已过度使用网络；协助“网瘾学生”认知过度上网行为的潜在心理问题；协助“网瘾学生”解决潜在的心理问题而非沉迷网络的逃避问题；协助“网瘾学生”发展出改善过度使用网络行为的行动计划并加以执行；逐步减少上网时间，培养时间的敏感度与自我监控能力，为回归正常与和谐的生活提供保证。

（四）对“网瘾学生”结对志愿帮扶的方法

学校成立“走出网瘾青年志愿者劝导队”，与网瘾学生结成“一助一”、“多助一”的帮扶对子。每月组织一次志愿者座谈会，交流工作体会，研究帮扶对策。丽水电视台在“感动故事”栏目，《处州晚报》以《从网络游戏“PK”之王到“凤凰涅槃”》为题，对我院学生杨某从“网络游戏之王”转化为“院学生会主席”的历程进行专题报道。杨同学后成为学校“走出网瘾青年志愿者劝导队”大队

---

① 樊富珉：《团体心理咨询》，高等教育出版社2005年版，第11—15页。

长，在院内外现身说法，结对帮扶大学生、中学生。

（五）邀请戒除“网瘾”专家进行讲座和宣讲

邀请戒除“网瘾”专家、公安干警进行网络安全和法德讲座。学院党委还组织政工干部编写了《“玩”好网络，“用”好网络，做网络时代最好的自己》的宣讲资料，由班主任在每个班进行网络文明宣讲。

二　红色网络引导教育

红色是积极向上的颜色，红色网络主要增强引导力。很明显，网络社会教师的语言引导在削弱，而网络舆论引导在增强。我们就是要占领网络这个阵地进行引导，用社会主义核心价值理念去引领学生，这也是大学生走出“网瘾”，提升网络素养“内化”的过程。我们通过红色网络这一载体，进行思想、道德等方面的引导教育。

（一）实行网上安全监控

在校园网上进行“环保”和“扫毒”工作，清除垃圾信息，利用各种防黄毒软件，自动识别和过滤掉网上的黄色内容。在校园网首页增加预防“网瘾”的提示。

（二）教会网上道德辨别

网络道德教育的目的不仅要求接受几条道德规范，而必须面对复杂多变的信息环境，培养学生道德判断和选择能力，培养他们的主体性。在引导学生正确认识网络，接触网络行为的过程中进行自觉内省和领悟，增强网络的法律意识、政治意识和安全意识，引导和培养学生网络上明辨是非的能力，自觉抵制不良的信息诱惑。

（三）拓展网络教育途径

我院充分利用网络的特点，最大限度地保证网络交流的自由、开放和民主，建立校园博客、BBS，鼓励学生把自己关心和感兴趣的话题、存在的情绪与困扰，通过网络反映，直率表达，了解学生的真实思想，把握问题的关键，制定教育对策加强大学生道德修养，最终达到入心、入情、入理的德育绩效。

（四）加强网络伦理道德教育

我院在校园网上进行利用“党旗飘飘”、“网络思政”国情教育、集体主义教育、爱国主义教育和网上学术讲座，引导大学生树立正确的网络观，培养学生正确的伦理道德观，懂得防止计算机病毒和预防网络犯罪，遵循信息应用中应该遵循的伦理道德规范。

（五）建立红色引导网站

我校结合思政课教学，创建“社会—人生”网络教学平台。网络平台分设“大国崛起、社会公德、职业道德、家庭美德、校园文明、法律之窗、网络人生、创意创业、企业文化、精彩互动”等板块。把企业文化、企业成败事例挂到平台上，把“网瘾学生”自己设计或创作的精彩人生片段摄像，把“网瘾学生”转型为“网创人才”的典型制成视频、获奖证书及自己得意的作品用照相机留下来，下载网络教育的精彩视频重新编辑。通过“网络平台”专题研讨拓展教学，引导学生了解、分析网络社会，包括为人之道、成才之法、报国之路等。

（六）组织“网瘾学生”利用所掌握的知识参与社会服务

利用寒暑期，将网瘾学生安排在“三下乡”队伍中，深入农村进行考察与义教，体验现实生活中的真情实感，激发学生的荣誉感、服务意识、团队精神，帮助其摆脱“网瘾”。我校编写了《一个“网瘾学生”的凤凰涅槃》剧本，进行宣传演出，帮助大学生从思想上彻底认识网瘾的危害，摆脱网瘾阴影。

三 绿色网络创新教育

网络创新即“网创”，指以网络为对象或以网络为工具进行理论与实践的创新。“网瘾学生”走出网瘾后，他们有一个去路问题，不然容易重回“网瘾”。善于发现网瘾学生身上的不同资源特质，帮助他们从沉溺网络消耗时光转为利用网络学习创新创业，做网络时代绿色生态网民。

多学科视角可以帮助我们坚定“网瘾学生”转型为“网创人才”的信心。从德育角度看，大学生上进心强，希望自己具有信息社会中工作、学习和生活的责任与道德，利用网络的思维方式、价值观念和行为规范；从教育学角度看，大学生通过多年教育学习，已经掌握一定网络应用技术，网络创新教育是高校创新人才培养的体现，是提高大学生技能水平的必然手段；从心理学角度看，大学生自尊心和好胜心强，希望能够有机会展现自身才华；从信息学角度看，大学生应该具备网络环境中的信息素养，有效地使用网络信息并进行信息创造的能力；从管理学角度看，高校师资力量雄厚，具备思想引导和专业指导的能力。这些主客观条件都为高校“网瘾学生”转型为“网创人才”提供了实践的可能条件（如图6－9所示）。

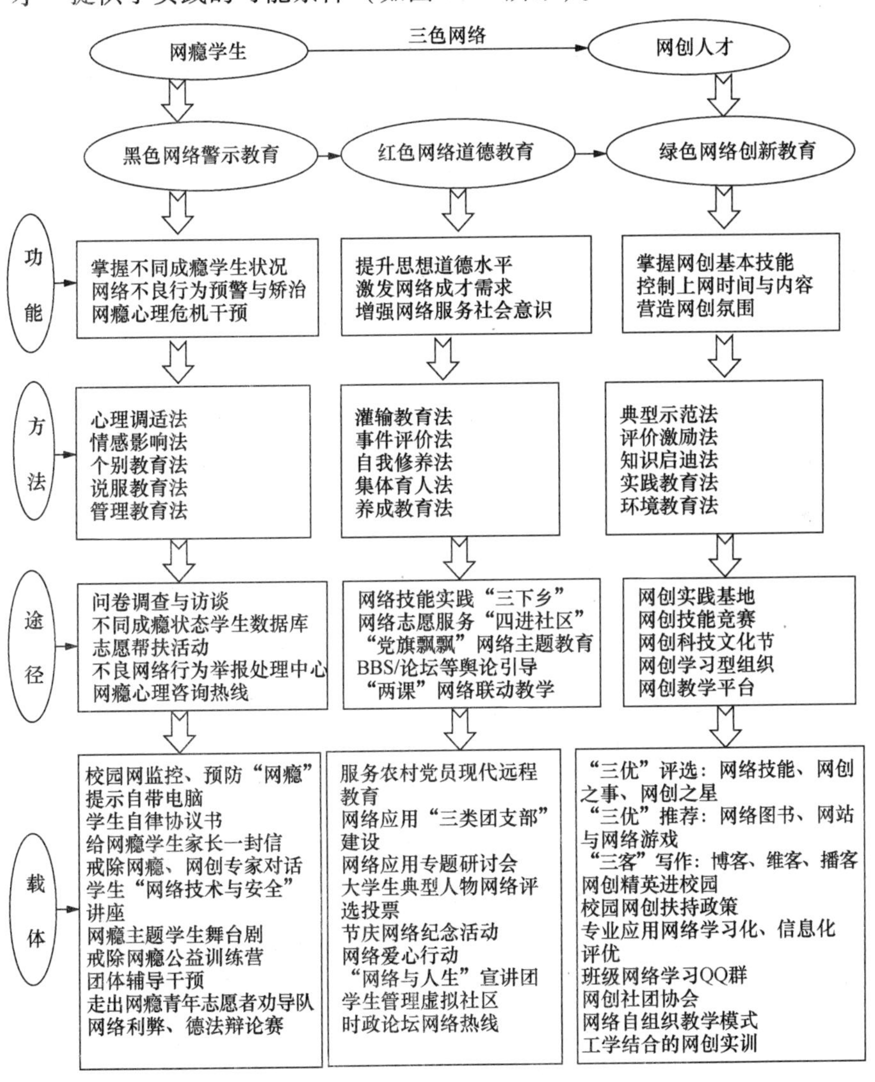

图6－9　“网瘾学生”转型为“网创人才”学校教育的实践导引

（一）坚持协力机制，有效凝聚"网创"人才培育队伍

"网瘾学生"转型为"网创人才"的关键在于专业指导，队伍要实现功能互补、联合互动、形成合力。首先，学校充分利用自身资源，成立"网络化学习指导师团队"，邀请本校计算机专业教师、图书馆信息技术人员等，定期给网瘾学生开讲座，加深计算机软硬件、网络、数据库等专业知识的理解，提高网上搜索、网页制作、多媒体技术等。其次，邀请校外软件公司技术人员、知名网站建设者参加"网创专家校园行"活动，通过网创专家与网瘾学生的对话，充分培养网瘾学生的"网创"兴趣与"网创"能力。最后，前瞻部署网创教育基础前沿与实用对策研究，提升高校网络教育的原创能力、集成创新能力和引进消化吸收能力，降低对校外网络技术的依赖程度，在面对网瘾挑战中赢得优势和主动权。

（二）坚持活力机制，激发网瘾学生"网创"兴趣

一方面，将专业教学与培养网瘾学生的网创能力相结合。如《电子商务》教学中，将网店经营贯彻课程的始终。在教学过程中，充分利用课程网站、QQ 群等网络工具，将课堂教学与学生课后自主学习相结合，课堂实践训练与课后网店经营相结合。在课堂教学中，有意挑选网瘾学生协助任课教师设计上课时使用的 PPT、FLASH 等，增强网创技术与自豪感。另一方面，开展喜闻乐见的"网创"竞赛。举办"网络学习实例、网络学习型组织的创建、博客、电脑装机、网页设计、网络征文、CS 竞技、文字录入、程序设计、多媒体课件制作、网络化学习评优、网店达人"等竞赛活动，将学生注意力吸引到学校主导的网络教育阵地中。从满足学生"网创"的切实需求出发，指导学生申请科技创新基金，参加"大学生挑战杯"等科技竞赛时，也有意动员网络技能高的网瘾学生参加。我校有一名信管专业网瘾学生徐某，就是通过这一机制教育，获得"浙江省首届大学生电子商务竞赛"一等奖，成功转型为"网创人才"，为其他网瘾学生树立了典型。

（三）坚持张力机制，提升扩大"网创"内涵

关注网瘾学生中网络技术不高群体的培养，给予更大的关爱和支

持，使他们在实践中增长才干，形成只要努力，人人可以成功，人人可以成就事业，网创人才辈出的局面。对于掌握计算机网络等技术不深又缺乏进一步学习欲望的网瘾学生，网络创新可能不太现实。但是人各有长处，缺乏科技知识不一定缺乏智慧，可以将网络创业与网络创新结合起来。因此，面对不同的网瘾学生，引导他们主动探索实践、思考转型的方式，选择不同的项目来转移他们的网瘾兴趣，提升实践能力，为就业成才积累经验。如“网聊瘾”通过书写“微博”记录心情，宣泄烦恼；“网游瘾”通过“威客”帮助别人解决问题获得成就感；“网购瘾”通过开设“网店”获取利润等。

（四）坚持动力机制，为学生提供“网创”政策、资金保障

一是充分利用国家和地方关于鼓励大学生“创新创业”的政策。近几年来，围绕大学生创业和科技创新，我国各级部门利好政策频频出台，学校要做好对学生的宣传。教育部出台了《关于大力推进高等学校创新创业教育和大学生自主创业工作的意见》，教育部、财政部等六部委将联合开展“创业引领计划”，团中央建立了“青年创业就业实习基地”，我国已依托11家国家大学科技园建设了“高校学生科技创业实习基地”。浙江省杭州市还推出了创业资金政府无偿资助制度和大学生创业导师帮扶制度。二是加强校园网络资源建设。学校在生均经费支出结构中，加大对校园网络基础设施建设投资力度和对学生科技创新创业的保障供给力度。还应看到高校支持学生创新创业的实施工作还需加强，特别是突出对“网创人才”培育的关注。

（五）坚持统筹机制，以管理创新促进学生“网创”积极性

首先，学校建立科学高效的“网瘾学生”转型为“网创人才”的管理系统，明晰和调整各部门的职能定位。学校层面工作重点集中在制订工作方案、优化政策供给、建设制度环境上，是战略谋划和政策供给的主体；学校宣传部门、教学部门、学生工作部门、团组织、网络建设部门和二级学院（分院、系）、学生自发性网络社团组织是组织实施的主体。其次，加快建立完善“网瘾学生”分类管理的制度体系，对不同类型“网瘾学生”因材施教，采取不同的目标管理、导师配置、绩效评价和政策导向。最后，进一步改革教师评价奖励。强

化育人导向，引导和鼓励高校教职工关心、关注大学生科学应用网络问题，将指导学生网络创业创新与科研工作、班主任工作、各类评优相融合，根本改变教学与育人“两张皮”现象，帮助网瘾学生更好、更快地成为网创人才。

大学生是未来社会的创造者，世界发展归根结底取决于青年学生的品性和能力，以及一颗为人类的心。高校应充分发挥人才培养优势，重新审视大学生网瘾问题，关心每个学生，促进他们主动、生动、活泼地发展，尊重教育规律和学生身心发展规律，开发、利用好网瘾学生的资源，有效协助网瘾学生自助、互助，逐步走出虚拟空间，回归真实生活，成为富有责任感的网创人才。

第三节　大学生网店创业

网店既是依托网络技术进行的新型商务活动，也是消费和创业的新途径，更是全球经济竞争的新课题。大学生就业问题已摆在我国就业的首要位置，其创业状况还不适应扩大就业的需求。本书通过对浙江省 42 所高校的调研，探析大学生网店创业现状，认为鼓励大学生网店创业，应将培养创业就业能力作为职业生涯准备的一个最优予以考量，提出“大学生网店创业生态圈”。

一　大学生网店创业的背景

推进大学生就业创业对于社会稳定、经济发展、教育可持续发展的重要性显而易见。1999 年中国高等教育开始迈向大众化历程，据教育部近四年数据，高考录取率从 2009 年的 61.7% 迅速增长到 2010 年的 69.5%、2011 年的 72.3%①、2012 年的 75%②；2013 年毕业生规

---

① 《2011 年高考总人数 933 万，录取率 72.3%》，http：//edu. qq. com/a/20110603/000447. htm，2011。

② 《2012 全国高考录取率为 75%》，http：//gaokao. eol. cn/kuai_ xun_ 3075/20120611/t20120611_ 789071. shtml，2012。

模从2009年的610万人增至699万人[①]，加上往年未就业的学生，超过700万高校毕业生需要解决就业问题，被媒体戏称为“史上最难就业季”。2012年全国高校应届毕业生初次就业率仅为77.8%左右，意味着151万大学生毕业即失业[②]，这一总量接近1999年全国高校毕业生总数90万的2倍。[③]

大学生就业难成为我国就业首要问题。2009年，国务院办公厅《关于加强普通高等学校毕业生就业工作的通知》明确提出：“自主创业是大学生就业的重要增长点，鼓励和支持高校毕业生自主创业。”党的十八大报告指出，“促进创业带动就业，提升劳动者就业创业能力”，加强大学生的创新精神和创业能力培养，应是高校就业指导的重点。当前，大学生创业状况还不适应扩大就业的需求。2009年的3个权威调研可以证实这一论点：教育部“高校毕业生自主创业研究”课题组数据显示，高校毕业生想创业的人数比例为75.22%，但实现创业者只有1.94%；共青团中央、YBC等针对全国六省市近万名大学生的创业调查显示，79.09%的大学生具有创业的意愿，只有25.99%的大学生创业意愿强烈，但实际创业比例远低于创业意愿；教育数据咨询机构麦可·思（MyCos）发布的《中国大学毕业生就业报告》显示，2008年大学毕业生自主创业比例仅为1%，与2007年1.2%的比例接近。考夫曼基金会对美国大学生调查表明，想创业比例为70%，与中国相近；实际创业高达20%，中国与此形成巨大落差。[④] 大学生创业的低比例让人吃惊与不安，网店创业却呈现一番欣欣向荣的景象。

网络推进社会，技术改变生活。世界各国越来越多的网民陶醉于

---

① 《教育部要求做好2013年普通高等学校毕业生就业工作》，http：//www. gov. cn/jrzg/2012－11/25/content_ 2274972. htm，2012。

② 《高校毕业生初次就业率77.8%　同比提高1.2百分点》，http：//www. edu. cn/re_ dian_ 12144/20120305/t20120305_ 748001. shtml，2012。

③ CNKI数字搜索，全国大学毕业生人数，http：//number. cnki. net/shou－result. aspx？searchword，2010。

④ 吴吉义、柯丽敏：《中国大学生网络创业现状与趋势》，电子工业出版社2010年版，第5页。

透明的价格和足不出户购物，欧、美、韩等互联网普及率较高的国家，每3个网民中有2个在网购。中国网购市场潜力巨大，淘宝网数据表明，2008—2012年网上交易额分别为1000亿元、2000亿元、5000亿元、6100亿元和10000亿元。电子商务的应用范围和模式众多，按互联网商务功能区分为产品销售模式、服务销售模式和信息交付模式三大类。① 相比而言，运用网络产品销售模式开展网络创业要求低，见效快，所以大学生更乐意选择网店创业。淘宝网2200多万会员中，近40%的创业者是大学生。② 易趣网上万个网店，大学生比例高达40%③，网店成为大学生就业创业的一个典型样本。也有人认为，网络销售在大学生中初见端倪，但未见流行，多数网络销售者以创业实践为目的，但其行为带有明显的尝试性。④

网店创业是当前热点话题，理论探索却滞后实践进展。根据文献计量学原理，通过清华同方网检索，对“教育与社会科学”总库收录的关于“网店创业”研究文献进行统计分析。计算机网上检索项为“题目、关键词”，以“大学生/网店/创业”为检索词进行联合检索。分类统计如下：

1. 按出版时间分阶段和年份检索统计

截至2011年文献总量71篇，分析显示研究文献数量与网络发展、电子商务出现、高校开始重视创业教育密切相关。其中，1990—1994年2篇，1995—1999年0篇，2000—2004年1篇，2005年1篇，2006年4篇，2007年7篇，2008年0篇，2009年14篇，2010年19篇，2011年25篇。

（1）1994年，互联网进入中国。20世纪90年代末国内开始出现网创成功人物，如马云、李彦宏、丁磊和王志东等，成为大学生崇拜

---

① 吴吉义、柯丽敏：《中国大学生网络创业现状与趋势》，电子工业出版社2010年版，第8页。

② 邱阳、宋兵：《浅析大学生电子商务网店创业》，《中小企业管理与科技》2010年第11期。

③ 贾少华等：《成为淘宝创业的超级毕业生》，电子工业出版社2010年版，第26页。

④ 许俊卿：《大学生网络商业行为调查及其成因和引导》，《青年探索》2010年第3期。

的偶像。这一阶段，网店创业还没引起学界关注，1990 年之前没有文献记载，1990—1999 年仅有 2 篇文章。1999 年 6 月，中共中央、国务院《关于深化教育改革全面推进素质教育的决定》提出，“高等教育要重视培养大学生的创新能力、实践能力和创业精神”，拉开政府推动高校创业教育的序幕，创业活动在全国高校铺开。

（2）21 世纪初，网上交易在中国初见端倪，开创中国电子商务的时期。2003 年以来，海内外资本频频介入电子商务领域，如阿里巴巴布局淘宝、eBay 并购易趣、腾讯进军电子商务（拍拍）、Amazon 购买卓越，YaHoo 十亿美元连同 YaHoo 中国集体投资阿里巴巴等。此间，大学生网店创业文献数量依然没有大的增加。

（3）2008 年爆发的美国金融危机，网店创业获得新契机。一是金融危机造成企业劳动力需求减少，高校毕业生就业压力加大。2008 年 11 月，教育部下发《关于当前形势下做好普通高等学校毕业生就业工作的通知》，对高校广泛开展创业教育和大力支持毕业生自主创业提出了指导性意见。二是金融危机未对中国互联网产生过大影响，2008—2011 年，中国网民规模持续稳步增长，电子商务发展迅猛。大学生网店创业研究，在 2009 年出现了一个增长节点，之后研究成果数量显著提升，表明大学生网店创业已成为网络创业研究的热点之一。

2. 按大学生网店创业文献研究方向二次检索统计

发现研究重点主要呈现在 8 个方向：前景研究 2 篇，人才需求 3 篇，网店教学 5 篇，现状研究 5 篇，模式 5 篇，问题原因 10 篇，对策 12 篇，案例描述 27 篇。

第一，“大学生网店创业的案例描述”是最热门的研究方向，在文献研究上的遥遥领先，表明学界对此极大关注；持续增长的趋势，显示这一领域研究方兴未艾的发展势头。第二，提高大学生网店创业热情、有效性和对策是重要的研究领域，也可以说是该领域的关键所在。第三，对大学生网络创业的问题、原因及模式的正确把握，是促进网店创业科学发展的重要前提。第四，对网店创业前景及人才需求等分析，尚处于起步阶段，是薄弱环节。

二　大学生网店创业的量化分析

本调查采取定性与定量研究相结合的方法。在2011年4月至10月，对浙江省42所高校进行了问卷调研，调查涉及本科生、高职生和电大生，发放问卷2950份，回收问卷2922份，有效问卷2882份，回收有效率为97.67%。本次调查，从学校类别比例来看，本科高校48.3%、高职高专41.1%、电大10.6%；从性别比例看，男生47.8%，女生52.2%；从年级比例看，一年级学生27.4%，二年级学生28.7%，三年级学生22.4%，四年级学生21.5%。其间，还问卷调研了69位浙江省高校就业创业部门负责人，深度访谈了浙江省高校网络创业导师、电子商务专家（商家）和政府相关部门负责人等。

联合国教科文组织1972年提出大学生主要任务是“四个学会”：学会做事（learn to do）、学会做人（learn to be）、学会与人相处（learn to be with others）、学会学习（learn to how to learn）。[①] 世界各国对大学生这一概念没有做明确定义。我国教育部在2006年认为，高等教育大众化时代的大学生不能再自诩为社会的精英，要怀着一个普通劳动者的心态和定位去参与就业选择和就业竞争。[②] 百度百科名片将大学生定义为，大学生是社会的一个特殊群体，是指接受过大学教育的人，作为社会新技术、新思想的前沿群体，国家培养的高级专门人才。[③] 结合中国高等教育现状，笔者认为大学生是指在高等学校读书的全日制学生，包括电大生、高职生、本科生和研究生等。本次问卷发放中，未将研究生列入调研范围。

（一）人员分析：大学生对网店创业发展的影响

从性别看，男生网店创业热情与行动均略高于女生。被调查学生中，开网店的比例男生为13.74%，女生为12.87%；有开网店意愿

---

① 《财富蕴藏其中，国际21世纪委员会报告》，http：//www. un. org/chinese/esa/education/lifelonglearning/4_ 4. html，2011。

② 同上。

③ 原春琳：《教育部官员称大学生应定位为普通劳动者》，http：//news. sina. com. cn/c/2006－05－23/08238999797s. shtml，2006。

的比例男生为37.76%，女生为36.73%；支持网店创业的比例男生为48.16%，女生为40.44%。从高校类型看，高职院校学生网店创业比例高于本科高校和电大，大学生开网店总比例为11.07%，本科、高职、电大分别为8.5%、16.0%、9.09%。从年级看，毕业班网店创业学生比例最高。本科高校一至四年级分别为2.54%、8.01%、12.74%和17.65%；高职一至三年级分别为4.18%、10.9%和11.55%；电大一至三年级分别为2.09%、5.45%和9.99%。从需求因素看，首要制约因素是时间（37.17%），其后为诚信（27.32%）、资金（26.35%）、服务质量（19.25%）、交际能力（17.14%）、恒心（15.72%）、经验（12.61%）、业务培训（12%）、吃苦精神（9%）等。从专业看，认为需要电子商务（29.35%）、营销（28.25%）、网络（26.6%）、管理（26.07%）、商务谈判（23.5%）、物流（22.25%）、国际贸易（15.75%）等专业知识的综合支撑。从选择原因看，创业门槛低（39.75%）、启动资金少（25.57%）、经营风险小（24.96%）、展示自我能力（13.64%）、多种类创业（13.28%）、时尚（11.57%）、网络运用能力强（10.57%）、一时兴起体验刺激（5.67%），表明大学生选择网店创业基本理性。从创业目的看，尝试新型创业途径（27.35%），其次是丰富课余生活（26.42%）、赚取人生第一桶金（19.46%），紧随其后的是锻炼自我（24.32%）、谋生手段（23.46%）、实现自我价值（23%）等。表明对新型创业机会的捕捉很敏感，希望能积累一些创业经验，获取经济收益累积创业资金也是他们的预期。从户籍因素看，外地大学生比本地大学生网店创业热情高，对创业岗位要求不高，这是由于外地生在就业支持社会网络上劣于本地生，就业危机感更强。

大学生认为网店创业在提升作用方面，29.6%认为帮助很大，63.4%认为有帮助，只有7%的同学认为没有帮助。进一步调研网店创业后对大学生思想道德、法律意识、学习成绩、创业能力、人际交往、管理水平、团队意识、独立能力和生活品质方面变化，认为明显提升的分别为10.42%、9.0%、11.3%、24.4%、24.1%、26.6%、16.2%、27.1%、17.7%，有所提升的分别为40.6%、51.3%、22.3%、55.5%、56.0%、53.1%、54.3%、51.8%、45.6%，无明显变化的分别为42.1%、36.2%、32.2%、17.2%、15.7%、17.7%、25.8%、18.0%、33.6%，有所下降的分别为3.4%、2.4%、31.1%、2.5%、3.1%、1.9%、2.8%、2.4%、2.0%，明显下降的分别为1.8%、0.9%、3.1%、0.4%、1.1%、0.7%、0.9%、0.7%、1.1%。

在网店创业与学业冲突方面，56.32%的同学认为会有冲突；13.82%的同学认为完全冲突，是“鱼与熊掌”不可兼得；24.46%的同学认为基本不冲突，只要协调好时间就不会冲突；还有2.7%的同学认为完全不冲突，开网店对学业还有促进作用。

（二）经营分析：经营状况对大学生网店创业发展的影响

1. 网店经营准备

选择电子商务平台方面，淘宝网以61.53%的比例“独占鳌头”，充分显示出中国第一电子商务平台的优势。当当网（18.21%）、拍拍网（13.17%）、易趣网（8.17%）、凡客诚品（7.46%）、E购网（6.03%）、京东商城（5.07%）、红孩子（4.21%），还有3.53%的学生选择高校自建电子商务网站等其他平台。

大学生萌发开网店想法，一般来自如下渠道：同学介绍（31.14%）、网络（22.42%）、专业学习（10.75%），政府宣传等其他渠道仅为6.64%，表明政府、学校在这方面的宣传还是不够的。同时，多数同学开网店前进行前期调研策划，有充分准备的占57.39%，稍做了解的占21.35%，没有准备的占12.03%，不知道准备的占5.75%。

2. 网店经营情况

经营产品类型中，服饰（48.85%）、配饰（12.96%）、虚拟充值（话费）（12.64%）分列前三位。紧随其后是图书（6.5%）、数码产品（3.57%）、家居（1.96%）、美容（1.28%）、母婴（0.82%）等。接受调研大学生网店高级别的不多，其中金冠占2.85%，皇冠占12.53%，钻石占31.41%，红心占15.96%。网店宣传途径上（多选题），一般通过QQ群（58.75%）、论坛（32.14%）、微博（20.17%）开展，传单（18.67%）、网页和网站（16.53%）、朋友介绍（13.89%）等排后，说明大学生喜欢选择免费的网络通信工具宣传。

大学生对网店商品最看重方面如下（多选题）：质量（54.60%）、价格（53.92%）、售后服务（32.21%）、实用性（24.25%）、资源（19.71%）、管理方式和方法（9.07%）、店面布局（4.46%）、其他（1.64%）。大学生认为网店创业会遇到如下问题：货物配送（36.89%）、时间精力（32.78%）、良好资源（22.35%）、创业资金（19.53%）、顾客品行（15.1%）、网店宣传（11.89%）、其他（1.74%）。

3. 网创资金与收益

大学生网店创业启动资金来源方面，生活费为32.99%、家庭支持为34.07%、银行贷款为9.53%、向同学借为9.82%、合伙人出资等形式为3.92%。网店创业属于微型创业，启动资金要求不高，500元以下为24.57%，500—1500元为31.14%，1500—3000元为14.28%，3000—5000元为6.78%，5000—10000元为3.17%，10000元以上为0.96%。68%的大学生在开网店1个月内获得第一笔业务，月均销售额情况如下：1000元以下为41.46%，1000—5000元为28.17%，5000—10000元为5.71%，1万—5万元为1.17%，5万—10万元为1.5%，10万元以上为3%。此外，月均销售额在1万元以上占5.67%。还有4.85%的同学1个月内没有订单。大学生网店创业月均净收入方面，1000元以内为81.21%，1000—5000元为22.71%，5000—10000元为3.90%，1万元以上为2.38%，还有3.6%的同学处于亏本状态。访谈表明，一半以上大学生对网店收入不满意，说明需要积累更多的经验和技能，也说明大学生积极进取、永不满足的创业热情和理想。

4. 网店创业优劣势等

大学生认为开网店创业优于实体店方面：成本低利润高为35.14%、投入资金少为30.0%、时尚和吸引年轻人为20.6%、工作有弹性为20.53%、客源地域广为20.03%、营业时间长为17.28%，其他为1.92%。大学生也存有诸多顾虑，认为缺乏阅历容易陷入纠纷为44.96%，想得过于容易和心中没底为27.96%，耽误学习时间为29.53%，知识技能缺乏为13.46%等。在网店创业成败因素上，大学生认为最重要的是信用度（35.03%）、货物质量（29.11%）和服务质量（22.82%），还有网页吸引人（24%）、服务质量（22.82%）、价格（21.35%）、好的经营理念（19.07%）、推广与宣传（14.89%）等因素。对当前影响大学生网店创业的主要原因有资金不够（36.42%）、缺乏经验（31.92%）、没有好货源（25.35%）、精力不够（20%）、毅力不够（16.85%）、得不到家长支持（10.46%）等。

访谈认为大学生网店创业遇到“十难”：一是信用等级偏低，处于竞争劣势；二是缺乏稳定、拿量少的货源，判断“爆款”水平弱；三是扩大经营融资困难；四是缺乏网店创业知识、技能培训特别是实战经验；五是经营定位困难；六是缺乏吃苦耐劳精神；七是时间与学校管理、学业安排有冲突；八是复合型人才缺乏，稳定团队组织困难；九是遭遇品行不端顾客和职业买家；十是学校、父母、朋友等并不完全鼓励。尽管困难诸多，44.53%的大学生表示毕业后无适合工作还会继续开网店，不一定的占45%，一定不会的占9.61%。

（三）环境分析：政府、学校、家庭等对大学生网店创业发展的影响

1. 政府支持分析

在政府推动大学生网店创业发展上，被调研大学生在政策支持、资金资助、税收优惠、培训服务方面：非常满意率分别为12%、7.8%、7.7%、7.7%，比较不满意率分别为16.85%、18.8%、18.2%、16.6%，说不清分别为17.14%、39.5%、40.82%、40.35%，比较满意率分别为11.75%、9.57%、10.60%、10.60%，非常不满意率分别为1.5%、1.25%、1.64%、1.75%。一些大学生也表示不太清楚相关政策。

2. 学校支持分析

大学生认为学校在支持网店创业力度上还可提升，高校已为大学生网店创业提供支持（多选题）如下：业务培训有27%，没有30.78%，不清楚14.46%；资金扶持有22.71%，没有34.96%，不清楚17.75%；作息时间不受约束有15.71%，没有40.42%，不清楚

14.39%；上课可以机动选择有15.43%，没有40.42%，不清楚13%；考试比其他同学灵活有15%，没有35.46%，不清楚13%；提供工作场所有19.85%，没有33.82%，不清楚15.6%；其他（如可以住在校外、老师补课等）提供15.6%，不提供32.10%，不清楚28.8%。

大学生认为高校还需要给予如下支持：培训45.11%、时间24.78%、资金17.46%、政策9.14%、场地3.35%和其他0.21%。当前，国内网店创业教育培训起步不久，直接指导大学生获取相关知识、技能并运用实践，帮助他们选择创业方式的有效途径不多。大学生最渴望得到教育培训、实战指导，这应成为政府、高校推动网创的重要内容。

3. 家庭支持分析

超过一半的家长并不支持孩子网店创业，认为影响学习，实在找不到工作再尝试也不迟。家长非常赞成仅为8.71%，赞成33.78%，刚开始反对后来赞成19.75%，反对6.28%，极力反对3.68%，无所谓17.17%。最支持大学生网店创业人群显示，家长10.14%、老师14.67%、同学29.56%，朋友35.57%最支持。

三　大学生网店创业经验分析

（一）优势分析

创业成本低，与实体店相比，网店创业在店租、设施、货款等方面投入少。创业时间活，网店可以24小时营业，一些高校对网店创业学生在上课、住宿、考试等方面给予灵活处理。专业技能全，高校容易整合成复合型人力资源，通过师生、生生合作完成网店运营过程，大学生创新能力强，接受开发新事物快。区域基础优，浙江省电子商务基础扎实、氛围浓厚，不仅拥有全球最大的B2B平台、C2C平台和第三方支付平台，还有一批国内领先的行业电子商务平台。浙江省消费模式丰富，高度市场竞争的日用消费品占主体，且市场两头在外，跨区域、远距离的交易日趋频繁，需电子商务的快速发展和深度应用。浙江省高校校园网普及率达到100%[①]，学生宿舍实现网络全

① 大学生，百度名片，http：//baike. baidu. com/view/10103. htm？fr = ala0_ 1，2009。

覆盖，杭州一些高校还建有校内电子商务平台。

（二）劣势分析

实践经验弱，大学生在解决货源、货物质量、物流安全、刁钻买家等问题，力不从心。创业资金少，多数家庭不支持孩子上学期间创业，大学生融资借贷很难，无法长期支持一个完整的商业行为。吃苦精神缺乏，部分大学生把网店创业理想化，开店之前缺乏调查和规划，眼高手低现象明显，急于求成思想重，开店之初就想“赚第一桶金”，而非“第一笔生意”，不屑“赚第一分钱”，一时接不到订单便灰心丧气，缺乏坚守和耐心，有些同学一段时间后甚至记不清自己网店地址。网创风险堪忧，电子商务交易平台和支付平台缺乏有效监管，网店交易容易受到资金安全的威胁，顾客对网店诚信无法把握。网购物流的配送系统不完善，我国网络政策法规还在制定和健全中。《第28次中国互联网络发展状况统计报告》称，2011年上半年，有8%的网民在网上遇到过消费欺诈，该群体网民规模达到3880万。

（三）机会分析

网创平台的发展，比尔·盖茨说：“21世纪，要么电子商务，要么无商可务！”这个预言正逐步被蓬勃发展的网络经济证实，以淘宝商城为代表的B2C业务交易额在2010年翻4倍。交易平台、支付平台、社交平台、搜索平台和网购平台的发展，逐步形成网购整体，打造透明、公正、诚信的电子商务发展环境。物流平台的改善，李克强总理在2011年就强调，重点培育现代物流、设计咨询、电子商务、健康服务等新的服务业态①，从《国家“十二五”商贸流通业规划》可以看到物流行业的发展前景。网创政策的出台，国家、各省市在推动电子商务发展，缓解就业压力方面，陆续出台利好政策和规范措施。2009年，浙江省教育厅下发了《关于对普通高等学校毕业生从事电子商务（网店）进行自主创业认定的通知》。同年，浙江省人力资源和社会保障厅人才流动开发处处长宓小峰公开对媒体表示：“已

---

① 曾骊：《“网瘾学生”转型为“网创人才”的教育导引》，《当代青年研究》2011年第2期。

被认定为‘自主创业’的网店，并取得工商营业执照，应届毕业生原则上应可以享受各地的自主创业优惠、落户政策。”2011年6月，浙江省首个电子商务产业发展五年规划公布，意味着电子商务上升到政府战略的范畴。

（四）威胁分析

国内省市的威胁，相比发达国家，浙江省在电子商务核心技术、战略布局和新商业文明等方面仍有差距。与大陆其他省（市）相比，浙江省网络自主零售（B2C）发展明显落后于北京市和上海市，网商数量、网购市场规模落后于广东省，与江苏等省份的优势正在逐步缩减，浙江省电子商务全国领先的地位面临严峻挑战。[①] 同行的威胁，网店创业门槛低，加上金融危机的刺激，近年来上网开店人群涌动。一方面是网店同行营销的竞争，刚开店的大学生竞争力弱，网店店主“鱼目混珠”，增加了网店公平竞争的难度。另一方面是实体店的威胁。实体店换季打折之时，不少商品价格比网店要低，这时候网店就进入惨淡经营期了。职业买家的威胁，网店创业出现的新问题是“职业买家”恶意差评敲诈卖家。以前是买家容易受伤，现在卖家也遭到伤害，所以网店经营者也提出买家要实行实名制。

第四节　大学生网创生态圈的构建

随着电子商务的不断发展，网店成为大学生就业创业重要的新兴来源。工信部信息化推进司副司长董宝青表示：“电子商务的未来一定属于当代大学生。”[②] 可以认为，大学生的生理资本、创新意识、尝试精神和动手能力等优势，更容易获得“淘客”青睐。但是，这并不意味鼓励所有大学生去开网店，甚至以放弃高等教育为代价过早进入社

① 《李克强：大力发展服务业 重点培育现代物流电子商务等》，http://finance.ifeng.com/news/macro/20110924/4672099.shtml，2011。

② 陈樱之等：《电子商务迎“最好的时代”》，《浙江日报》2011年9月1日第23版。

会。胡鞍钢等认为，教育尤其是高等教育不仅在青年时期是一个促进就业机会获得的重要支持，而且贯穿整个职业生涯这一因素都是就业机会获得的有力保障。[①] 因此，鼓励大学生进行网店创业，不管成功与否，应将培养就业创业能力作为职业生涯准备的一个最优予以考量。

以上分析让我们得出结论，电子商务应用水平的持续提高，必将成为互联网应用的主流；大学生具备良好的创新理念和信息素养，既是网店创业的主力军、生力军，更是网络经济发展的推动者、受益者。就受教育程度而言，大学生相比接受中等、初等教育程度的劳动力，在学识、视野上更有优势；但在高等教育阵营里，动手强的优势使高职生网店创业参与率、成功率明显大于电大生、本科生和研究生。在学生时期，受过高等教育的大学生获得网络知识的机会多于只接受中等和初等教育的青年。因此，将大学生创业就业的观察期延伸至人的一生发展，在校期间网店创业将是大学生提高创业能力的积极因素。现阶段，大学生依然是我国经济社会发展的重要人才，就业问题表现为“选择性失业”，并没有出现真正意义上的“知识性失业”。摆在面前的问题，一方面是电子商务急需复合型人才，形成自主创业与岗位创业相结合的团队；另一方面是大学生如何选择合适的创业岗位，更好地将知识转化为能力。

综上，本书提出“大学生网店创业生态圈”，本着“开发、协作、共赢、发展”的理念，以大学生为主体，将促进网店创业的生态因素协同起来，构建一个三圈联动的支持系统：一是生态核心内圈，指高校背景下的人员、机构和时间；二是生态扩展中圈，包括电子商务平台、物流基础和货源平台；三是生态环境外圈，包括政策、舆论和家庭环境等（如图 6 - 10 所示）。

一 生态环境外圈建设

（一）家庭环境

许多家长都希望孩子从事“旱涝保收”的安稳工作，创业是迫不

① 吴晓东、李馨：《这不是一场秀，而是商业和教育的完美结合》，《中国青年报》2011 年 8 月 20 日第 6 版。

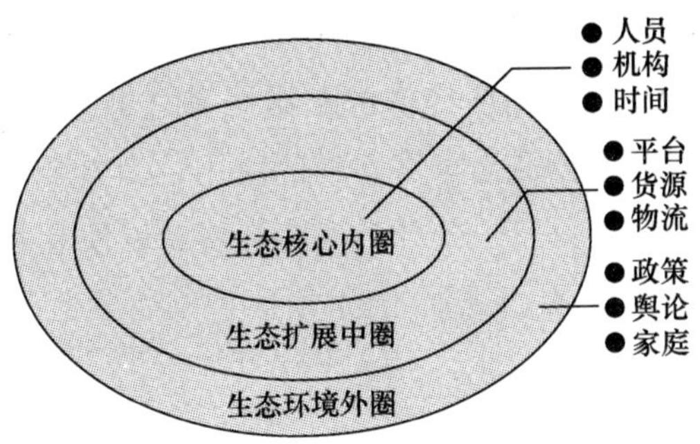

图6-10　大学生网店创业生态圈

得已的选择。实际上，网络经济已成为社会主义市场经济的重要组成部分，它带给大学生不仅有经济上的收益，还有知识上的积累、技能上的磨炼和创业机会的体验。大学生在网店创业过程中，不一定能掘到“第一桶金”，却能增加自身含金量，更好地进行创业搜寻和就业调整。

（二）舆论环境

调整网店创业的观念。我国传统文化“学而优则仕”的本位、“轻商贱利”的思想，加上网络的虚拟性，影响人们对网店创业的理性认识。创业的成功率低，社会对创业宽容度不高，形成创业市场“成败论英雄”的气氛。这需要社会各界对大学生有个合理的创业预期，对大学生创业要理性看待，不应纯粹认为网店创业是大学生未找到工作的一种过渡形式。

（三）政策环境

当前，浙江省关于促进大学生创业的政策不少，特别是在全国率先认定大学生开网店也属于就业。但是，并未明确大学生网店创业管理主体，应尽快将大学生网店创业工作纳入某一部门统一管理，利于政策搜索和利用，降低大学生成为政策“边缘人群”的概率。对政策环境来说，除了资金优惠，更需完善网创的道德环境、法律环境、平台环境、创业园区及培训指导环境等扶助体系。

二　生态扩展中圈建设

（一）平台

完善网店交易平台、支付平台、社交平台、搜索平台和团购平台。正如淘宝网2011年提出的建设宗旨：促进“开放、协同、繁荣”的理念，致力于在淘宝网所提供的基础服务之上协调各类生态伙伴，为海量消费者和商家创造出丰富多样的应用，为整个网络购物市场打造一个透明、诚信、公正、公开的商业环境，以便利和丰富社会大众的消费，提升生活品质，进而带动线下市场乃至生产流通环节的透明、诚信。①

（二）货源

货源选择上，可以共同利益基础上多方联动。大学生网店创业可以依托浙江省块状经济优势，与地方主导产业形成紧密衔接。当然，大学生根据户籍、创业规模、网店定位等，要主动与厂家、批发商、外贸公司等建立良好的供求关系，力争货源的特色、优质、新颖和低成本。所以，网店货源渠道要多样，如自有货源、少量进货、批量进货、特色货源等。

（三）物流

物流的安全、高效和低成本，既需要物流行业的成熟发展，也需要大学生了解地方物流系统，熟悉物流业务，与物流公司建立良好伙伴关系。在货源与物流问题上，各地或高校可以建立“网店创业联盟”，可以保障大学生小量拿货、换货、互通有无，共享货源，面向物流公司招投标，减少物流搜索与使用成本，并降低纠纷概率。

三　生态核心内圈建设

（一）人员上，建立双向选拔激励机制

一方面，高校要出台激励机制。培养、引进优秀的网创导师，鼓励导师带团，提供电子商务产业相关政策指引和技能辅导。建立网创导师跨班级、跨专业、跨系、跨分院的共享机制，将教师指导创业成效纳入教育教学业绩考核体系。另一方面，高校需加强电子商务人才培养。加大电子商务、物流等专业建设，建立网店创业分类筛选教育培训体系：面向全校学生开展大众化教育，选拔适合或有兴趣的学生

① 胡鞍钢、盛欣：《高等教育对中国青年城镇就业和机会影响的实证分析》，《高等教育研究》2010年第12期。

进行精英化教育。

（二）机构上，建立实战教育培训机制

浙江省高校基本设立了创业指导机构，但实战理念不强，学生信任度不高。所以，高校要建立教育培训实战基地，除了学校老师、专家的理论知识讲解，也需要企业家导师、网创成功的大学生传授创业经验，更需要与电子商务企业合作。也就是说，教授学生电子商务等专业知识基础上，配以通识教育，并予以专题培训，设计方案参加竞赛，最重要的是在实训实践中检验，有效提升创业知识、风险意识、实战能力，降低失败率。

（三）时间上，建立弹性学习机制

开店容易守店难，学校可以组织专业互补的团队，分工协作轮流看店。学校加大教学体系改革力度，在专业建设、课程设置和教学改革方面，树立新的人才价值观，建立弹性学习机制。对于网店创业方面有潜能的学生，网店经营达到一定等级情况下，可以采用提前就业方式，免修、补修等专业课程，将网店创业成效纳入课程考核指标等方法帮助学生灵活完成学业。

第七章　创业教育新启示：国外高校创业教育的典型范例

大学生的创业教育已经成为知识经济时代下高等教育的必然要求。借鉴他国尤其是发达国家在高校创业教育的成功经验，可以提升我国高校创业教育的水平。以下本章将系统介绍新加坡、英国、美国等国家在开展大学生创业教育方面的一些具体实践，以期能得到一些有益的启发或借鉴。

第一节　新加坡高校创业教育

新加坡既是一个非常重视创业及创业教育的国家，也是亚太地区实施创业教育较为成功的国家。自 1965 年独立以来，一直奉行“人才发展”战略和“精英治国”战略，使新加坡在短短的几十年发展成为亚洲的发达国家，被誉为“亚洲四小龙”之一。历年的全球竞争力报告均显示，新加坡在“教育制度质量”排行榜上一直名列世界前几位，新加坡的教育制度在迎合经济体竞争力的需求方面也一直都是名列前茅。国际知名咨询公司麦肯锡的报告把它评为世界表现最佳的教育制度之一。这都得益于新加坡先进的教育制度，而创业教育是新加坡教育中的重要组成部分，并且纳入了新加坡完整的社会体系和教育研究体系之中，形成了自身独特的教育特色，积累了丰富的教育经验。由于我国和新加坡地缘相近以及传统价值观念的同源性，了解新加坡创业教育的发展过程、创业教育开展的成功经验，对我国创业教育的发展有一定的借鉴意义。

一　新加坡创业教育的发展过程

（一）新加坡创业教育的萌芽阶段

1965 年独立之初，新加坡国内建设百废俱兴，呈现内忧外患局面，在这种情况下，新加坡政府采用了走“工业化道路”的经济发展路线。于是，成立了经济发展局（Economic Development Board，EDB），很好地解决了独立初期的就业问题。EDB 针对本国的经济发展现状，推行了一系列经济发展战略，如充分利用外国资源、市场、技术和资金来发展本国经济，大力开展职业教育和职业培训，提高劳动者素质，降低失业率，积极创造就业机会。

（二）新加坡创业教育的发展阶段

20 世纪 70 年代，EDB 积极开拓海外渠道，开展海外培训计划，将国内优秀的青年送往德国、法国、日本和美国等地进行学徒实习。这就是新加坡最早的“职业化”创业教育，一定程度上促进了新加坡创业教育的发展。

20 世纪 90 年代，新加坡开始形成“全球化”的经济发展目标，在世界各个角落寻找适应多层次需求、多层面发展、多种环境生存人才。依靠积极吸引海外投资，新加坡建立了大量工业园区，经济得到飞速发展。随着国内劳动成本的提高，中国等发展中国家劳动力价格优势对其劳动密集型产业造成了巨大冲击，许多跨国制造业移居中国等地，新加坡国内面临严峻的就业形势。在此背景下，创业教育逐步被新加坡人所重视，开始寻求合适的创业机会。

1997 年金融风暴席卷东南亚，以外向型经济为主的新加坡遭受重创。新加坡政府开始意识到单靠与跨国企业合作不能成为国家经济发展的长远目标。为此，新加坡政府开始鼓励创业，高校创业教育得到迅速发展，成为人才发展战略中的重要组成部分。

（三）新加坡创业教育的完善阶段

自 21 世纪以来，新加坡创业教育建立起一套完整的创业教育体系，并取得了丰硕的成果。在小学阶段，学校采用游戏教学的方法，向学生传递商业知识；中学阶段，学校开设相关课程，关于管理企业的基本知识；大学阶段，本科生设置有关创业的辅修专业，硕士有南洋理工大学开设的“创新与创业”硕士学位课程。除此之外，还有面向社会人员设立的创业培训班。经过近10年来的探索，新加坡创业教育已经逐步建立起了一套完整体系。①

二 新加坡高校创业教育实践

（一）政府的大力支持

早在自治时期的1959年，新加坡就确立了“发展实用教育以配合工业化和经济发展的需要”的指导思想，后来又确立了“教育必须配合经济发展”的教育方针，反对脱离国家需要或追求纯学术而盲目发展高等教育。根据这一教育思想的指导，新加坡高校设置的专业和开设的课程偏向实用性。1997年金融风暴后，新加坡政府开始扶持本地企业的发展，为后来新加坡大学创业教育的开展创造了一个良好的政策环境。

自21世纪以来，新加坡政府每年投资不少于20亿新元用于风险投资、技术转移和创新创业。EDB还设立了各项优惠扶持计划促进创业活动的开展，营造了良好的创业氛围。其中，新加坡政府推行的各项优惠政策如表7－1所示。②

表7－1　　新加坡经济发展局优惠扶持计划

优惠扶持计划	目的
新成立公司的税务豁免计划	为协助起步公司维持先进周转与盈利
起步企业发展计划	促进创业企业融资
创意商业化计划	鼓励发明者将概念商业化
企业投资优待计划	为投资损失提供税务豁免优惠，鼓励投资起步公司
科技企业董事及顾问计划	为起步公司、小型企业与提供建议、策略性指导的有经验的商人进行配对
生产力与创新起步公司发展计划	鼓励私人企业投资于创新项目或开发在全球销售的创新产品

① 卓泽林、王志强：《构建全球化知识企业：新加坡国立大学创新创业策略研究及启示》，《比较教育研究》2016年第1期。

② 新加坡经济开发局官方网站，www.sedb.com.sg. 2010－09－29。

21世纪以来，新加坡政府组织“全国创新行动计划”，由新加坡总理亲任“研究、创新及创业”理事会主席，于是高校开始纷纷设置创新课程，开展创业教育。2015年10月，在第三届“中新知识论坛”上，新加坡科技研究局主席林泉宝介绍，从1991年到2015年，新加坡在国家研究、创新战略上的投资从20亿新元增加到161亿新元，24年间增加了7倍，而且每五年拨款一次。为了在国家研究、创新创业的战略上为政府提供咨询，新加坡设置了创新与创业理事会，李显龙亲自担任理事会主席，其他的成员包括知识界人士、科技界人士和内政部部长，新科研研究局和新加坡经济发展局、标新局负责实施，以达到教育效应，教育部负责学术界的研究，国家研究基金负责托管跨领域的研究项目。由此可见，新加坡把建立亲商环境、培育创意和创新文化作为一项长期策略，创业教育也得到了政府的政策和财力的大力支持。

（二）创业教育课程的国际化

20世纪以来，新加坡制定了国际化的发展战略，培养敢于突破资源约束“瓶颈”、具有开创性和企业家精神的复合型人才，国际化已经渗透到新加坡创业教育理念和行动计划之中，成为新加坡国民教育体系和社会发展体系中的独具特色的一部分。其中，创业教育的课程国际化尤其突出。

1. 新加坡国立大学（National University of Singapore，NUS）的课程国际化

新加坡国立大学企业中心，开设了面向本科生的科技企业家辅修课，每年给外国学生举办“创业暑期学校”，为在职专业技术人员开办的“开创新视野研讨会”，以及举行一系列新加坡初创企业CEO“半日实用研讨会”。新加坡国立大学企业中心的创业教育的独树一帜的举措是海外学院的建立。目前自2001年以来在国外建立了7所海外学院（如表7-2所示），可以让本校学生在全世界创业热点地区进行实地亲身感受。[①]

① 新加坡国立大学创业中心官方网站，www. nus. edu. sg. 2011-08-25。

表 7－2　新加坡国立大学海外学院

年份	海外学院
2001	美国加州硅谷，斯坦福大学，高科技中心
2003	美国费城，宾夕法尼亚大学，生物谷
2004	中国上海，复旦大学，联合研究生院
2005	瑞典斯德哥尔摩，皇家理工大学，移动 IT
2008	印度班加罗尔，科技园区，IT 业
2009	中国北京，清华大学，高新技术企业
2011	以色列特拉维夫

这种跨国合作的办学模式本身就是一种创业实践，合作双方所开办的学科专业都具有非常强的创业创新特征。此外，NUS 和中国的 10 多所重点大学也建立了合作项目，包括北京大学、清华大学、上海交通大学、浙江大学、南京大学、西安交通大学、重庆大学等。全球化教育战略的推行，使 NUS 在与世界名校的交流与合作中，博采众长，融汇创新，进而也带动并形成了具有前瞻性的国际化水准的课程体系。

2. 新加坡南洋理工大学（Nanyang Technological University，NTU）的课程国际化

"NTU 所提供科技创业教育以深远、综合、整体为原则设计。尤其是突破性创业创新硕士课程，融合课堂学习、实地体验和海外浸濡为一体，带领学生探索新创企业成长周期不同阶段中的关键环节。课程通过将必要的基础设施和全面支持系统落实于培养初露头角的企业家。NTU 致力于打造全球创业家生态圈，进而促成创新理念转为新创企业。"（校长安博迪）NTU 与新加坡政府经济发展局在 2001 年共同创办了南洋科技创业中心。创业中心以"打造一批具有国际视野、熟悉创业规则的创业与创新人才"为目标，开设创新与创业硕士课程，本科生开设创业辅修课和创业短期课程等不同种类、不同层次的创业教育项目（如表 7－3 所示）。①

① 新加坡南洋理工大学主要机构与中心·南洋科技创业中心，www. ntu. edu. sg. 2010－09－29。

表 7－3　　新加坡南洋理工大学科技创业中心部分课程

本科创业辅修课程	创业与创新硕士课程
新企业创业与会计	创业运筹与商业计划
新企业市场和融资	新创企业营销
管理和运营新企业	知识产权，技术评估和科技成果产业化
创业研讨会	新创及成长期企业的战略人事管理
创办新企业和商业计划书	新创及科技企业的战略管理

NTU 的创业与创新硕士课程是其高效自身的特色，学制一年，所有课程全部在新加坡学习，包含拓展训练、精品讲座和企业考察项目。课程主要以中文授课，让学员有机会在经济发达的东南亚金融中枢——新加坡，以及富庶繁华的冒险家乐园——上海进行研习和考察，全方位接触来自欧美和亚太地区的创业家、风险投资人，增进对海内外跨国公司和中小型企业的认识，领略成功企业面向全球竞争的发展策略及强化企业应变力的经营哲学。

除了 NUS 和 NTU 制定了创业教育课程国际化以外，还有新加坡管理大学面向全校本科生开设的亚洲经济发展、海外商务研究和东亚经济等辅修课程，义安理工学院面向全校大专学生开设的企业入门等跨专业领域的课程。新加坡高校开设的这一系列创业教育课程，用来造就具有国际眼光、国际活动能力、熟悉异国文化环境、拥有国际知识的高水平复合型人才。

（三）创业教育教师的专业化

高素质的教师队伍是创业教育成功的重要保证。新加坡高校为了确保在创业教育实施的成功性，高薪聘请全国高校的优秀教师，打造一支专业的教师团队。① 在课程教材的开发、教学方法的运用、教学目标的实现以及检测等方面都起着关键的作用。②

1. 全球招募优秀师资

新加坡也从全球吸引和招募具有创业经验和创新精神的优秀师

① 刘馨：《发达国家高校创业教育的经验借鉴与启示》，《教育与职业》2011 年第 4 期。

② 李霆鸣：《新加坡创业教育的成功经验及其启示》，《科技信息》2008 年第 3 期。

资。新加坡创业教育方面的专家、教授有很多是高薪从世界范围内聘请的。如NUS专门设有师资招聘办公室，在纽约和伦敦也设有师资招聘办事处，并派专人去欧美等名牌大学物色优秀的老师，目前NUS的教师队伍中有一半为外籍教师。[①] 南洋理工大学更是提出了“要想方设法把海外优秀人才空运到新加坡”的想法，由此可以看出新加坡高校师资上的重视程度。

2. 注重教师“走出去”的交流合作

NUS和NTU尤其注重派遣教师参加学术人员交换计划，选派本国优秀的教师到世界顶尖的大学去深造。例如，NTU每年都有20%的教师被派或批准到国内外高校、企业进行学术深造和技术培训，及时掌握最先进的技术。

3. 注重与发达国家高校的积极合作

新加坡创业教育师资队伍会集许多企业界和学术界的杰出教授、企业家、风险投资人、高科技成果产业化人员等，这些人员大部分来自发达国家的一流高校，都有创业实战经验、丰富的国际商务经验和创新精神。

（四）创业教育教学的现代化

随着经济的发展，新加坡的教育投资也随之增长。新加坡政府十分重视高等教育的发展，每年均以国民生产总值3%—4%的经费发展教育事业，占政府财政支出的第二，并且以每年平均15.5%的速度增长。如此高的教育经费的投入，带来了高等教育的高度现代化，也带动了新加坡创业教育教学的现代化。主要表现在两个方面。

1. 教学设备的现代化

新加坡政府每年经费支出2.5亿新元投资NUS，其校内电脑网络拥有超过3400多台的电脑，并通过Internet与世界5000多个大专院校和研究中心保持着紧密的联系；藏书近150万册的图书馆从购书、编号、登记到资料检索均已实现数字化；国际资讯服务终端已与海外

---

① Zaghloul Morsy & Philip G. Altbach, *Higher Education in an International Perspective: Critical Issues*, New York & London: Garland Publishing, Inc., 1996, p. 153.

400 多所资料库建立了联系。如今，NUS 以“越洋录像会议”作媒介，可以与哥伦比亚大学、伦敦大学、帝国学院等外国大学开展跨地域的教学和讨论。[①] 这极大地带动了包括创业教育在内的整个高等教育的现代化发展。

2. 教学方式的现代化

由于教学设备、教学环境等硬件的改善，新加坡大学的创业教育的教学方式也有了新的变化。现在，新加坡很多大学相对地减少了教师直接授课节数，增加了辅导课节数突出个别辅导，采用创新互动式教学，在课堂教学的同时融于创业的生态圈，让师生在交流互动中互相启迪，形成“互通、互助、互联、互促”的交流氛围。同时，还采用案例分析、现场角色模拟、分组讨论、计算机模拟、拓展训练和企业考察等多种形式，从而提高学生的团队协作能力，让学生能够自如地消化创业理念，并学以致用。

（五）创业教育成果的产业化

新加坡高等教育业非常重视实践，强调大学教育与工商业紧密结合，该政策的实施使产学研一体化的高校创业教育成为可能，使高等教育、科技、经济成为不可分割的整体。

高校建有承担国家重点项目、服务于生产的科研机构和实验室。新加坡国立大学创业中心致力于创新创业研究、创业教育、创业发展和风险支持。重视创新成果产业化，鼓励师生依靠现有的创新成果建立公司，形成科技产业链。截至 1997 年，NUS 共创建了 9 家科技企业，1998—2001 年，每年新创科技企业达到 10 家左右，2003—2005 年，每年新创科技企业多达 20 家，发展得非常快。NUS 附近的肯特岗科技园的建立，直接加速了高校教学、科研和现代生产的一体化，实现了创业教育的教育功能、研究功能、经济功能和社会服务功能的深化和发展。

三　启示与借鉴

新加坡创业教育开展的成功经验对我国创业教育的发展有着良好

① 范新民：《创业与创新教育——新加坡高校教育成功的启示》，《河北师范大学学报》2014 年第 3 期。

的借鉴意义，无论是从新加坡政府的政策支持、资金投入，还是高校的大力推进，社会的广泛关注和融合，都是我国所需要学习和借鉴的。

（一）营造创业教育发展的良好政策环境

要营造良好的创业教育外部环境，首先要使政府在高校创业教育的实施过程中担负起倡导者和扶持者的重要角色。从市场经济、文化发展、社会制度建设方面出发，针对高校创业实际制定政策，不但从就业层面解读创业教育，要提供良好的创业环境和优惠政策，努力得到相关组织、知名学者、企业的支持和肯定。2003 年，中国国家工商行政管理总局出台《关于 2003 年普通高等学校毕业生从事个体经营有关收费优惠政策的通知》，给予大学生创业政策导向，但此后未见相关政策出台。与新加坡相比，中国尚无像 EDB 那样的专门机构，我国创业教育的组织机构仍然显得相对欠缺，如目前还没有专业性的创业教育推动组织。虽然这种以行政部门指导为主、核心组织机构负责的方式推动创业教育，可以提升创业教育的推进效率，但专业性的推动机构有其独特的功效。从 2010 年 5 月开始，教育部筹建“教育部高等学校创新创业教育指导委员会”，以负责组织开展创新创业教育的理论与实践研究，指导高校创新创业教育的课程建设、教材建设和创业实践活动、组织开展创新创业教育师资培训、经验交流、宣传推荐创新创业教育优秀成果等。虽然这仍然以政府为主导，但在专业化指导方面具有重要作用。

（二）培养创业教育高素质教师队伍

大学普遍缺乏既具有较高理论水平，又有一定创业经验的师资，亦是开展创业教育活动力不足的重要原因。鉴于此，必须加强师资引进和培养力度。借鉴新加坡高校的做法，从企业、政府中聘请有实际工作经验和理论修养的企业家、咨询师、创业投资家担任兼职教师。鼓励教师参与企业咨询、研发和管理工作，增加实践经验。[①] 我国目

① 刘莉萍：《日本和新加坡创业教育比较研究及启示》，《工业和信息化教育》2015 年第 2 期。

前有一些高校开展创业教育活动时，也会聘请企业家来高校进行授课，但由于资金不足或聘请教师要求过低等都会影响高校创业教育的合理开展。培养高素质的教师队伍，不仅仅是聘请教师的问题，更重要的是高校本身创业教育师资问题，具有高水平的理论知识的同时，更要具备相关创业教育的实践经验。高校可以合理组织教师进行企业参观、与企业领导者进行互动，获得第一手有关创业的资料，既可以亲身传授于大学生，又可以提高自身的创业素养和实践能力。

（三）提升创业教育课程体系的国际化水平

课程体系国际化是教育国际化的重要途径。国内的一些大学虽然开设创业课程，但是与专业课程不融合，基本上没有进行学科渗透，创业教材和课程尚没有形成相互交叉、浑然一体的课程体系，国际化程度不高。引进国外原版教材和课程、调整教学计划，是教育国际化通常采用的方法，使学生更便捷地接触国家学科前沿知识，培养具有国际化视野和水准的人才。加强与世界创业教育发达学校合作，通过合作研究、联合培养、共建分院等形式，吸纳、借鉴研究成果和实践经验，加强课程设置和教学薄弱环节，加快教学计划调整，建立与国际接轨的课程体系。NUS 和 NTU 为保证学术研究和课程的质量和标准，长期以来对课程采取一种校外评审制度，由海外大学资深学者担任评审，定期来新加坡考察。[①] 对于监控学术标准和确定他们与其他国外名牌大学的可比性、评价课程内容的优缺点和质量以及考试成绩的可比性等方面是一种有效的措施。鉴于此，我国也应该引入第三方教学评估体系，在课程设置、教学方法、学术研究、实践体验方面改进和完善，与国际对接。

（四）建立校园创业服务体系

建立校园创业服务体系是高校创业教育不可或缺的保障。2002 年以来，教育部确立清华、北大、北航和上海交大等大学为创业教育试点学校，尽管这些学校纷纷建立起了创业培训学校、科技创业中心和

① 张昊民、郭敏：《新加坡创业教育的国际化策略》，《创新与创业教育》2013 年第 2 期。

创业孵化器等服务保障机构，但是与新加坡一些大学相比，投入和产出仍非常有限。借鉴新加坡的经验，我国可采取以下做法：一是要加强校园创业信息服务网络建设，为学生创业提供创业项目、创业资金、创业导师、创业资源、创业政策等信息咨询服务，并通过网络平台，实现大学生创业群体与创业同行和创业成功者的沟通和交流；二是建立大学生创业指导中心，负责组织有关管理咨询机构、风险投资机构、市场分析专家为创业学生提供企业创立与运行、资本运作、风险规避、知识产权等创业实务的咨询服务和人员培训；三是要建立有政府或企业参与的科技创业园区或孵化器，在政策、资金方面加强对孵化器的支持和投入。

第二节　英国高校创业教育

自 20 世纪 80 年代英国高校掀起从“研究型大学”到“创业型大学”演变的第二次学术革命以来，英国大批高校纷纷营造创业文化氛围、开设创业教育课程，开展创业实践。英国政府对大学生创业和创业教育在政策上给予的支持、引导和规范进一步推动了英国高校创业教育的发展，为创业教育的繁荣提供了根本保证。

一　英国推进高校创业教育的政策演进及发展现状

自 20 世纪 80 年代以来，英国高校掀起了从“研究型大学”到“创业型大学”演变的第二次学术革命，如帝国理工学院、普利茅斯大学、爱丁堡大学、布鲁内尔大学等英国高校纷纷营造创业文化氛围、开设创业教育课程、开展创业实践。高校创业教育的长足发展与英国政府对大学生创业和创业教育在政策上给予的支持、引导和规范是不可分割的。1987 年英国政府启动的旨在培养大学生的可迁移性创业能力，要求将与工作相关的学习（work - related learning）纳入课程之中，并鼓励学生制订更适合自身学业发展的“高等教育创业”计划（Enterprise in Higher Education Initiative，EHE），开启了高校创业教育的开端。21 世纪初期，英国政府发布《全国大学生创业教育黄皮书》

（NCGE Yellow Paper 2009）等相关政策文件、调查报告，进一步推动了英国高校创业教育的发展，为创业教育的繁荣提供了根本保证。

英国高校的未来发展趋势是由“研究型大学”向“创业型大学”的转变，其主要关注的焦点是加强英国高等教育环境的活力，并试图从这样的环境中为大学模式的转变吸取教训，更普遍的是，整个世界都在发生这样的转变。教育经费、政府干预、企业创新、学生创业、社会流动与就业、区域间伙伴关系发展、现代信息技术的运用以及国际市场变化所带来的压力也如期而至（Allan Gibb，2012）。如何在这样的大背景下，推动创业教育的创新发展，实现英国大学模式的转型，将是英国高校及政府所面临的巨大挑战。虽然英国政府在最近十年中连续出台了多份有关创新政策的文件，并大力推进国家创新系统的完善，但是仍旧面临着巨大的挑战。2003 年的《在全球经济下竞争：创新挑战》中就认为，当前的创新活动中，以下三个方面亟待改进：（1）需要大力提高企业，尤其是中小型企业中相对较少的知识创新活动；（2）加强研发基地（如大学、科研机构）与企业之间的联系；（3）明确未来创新国家中所需要的各种技能并提供高素质的劳动力。

二　英国高校创业教育体系建设的主要特征

（一）分层多样的创业教育课程体系

2012 年 9 月，英国创业教育团体在高等教育质量保证机构（QAA）的协助下发表了一篇名为《创业与创业教育》的指导报告，该报告为英国高等教育的供应商提供了新的指导。创业和创业教育的最终目标是产生创业效能，创业效能由创业意识、创业思维和创业能力三部分组成（QAA，2012）。基于个性、学习结构、动机、能力和情境等自变量的范围不同，学生也会利用不同的方式达到不同程度的创业效能。在这一目标的指导下，英国高校的创业教育课程可分为两类，即“关于创业”（about courses）的课程和“为创业”（for courses）的课程。“关于创业”的课程目标是帮助学生理解和吸收现有的关于创业的知识和资源，从而提高他们对创业这一主题的深入理解。“为创业”的课程专注于帮助学生树立进取的心态并发现什么是积极进取的，为以后成为一个企业家提高洞察力和实践能力。学习者通过参加一些革新和有创造力的活动来挑战自己的思想，并在这些活动中运用所学的理论来指导自己的实践。

麦克翁等（McKeown，Millman，Sursani，Smith & Martin，2006）在调查中将英国创业教育课程划分为四类：创业、创新、创新管理、技术转移管理。到目前为止，英国高校已经构建起包括“创业意识”、“创业通识”和“创业职业”三个层次的机会导向型创业人才培养课程体系。有的高校还专门开设了面对特殊群体的创业课程：如关注社会非营利组织与营利组织创新问题的社会创业课程、女性创业以及少数民族创业等课程。

（二）专业化的创新创业型师资队伍

未来英国的大学是“创业型”的大学，创新型和创业化的教师是建设“创业型大学”必不可少的条件。由全国大学生创业委员会（NCGE，2012；NCGE，2013）策划筹办的“创业型大学年度奖”至2012年已成功举办四届，入围2010—2011年度“创业型大学”提名奖的有布鲁内尔大学（Brunel University）、中央兰开夏大学（University of Central Lancashire）、赫特福德大学（University of Hertfordshire）、帝国理工大学（Imperial College London）、普利茅斯大学（University of Plymouth）和迪塞德大学（Teesside University）；入围2011—2012年度“创业型大学”提名奖的有东安格利亚大学（The University of East Anglia）、爱丁堡大学（The University of Edinburgh）、赫德斯菲尔德大学（The University of Huddersfield）、北安普顿大学（The University of Northampton）、普利茅斯大学（The University of Plymouth）和斯凯莱德大学（The University of Strathclyde）。除却制度化的环境影响、学生创业成效和大学创业效应，这11所大学无一不是凭借创新型和创业化的师资队伍脱颖而出。中央兰开夏大学要求授课教师为专业的从业人员，以便教师利用他们的业务关系，明确能够产生的商业机遇，为学生实习和员工借调创造机遇。为了鼓励教师的创新和创业行为，中央兰开夏大学采取职位晋升的方式来奖励学者。帝国理工大学有领先的致力于创新创业研究的部门，该部门由50多位科研和教学人员组成。他们既是教学主力，又是IE&D研发项目取得成功的核心。帝国理工大学的创业导师对学生创业指导的一个主要特征就是教师的“商业化”，为学生从创业初期到组建优质的管理团队提供有效的资源和专业化的知识。帝国理工大学同样也设有政策来嘉奖学者们对创业的贡献。普利茅斯大学凭借创新型和创业化的教师队伍连续两年获得“创业型大学”年度奖的提名。创业和创业教育是普利茅斯大学活动的核心，学校鼓励各个层面的学术型和专业型教师以不同的方式思考和行动，大胆创业。

（三）灵活多样化的教学方式

英国大学的创业教育教学方法具有灵活性、多样化的特点，如师带徒学习方法、工作实习项目、野外拓展训练法、工作访问、头脑风暴法、模拟和游戏、竞赛和多媒体案例教学等（牛长松，2009）。全球性的信息技术革命为创业教育学习开辟了大规模的市场，大大加强了“自我导向”学习方法的潜在灵活性（Allan Gibb，2013）。大量网络公开课程即“慕课”（MOOCs）越来越受到大众的追捧，在当下英国全日制成人学生数量减少而学费上涨的形势下，“慕课”成为一种吸引成人学生的好办法，尤其是当伴有弹性学分积累与制度转移的可能性时；但是这种方式需建立在他们对社交媒体的使用能力上。另外，这种网络学习方式也有一定的局限性，比如如何保证课程资源与评估和认证之间的连接，以使学生拿到必需的学分达到及格。为此很多高校的创业教育课程采用计分卡（scorecard）的形式来进行评估。计分卡包含所有与战略领导方法相关的问题，即将创业和创业教育嵌入大学（NCEE，2013）。它已被用于综合审查大学的创业潜力，透视读者集中感兴趣的领域和勘探大学不同活动领域的潜在协同。“创业型大学领导计划”的参与者也使用这种方式。有的创业导师在发展计划中也利用计分卡来测试自身对创业活动的知识掌握，这不仅为他们的发展状况提供了一种主观评价，也为创业教育嵌入大学提供了坚实的基础。

（四）健全完善的组织机构体系

英国创业教育的组织机构可分为大学内部的组织机构和大学外部

的支持机构两种。大学内部的组织机构有：大学科技园（Science Park）、企业孵化中心（The United Kingdom Business Incubation UK-BI）、就业力优异中心、创业中心及各类创业俱乐部、创业协会等。英国大学科技园的产生与发展有利于大学的组织转型，满足了创业教育进一步发展的需求。现行的设有科技园的大学，除了牛津、剑桥等久负盛誉的学府外，还有沃里克大学、伯明翰大学、曼彻斯特大学、萨雷大学、利兹大学等，著名的“苏萨克斯学术走廊”（Sussex Academic Corridor）在英国大学科技园区颇具影响（胡瑞，2013）。英国企业孵化中心由贸工部于 1998 年建立，为创业大学生提供服务、技术、实践平台等途径。例如，拉夫堡大学创新中心的商业孵化器向有创业意向的学生开放图书馆，提供工作室、实验室、各类办公服务以及咨询服务等。英国大学设立的创业中心、创业俱乐部、创业协会等组织机构通常用来为学生创业提供专业师资力量和咨询服务，开设各类相关课程，推动学生创业实践学习。如牛津大学赛德商学院科技创业中心推出的“创业与商业技能”免费课程，通过邀请一些富有经验的成功创业者为校内外学员进行培训来推动他们的创业实践。

大学外部的支持机构有：全国创业教育中心（NCEE）、全国大学生创业委员会（NCGE）、全国高校企业家协会（NACUE）、高等教育学院（HEA）、英国创业者教育机构（EEUK）等。全国创业教育中心（NCEE）以推动继续教育和高等教育领域的创业教育为目的，促进各高校的文化转型，提高教师自我发展能力，并支持在校生、毕业生和教职工的职业选择或企业创建（Allan Gibb，2008）。全国大学生创业委员会负责开展创业教育的调查研究、服务及师资培训等；科学创业中心与周围区域内的大学合作密切，基本覆盖全国，有利于广泛调动社会资源。全国高校企业家协会（NACUE）是一个草根慈善机构，通过支持联系和代表社会化企业，激发全国各高校和学院学生的创业热情和创业活动。NACUE 的社会支持机制一直受到联合国的认可，并被世界经济论坛称为“全球青年创业最佳实践模型”。高等教育学院（HEA）是提高高等教育教学的国家机构。它通过表扬和奖励优秀教学，使人力和资源得到最佳的研究和最大化的分享，同时也帮助高校制定和实施政策。与大企业中心的不断衔接是高等教育学院解决就业问题的主要策略。高等教育学院还通过支持企业和管理等学科来推动高校创业教育的发展。英国创业者教育机构（EEUK）覆盖全国，囊括了来自75家高等教育机构的600多个创业教育者。

（五）高校与企业的深度合作

首届高等教育大会指出，大学的根本使命就是促进社会的可持续发展和进步。在知识经济时代，大学与社会经济发展的联系更加紧密，已经成为经济科技发展的发动机。作为技术创新的主体——企业，与作为知识生产和传播的主体——大学，二者在资源上的相互吸收和利用是生成新的生产力并获取竞争优势的关键。大学与企业之间的良性互动、谋求共同发展已成为知识经济时代大学—企业关系发展的必然（王志强、赵中建，2010）。

虽然英国大学—企业关系在近年来已经得到了加强，但是二者之间的合作还远远不够，特别是促进企业家与大学研究人员在知识转移过程中的理解、沟通与合作。此外，在大学知识产权的商业利用、大学与中小型企业（SMEs）的合作、大学—企业信息共享、成立专门机构引导企业与大学研发合作等方面亟待加强。为此，英国政府通过建立地区发展机构，设立高等教育创新基金（Higher Education Innovation Funds，HEIE），发展合同研究、合作研究、咨询服务等大学—企业合作形式等措施不断创新大学—企业关系。

在地方一级建立地区发展机构（Regional Development Agencies，RDA）。该机构的成立有助于发挥政府以引导者和协调者的身份促进大学—企业关系的发展，尤其是对于各地方的中小型企业，更加需要来自大学强有力的智力支持，而RDA的建立对促进中小型企业的发展、提升其技术创新能力、建立与大学的合作机制起着关键作用。所有的RDA都建立了科技与产业委员会，作为知识转移的平台为地区层面的大学—企业合作提供新的模式与机遇。此外，RDA还要发挥连接国家创新政策与地方创新项目实施之间“桥梁”的作用，在地方投资中应确保优先考虑国家创新战略中所划定的领域。

2002年，为推动大学的知识转移并将与之有关的一系列投资方案合并，英国政府设立了有关大学—企业知识转移的统一基金——高等教育创新基金。第一轮 HEIE 达到了 1.87 亿英镑，2004 年开始的 HEIE2 更是超过了 3 亿英镑。该基金要求所申请的大学必须有与地方企业进行良好合作的经历，或有长期的合作规划。目前得到该基金支持的大学已有 116 所，其中绝大多数都与企业保持着持续性的合作关系，并在具有研发潜力的领域中进行合作。同时，HEIE 还通过成立专门机构促进大学的知识转移，如非营利性公司——伦敦技术网络。

合同研究、合作研究、咨询服务是大学—企业合作中的三种主要形式。在合同研究中，企业资助大学的研究机构或个人进行与企业技术创新有关的研发活动。根据高等教育—企业互动调查的结果，2000—2001 年，英国企业已经与大学签署了 10951 项研究合同，其中，4000 项合同是与中小型企业签订的。这些合作形式不仅提升了中小型企业的创新能力，也拓展了大学为社会经济发展服务的功能。

三 启示与借鉴

（一）积极开展高校新型办学模式的探索，培养真正的创新创业型人才

创新、创业能力偏弱成为我国高校人才培养的最大问题，因此办学模式必须进行变革（黄兆信、曾纪瑞，2013）。英国华威大学（The University of Warwick）是英国最著名的学府之一，由于在科研、教学、创新以及在工商业方面的杰出研究使学校在国际上享有盛誉，是英国高校由“研究型大学”向“创业型大学”转变的典范。利兹大学（University of Leeds）由于在企业投资和社会沟通方面具有较大的经济和社会影响，成为英国著名的企业型大学。全国大学生创业委员会 2010 年在牛津大学赛德商学院开展的“创业型大学领导者计划”（Entrepreneurial University Leaders Programme）力图实现在全球范围内高校教职员工制度上的创业型模式（more entrepreneurial mode）。我国高校可借鉴英国高校扁平化管理结构、快速决策过程、财务约束和商业运作等管理模式开展转型工作。政府可根据社会对人才的需求采取相应的措施，鼓励和支持一些高校进行转型的试点探索。

（二）突出创新思维的课程化体系，打造创新创业型的教师队伍

英国高校的创业课程以突出创新思维为特征（黄兆信、赵国靖、唐闻捷，2015）。借鉴英国高校经验，按照我国《普通高等学校本科专业设置规定》，为适应社会主义现代化建设的需要，培养国际化的创业素质人才，完善我国高校的创业创新型人才培养模式。

（三）强化创业教育组织机构的扶持力度，完善创业教育框架

相较于英国高校创业教育的引领发展，我国高校创业教育的政策支持和组织机构保障较弱。高校应建立专门的创业教育组织机构，强化创业教育管理机构、创业教育机构、创业研发机构、创业中介服务机构等为核心的多元化创业机构对大学生创业实践基地的扶持力度。加大高校与政府、企业、非营利组织等校外组织之间的创业教育合作力度，推动企业与大学互动、提供创业经费支持、鼓励创业教学研究，构建相对稳定的创业文化环境（黄兆信等，2014）。在政府、高校和大学科技园之间，形成以科技园为核心的协同运作机制，充分发挥大学科技园的企业孵化和创新驱动功能，构建创业教学实践的实施途径与整体框架。

（四）加强校企之间的互动、交流与合作，塑造高校的品牌知名度

英国于1987年颁布了《高等教育——迎接新的挑战》高等教育白皮书，制定了一系列促进校企合作的政策，重视校企合作，重点提及高校职能（徐小洲、胡瑞，2010）。我国高校可以借鉴英国高校的做法将商业文化融入创业教育中，通过依赖企业和商业组织的大力支持和合作，实现其社会服务职能。另外，我国高校还应该体现国际化的视野，开设“国际企业管理”、“商务研究”等国际化课程，为学生进行国际创业提供有效的学习平台。通过与大企业集团及研究和教育机构的沟通为学生提供社会实践机会，给学生提供优质的教学实践资源，吸引和留住优秀的人才，提高学校声誉价值和品牌知名度，争取一些大企业对高校创业大赛和创业项目的资金和技术支持，提高商业经营业绩。

（五）发展专业性的创新成果服务机构，完善大学创新创业的资本平台

与英国高等教育机构中较为发达的创新创业服务机构相比，我国

高校在保护教师知识成果的各项专利转让制度方面还十分薄弱，大学内部的技术转移组织发展还十分滞后。与发达国家相比，我国大学内部所设立的科研管理机构更多地被赋予了管理各类纵向科研项目和评审不同级别科研奖励的功能。绝大多数高校还没有建立起以负责推进高校师生创新创业成果的知识产权保护、技术专利转让、风险投资、企业孵化等为主要功能的创新创业服务机构。因此，我国高校需建立专业化的技术转移机构，面向全社会招聘精通风险投资运作、知识产权法、技术商业化运营等知识和经验的专业性人才，通过与校外资源的合作，将大学已有的知识、技术教育基础转化为能够产生社会价值的创新成果，从而实现大学、市场、个人三者利益的正和博弈，为大学创新创业活动的繁荣搭建资本注入和商业运营的平台。

第三节　美国高校创业教育

相对来讲，美国高校创业教育的体系最为庞大，也最为完善，有很多值得我国高校学习和借鉴的地方。为了叙述方面，本书只截取美国高校创业教育课程这一层面，通过与国内的对比研究，以期找出可资借鉴之处。

一　美国高校创业教育课程的历史沿革

埃温·马里恩·考夫曼基金会主席卡尔·施拉姆（Carl Schramm，2008）曾说："创业精神是帮助美国在世界上保持其经济和政治领导地位的核心竞争优势。"① 因此，美国各高校十分重视创业教育课程的建设工作，一方面注重创业学研究，开设了"创业学"学科；另一方面注重"创业学"与其他学科的融合，培养复合式创业型人才。笔者根据美国高校创业教育课程的发展背景将其分为以下三个阶段：探索

① The Aspen Institute. Youth Entrepreneurship Education in America：A Policy Maker's Action Guide，http：//www. aspeninstitute. org/sites/default/files/content/docs/pubs/YESG _ Policy _ Guide. pdf，2015 - 12 - 03.

与起步阶段、发展与完善阶段、繁荣与成熟阶段（见表7－4）。

表7－4　　美国高校创业教育课程的历史沿革

阶段	社会经济背景	代表性事件
探索与起步阶段（1947—1979年）	第二次世界大战后，美国大企业繁荣发展挤掉了小企业的立足之地。20世纪70年代后，新自由主义思潮兴起，小企业逐步发展起来	1947年，迈尔斯·梅斯（Myles Mace）在哈佛商学院开设《新企业管理》 1948年，麻省理工学院开设《创造性开发》 1953年，纽约大学开设《创业与革新》 1968年，百森商学院和巴布森商学院为本科生开设"创业管理"类课程 1973年，东北大学开设了本科阶段第一个创业学专业
发展与完善阶段（1980—1989年）	20世纪80年代后，美国及时调整经济政策，转变经济结构，开发和应用现代科技，创业环境逐渐成熟，高校创业教育加速发展	1983年，百森商学院和得州大学奥斯丁分校合作举办首届"大学生创业计划竞赛" 1987年，圣地亚哥州立大学举办了第一届"全国性创业计划大赛" 1981年，百森商学院召开首次创业研究会议 1985年，沃顿商学院创办创业教育研究核心刊物：《企业创业杂志》
繁荣与成熟阶段（1990年至今）	20世纪90年代以后，信息技术革命和知识经济时代的到来，对美国经济的发展和创业教育的进步提出了新的要求和挑战	1998年，全国创业中心共同体（National Consortium of Entrepreneurship Centers，NCEC）成立 2005年，美国有1600个学院为大学生提供了2200门创业类课程，捐赠教师席位达到227个，创业类学术期刊44种，创业研究中心接近150个。接受创业教育课程的学生从1996年的24000个增加到400000个 2009年，"创业胜任力模型理论"提出

（一）探索与起步阶段

第二次世界大战后美国为了开拓世界市场，大力发展一些跨国大企业，从而挤掉了许多小企业的立足之地。然而，大批退伍军人的就业问题亟待小型企业的建立。1941年，美国参议院举行特别会议，提出利用大学资源培植、保护并发展小型企业的建议。在此背景下，创业家成为社会进步和教育发展的需求。1947年2月，迈尔斯·梅斯（Myles Mace）教授率先在哈佛商学院开设了美国第一门创业课程——《新企业管理》，授课对象为188名MBA学员。[①] 1948年，麻省理工学院开设课程——《创造性开发》，并将其列入教学体系。1949年，哈佛大学出版了第一本研究企业家的教育期刊——《创业历史探索》（该期刊于1958年停编）。1953年，纽约大学开设的《创业与革新》课程拉开了高等教育领域创业教育的序幕。1967年，纽约大学和斯坦福大学在原有创业课程的基础上，将创业教育课程融入MBA课程体系中。1968年，百森商学院和巴布森商学院为本科生开设了类似"创业管理"的课程。

20世纪50—70年代正是美国大企业发展的繁荣时期，因此直到1970年，开设创业教育课程的高校仅有16所。20世纪70年代以后，美国经济出现危机，经济增长速度减缓，大企业衰退，新自由主义经济思潮兴起。政府相继制定《小企业创新研究法》（1981年）、《准时付款法》（1982年）、《中小企业振兴法》（1985年）等政策法规，极大地推动了中小企业的发展。[②] 1985年，美国小企业数量达到1500万家，占企业总数的98%以上，并创造了81.5%的新就业机会。1971年，南加利福尼亚大学开设了第一个MBA创业学专业。1973年，东北大学开设了本科阶段第一个创业学专业。[③] 所罗门（Solomon，1991）等的研究结果显示，截至1979年，在本科阶段开设创业教育课程的高校已经达到了127所。[④] 这一阶段，美国高校的创业教育课程设置主要存在于商学院，局限于为创业者财富和小企业建设服

① Kuratko D. F.，The emergence of entrepreneurship education：Development，trends，and challenges，*Entrepreneurship*：*Theory & Practice*，2005.

② 段雪辉：《美国高校创业教育的发展历程与成功经验》，《中国成人教育》2011年第12期。

③ 谭蔚沁、林德福、吕萍：《大学生创业教育概论》，云南大学出版社2011年版，第42—43页。

④ George T. Solomon，Lloyd W. Fernald J. R. Trends in Small Business Management and Entrepreneurship Education in the United States，*Entrepreneurship*：*Theory & Practice*，1991.

务，课程内容和实施方式还有待突破。

（二）发展与完善阶段

20世纪80年代初，美国经济政策的调整、经济结构的转型以及现代科技的开发和应用推动了高校创业教育的加速发展。创业教育课程的设置开始向商学院外部拓展，并逐步得到完善。在本科阶段提供创业教育课程的高校由1979年的127所发展到1982年的315所，到1989年时已增加到1060所。[①] 与此同时，高校的创业教育实践课程和活动课程也不断丰富起来，创业计划大赛、创业俱乐部、研讨会、年度创业者计划、创业论坛等创业活动的开展极大地丰富了创业教育实践课程。

1983年，百森商学院和得州大学奥斯丁分校合作举办的首届“大学生创业计划竞赛”成为创业教育课程向外扩展的重要标志。1987年，圣地亚哥州立大学举办了第一届“全国性创业计划大赛”，此后这一竞赛逐渐波及其他大学。研讨会是创业教育研究开发和传播的重要途径。如百森商学院创业研究会议于1981年首次召开，此后每年定期召开。20世纪80年代后，期刊、捐赠席位、创业中心等也快速增长。当前国际公认的创业教育研究核心刊物之一——《企业创业杂志》就创办于1985年的沃顿商学院。截至1989年，美国创设了39个创业中心，93个创业捐赠席位。创业成为众多学生的首要选择。

（三）繁荣与成熟阶段

20世纪90年代以后，知识经济时代和信息技术革命的到来使越来越多的国家开始意识到，创业教育对开发大学生技能，增强大学竞争力，促进经济发展，提升国际地位都至关重要。[②] 因此，美国政府和各高校都十分重视创业教育课程的设置和发展，既要“大众化”又要“尖端化”。所谓“大众化”是指创业教育课程的设置要扩大到全校范围，即“全校性的创业教育”模式。“尖端化”指的是学校要加

---

① George T. Solomon, Lloyd W. Fernald J. R. Trends in Small Business Management and Entrepreneurship Education in the United States, *Entrepreneurship: Theory & Practice*, 1991.

② 邓汉慧：《美国的高校创业教育课程设置中国》，《大学生就业》2008年第4期。

强高科技的研发和技术成果的转化。据统计，1995 年美国开设创业教育课程的高校超过 400 所，其中 50 多所高校至少开设了 4 门创业教育课程。[①] 到 1999 年，捐赠席位达到 277 个，创业研究中心较 1989 年相比增加了 60 多个，期刊和杂志共有 44 个。

真正标志着美国高校创业教育走向成熟的是，1998 年全国创业中心共同体（National Consortium of Entrepreneurship Centers，NCEC）的成立。最新的研究数据表明，2000 年，全美认可的 888 个授予硕士和博士学位的机构中，有 90% 的机构提供了创业教育课程，且在大多数情况下，具有授予双学位的选择权。[②] 截至 2005 年，美国有 1600 个学院为大学生提供了 2200 门创业类课程，捐赠教师席位达到 227 个，创业类学术期刊 44 种，创业研究中心接近 150 个。接受创业教育课程的学生从 1996 年的 24000 个增加到 400000 个。[③] 随着 21 世纪的到来，创业教育课程的设置成为美国高等教育领域不可分割的一个新理念。2009 年"创业胜任力模型理论"的提出，为创业教育课程设置和课程体系建设提供了重要的依据，有效地推动了创业教育课程体系的完善。创业教育项目的增长，创业教育师资的相对完善，也在一定程度上推动了创业教育课程的成熟和发展。

二　美国高校创业教育课程建设实践

目前美国高校的创业教育模式主要分为聚焦模式和全校性的创业教育模式两种。其中，全校性的创业教育模式又分为磁石模式、辐射模式和混合模式三种。聚焦模式下，创业教育课程仅针对商学院或经管学院学生设置，培养专业化的创业人才，如哈佛大学。磁石模式下的创业教育课程面向全校学生，由商学院或经管学院负责管理，如百森商学院、斯坦福大学。根据斯特里特的定义，百森商学院、斯坦福大学分别属于单一磁石模式和多重磁石模式。辐射模式下的创业教育

---

① Cone, J. *Entrepreneurship on Campus: Why the Real Mission Is Culture Change*, Kauffman Thought - book. Kansas City: Ewing Marion Kauffman Foundation, 2000.

② Ibid..

③ Finkle, T. A., D. F. Kuratko, & M. G. Goldsby, "An Examination of Entrepreneurship Centers in the United States: A National Survey", *Journal of Small Business Management*, 2006.

课程设置与磁石模式类似，都是面向全校学生；不同的是在管理体制上，学校有统一的创业教育委员会，进行总体协调和指导，具体的课程设置、师资、资金管理等则由参与学院自己负责，如康奈尔大学、仁斯利尔理工大学等（见表7-5）。所谓混合模式就是上述两种模式的结合。因此，本书基于创业教育模式的划分和对比性考虑，选择了百森商学院、斯坦福大学和康奈尔大学作为案例高校进行分析。

表7-5　　美国高校三种创业教育模式的特点比较①

	管理机构	资源	师资	学生	代表性高校
聚焦模式	商学院和管理学院创业教育中心	商学院和管理学院负责	商学院和管理学院负责	商学院和管理学院学生	哈佛大学、伊利诺伊大学
磁石模式	商学院和管理学院创业教育中心	商学院和管理学院负责	商学院和管理学院负责	全校学生	斯坦福大学、百森商学院、MIT
辐射模式	全校范围内成立创业教育委员会，由所有参与学院共同管理	所有参与学院分别负责	所有参与学院分别负责	全校学生	康奈尔大学、仁斯利尔理工大学

（一）百森商学院创业教育课程设置现状

1. 创业教育概况

百森商学院成立于1919年，创业教育模式为单一磁石模式。百森商学院于1967年为研究生开设了第一门创业课程，标志着百森的创业教育发展进入新的阶段。1968年，百森商学院又为本科生开设了类似“创业管理”的课程。以“美国创业教育之父”杰弗里·蒂蒙斯为代表的教授们从“创业革命”的视角出发，认为百森商学院的教育理念应该是为未来人才设定“创业遗传代码”。因此，他们结合学校实际和学生发展需求，设计了包含创业者、战略与商业机会、创业企业融资、资源需求与商业计划、快速成长5个方面的课程体系，成

① 梅伟惠：《美国高校创业教育模式研究》，《比较教育研究》2008年第5期。

为美国高校创业教育课程化的基本范式。

2. 创业教育课程目标

当“创业革命”浪潮席卷全美，多数高校选择了一种功利性的创业教育课程培养目标，即“快速培育成功的创业者”。百森商学院审时度势地提出了为未来人才设定“创业遗传代码”的教育理念，适应了市场要素变迁和经济转型发展的需求。具体来讲，百森商学院创业教育课程目标对本科生和研究生来说是一致的，旨在培养未来具有创业意识、创业能力和良好创业心理品质的创业领袖以及能够创造经济价值和社会价值的企业家领袖。

3. 创业教育课程内容

百森商学院针对不同阶段的学生，设置了不同层次的课程内容。首先，本科生课程包含《管理和创业基础》（FME）课程、《创业精神培养强化》（ACE）课程及《百森 EPS 开发经验》（BABSON EPS Development Experience）、《创业和机会》（Entrepreneurship and Opportunity）、《新技术创业》（New Technology Ventures）等在内的 23 门选修课（见图 7 - 1）。研究生创业教育课程则包括 MBA 课程（MBA Programs）、管理教育课程（Executive Education）及相关的辅助课程（Curricular Programs）。[①] 其中，MBA 创业课程分为核心课程和选修课程两大类。核心课程涵盖了四大类模块：一年制项目课程（One - Year Program Curriculum）、两年制项目课程（Two - Year Program Curriculum）、晚间项目课程（Evening Program Curriculum）和混合式项目课程（Blended Learning Program Curriculum）。选修课程包括《创业和机会》（Entrepreneurship and Opportunity）、《新企业创建》（New Ventuer Creation）、《女性创业和领导力》（Women's Entrepreneurship & Leadership）等在内共 50 个学分的 23 门课程[②]（见图 7 - 1、图 7 - 2）。

① Babson Course Catalog, http://www.babson.edu/Academics/undergraduate/Pages/course - catalog.aspx? Division = Entrepreneurship, 2015 - 12 - 10.

② Babson College. MBA Program, http://www.babson.edu/Academics/graduate/mba/Pages/core - curriculum.aspx, 2015 - 12 - 10.

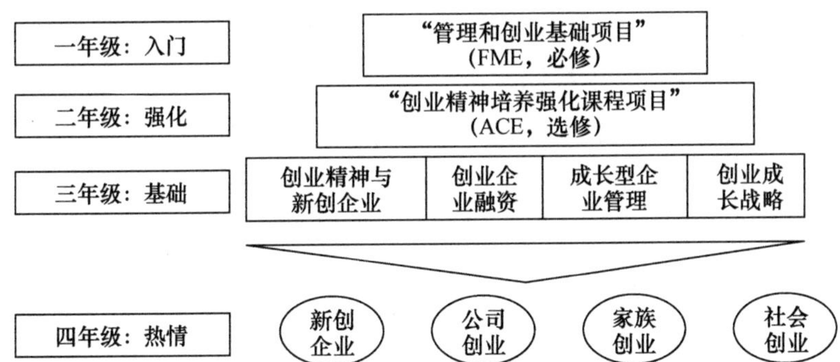

图 7-1　百森商学院本科生创业教育课程

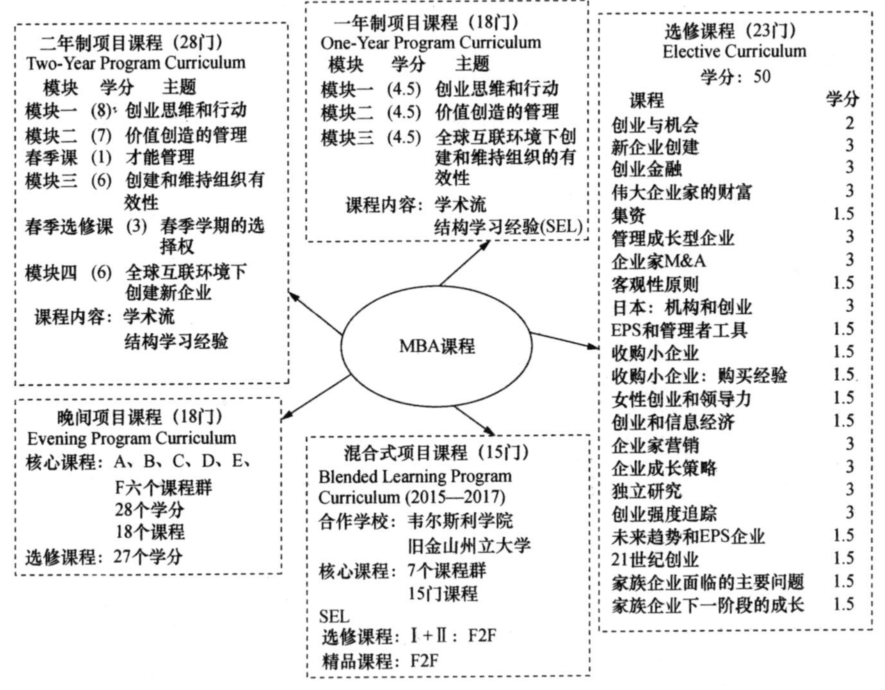

图 7-2　百森商学院 MBA 创业教育课程结构

4. 创业教育课程结构

百森商学院创业教育课程结构由两大部分组成：第一课堂和第二

课堂。其中，第一课堂主要是创业相关的理论知识学习。针对授课对象的不同，开设了不同的课程内容。第二课堂则浸入了丰富多彩的实践活动，主要有：学生社团（百森商会、创业俱乐部、创业教学联盟等）、“智囊团”的咨询与辅导、创业名人堂、创业计划大赛以及百森电子大厦孵化器等。

5. 创业教育师资和教学方法

百森商学院目前专职从事创业教育的师资有 35 名，大部分都具有博士学位或同等学力。一方面，百森十分注重教师的创业经历，因而师资中含有很多创业者和企业家。另一方面，百森强调对创业师资的培训。如 1984 年，蒂蒙斯发起的“普瑞斯—百森”伙伴项目，旨在构建国际性的创业教育教师及培训框架，将最新的创业理念传播到世界各地。[①] 在教学中，教师多采用“以问题为中心”和案例教学法两种方式。所谓“以问题为中心”是指教师抛出创业过程中的诸多现实问题，比如说如何制订商业计划、如何做出正确的选择和判断、如何激发自身及创业团队的潜能等，引发学生进行深入的思考。同时，教师从自身案例出发或将整理的案例呈献给学生，让学生进行分析和讨论，具有较强的探究性。

6. 创业教育课程评价

百森商学院对创业教育课程的评价从教育的三要素（课程内容、教师和学生）出发，根据调查结果，调整和完善课程计划。首先，有专门的研究人员负责课程内容的开发、设计和实施；其次，对接受创业教育课程的学生进行满意度和学习效果的问卷调查；最后，建立教师激励机制，鼓励教师加强与企业界的联系，获取更多的资源，丰富课堂和教学。

（二）斯坦福大学创业教育课程设置现状

1. 创业教育概况

《斯坦福大学创新创业影响力报告》显示，美国目前仍在运作的 39900 家企业与斯坦福大学有关，创新创业教育的开展使斯坦福大学

---

① 梅伟惠：《美国百森商学院的创业教育哲学》，《比较教育研究》2009 年第 2 期。

对经济发展产生了极大的推动作用。[①] 斯坦福大学创业教育的蓬勃发展主要得益于硅谷地区良好的创业文化氛围和创业环境，同时斯坦福科技园的成立推动了大学高水平的科研活动和校企合作的发展。目前，斯坦福大学的创业教育模式为多重磁石模式，共设有商学院、工程学院、法学院3个教育研究中心。

2. 创业教育课程目标

斯坦福大学创业教育课程针对不同的对象有不同的目标，针对商学院学生设置的创业课程主要涉及创新思维、创业实践、创业技能等方面，以培养成功的创业者和企业管理者为目标。针对非商学院学生设置的创业课程以传授创业基础知识为主，目的是激发学生的创业意识和创业精神。

3. 创业教育课程内容

斯坦福大学的创业教育课程种类丰富、体系完善。课程内容包括专业知识、专业技能、创业实践三大类（见表7－6）。首先，专业知识涉及金融、市场营销、法律等专业领域，开设的课程如商学院的《财务及资金管理》（Finance and Funding）、《市场营销》（Marketing and Sales）、《产品设计与制造》（Product Design and Manufacturing），法学院的《法律基础》（Legal Frameworks），医学院的《卫生保健》（Health Care）等。其次，专业技能则涵盖了信息技术领域、医学领域、软件领域等，课程有《工程技术》（Technology）、《能源与可持续发展》（Energy & Sustainability）、《生物设计》（Biodesign）等。[②] 最后，创业实践课程内容丰富，种类齐全，如“清洁能源发展论坛”、“全球领导者交流会”、创业讲座、创业计划大赛、创业活动周等。

① Eesley, C. E. & Miller, W. F., *Stanford University's Economic Impact via Innovation and Entrepreneurship*, Stanford University, 2012.

② Stanford University, http://www.gsb.stanford.edu/faculty-research/faculty, 2015-12-15.

表7-6　　斯坦福大学创业教育课程设置现状（部分）

课程类型	课程名称	开课学院
专业知识	财务及资金管理（Finance and Funding）	商学院
	市场营销（Marketing and Sales）	
	产品设计与制造（Product Design and Manufacturing）	
	建立与管理专业销售组织（Building and Managing Professional Sales Organizations）	
	管理者与法律环境（Manager and Legal Environment）	法学院
	卫生保健（Health Care）	医学院
	教育政策的介绍（Introduction to the Politics of Education）	教育学院
	技术管理（Technology Management）	工程学院
	全球运营（Global Operation）	
专业技能	工程技术（Technology）	工程学院
	管理者的技术观念（Technology Concepts for Managers）	
	能源与可持续发展（Energy & Sustainability）	地球与科学学院
	生物设计（Biodesign）	
创业实践	"清洁能源发展论坛"、"全球领导者交流会"、创业讲座、创业计划大赛、创业活动周、创业者年度大会等	商学院及其他学院

4. 创业教育课程结构

斯坦福大学创业教育课程结构包含两部分：第一课堂的理论学习和第二课堂的创业实践活动。具体来讲，第一课堂可分为商学院的创业教育课程和非商学院的创业教育课程。商学院为全校学生开设了20多门相关的创业教育课程。非商学院课程包括夏季项目（Summer Program）、与本专业相关的创业教育课程两类。第二课堂突出实践，主要有创业计划大赛、创业活动周、大学生创业俱乐部、企业实习等形式。

5. 创业教育师资和教学方法

斯坦福大学为保证教学质量十分重视教师与学生的比率问题，平均每4名学生对应一位教师。其中，商学院教师共有72位。除了学校教师，斯坦福大学商学院十分重视吸收社会上的顾问教师，如有成功创业经验的企业家、风险投资人、企业高管等。教学方式以案例法和项目法为主。商学院的案例教学涵盖了高科技经济、创业融资、创业风险投资、机会评估等领域，并创建了教学案例数据库。在案例教学的过程中，教师会采用模拟实践、角色扮演等形式，让学生先体验再小组讨论，分析其成功和失败之处，总结经验。案例的主角通常会亲自出席参与讨论，或担任客座教师分享经验并提供创业指导。① 项目教学法即将学生随机组成团队，聘请专业的创业导师进行创业项目指导。

6. 创业教育课程评价

评价和反馈是及时发现教学过程中的问题并做出改进的有效手段。韦斯特将评价内容概括为师资、课程、学术发展、创业教育项目、毕业生、教育影响力及毕业学生创立企业的比例 7 个方面。斯坦福大学的评价从这 7 个方面展开，采用问卷法和基准法，对毕业生进行跟踪调查，根据反馈和调查结果，重新进行课程规划，确立新的课程目标和教学方法。斯坦福大学在创业教育课程的评价体系中，采取“内外双评”的方式，评价的主体包括学校、毕业生、教育专家、学生家长、社会媒体等群体，以确保评价的公平性和合理性，最终确保教育质量的不断提高。②

（三）康奈尔大学创业教育课程设置现状

1. 创业教育概况

康奈尔大学创建于 1868 年，是 1862 年《莫雷尔法案》颁布创建的赠地学院之一。学校成立初期就确立了人才培养、科学发展、敢于创新和社会服务的办学理念，因此康奈尔大学十分注重公益创业教育的发展。为了培养全校学生的创业意识、创业精神和创业能力，康奈尔大学于 1992 年成立了包括管理学院、工程学院、农业与生命科学学院在内的 7 个本科学院和两个研究生学院组成的“创业精神和个人

---

① 韩琪瑄：《美国高校创业教育课程体系研究——以百森商学院和斯坦福大学为例》，硕士学位论文，河北大学，2013 年。

② 荣沁瑜：《斯坦福大学创业教育对我国的启示》，硕士学位论文，江南大学，2014 年。

创业项目”（The Entrepreneurship and Personal Enterprise Program, EPE）①，同时9所参与学院的院长组成了EPE委员会，对全校的创业教育活动进行统一协调和指导。目前EPE共有7个本科生院，6个研究生院，1个继续教育中心和1个跨学科部门。各学院自主负责本学院的创业教育课程设置、师资、学生和经费。因此，康奈尔大学的创业教育课程设置是典型的辐射模式。

2. 创业教育课程目标

从培养对象上讲，康奈尔大学主张掌握了相关创业知识和创业技能的学生能够对工作环境和社会产生重大价值。因此，康奈尔大学注重发现并培养每一位康奈尔人的创业精神以及创业所需要的知识和技能。从学科建设和顶层设计的角度出发，康奈尔大学努力将创业教育课程创设为一个全校范围的创业项目，即“康奈尔计划”。

3. 创业教育课程内容

康奈尔大学的创业教育课程内容呈“阶梯式”的形式展开，分为创业前、企业创建中、企业管理三个阶段，共9个模块的课程。首先，“创业前”阶段主要是指“了解创业”模块；其次，“企业创建中”阶段包含“商业计划”、“风投以及私募基金管理”模块；最后，“企业管理”阶段则涵盖了“发展战略”、“财务管理”、“市场推广”、“企业管理”、“技能理论方法”、“市场研究”6个模块。② 康奈尔大学为全校学生提供了167门创业教育课程，在实施的过程中十分注重与专业学科的紧密结合，而且学生享有跨学科跨学院选课的权利。

4. 创业教育课程结构

康奈尔大学的创业教育课程可分为学科课程、实践课程、活动课程（第二课堂）三大类。学科课程包括创业前课程、企业创建中课程、企业管理课程、企业解析工具课程及专业领域课程五大结构，其

---

① 唐加军：《中美大学生创业教育比较研究》，硕士学位论文，四川师范大学，2011年。

② Cornell University. Entrepreneurship Across Cornell, http://www.entrepreneurship.cornell.edu/prospective-sttudent/course, 2015-12-19.

中企业管理课程区与专业领域课程区的课程数量较多，两者共占课程总数的2/3以上。[①] 学生自愿选修，没有学分要求。实践课程旨在培养学生的实践能力和创业实战能力，如大想法竞赛（Big Idea Competition）、酒店管理商业计划竞赛（Hospitality Business Plan Competition）等。活动课程主要以暑期实习的方式展开。康奈尔大学和以色列理工学院正在合作建设的“康奈尔科技园”主要目标之一就是为康奈尔大学的学生提供学习公司运营管理的机会。

5. 创业教育师资和教学方法

目前，康奈尔大学从事创业教育课程教学的专职教师有50多名，捐赠席位10个。创业教育师资的建设主要采取两条路径：一是面向社会招聘有丰富创业经历和管理经验的创业者、企业家来校任教；二是立足于校内，采取一系列的积极措施和激励政策来促进教师的发展。如1992年开始设立的“克拉克教席”（Clark Professorships），用以奖励在EPE项目中有突出教学贡献奖的教师。增加创业管理硕士生和博士生学位授予点也是培养创业教育专业师资的重要途径。[②] 案例研究法和课堂活动教学法是康奈尔大学普遍采用的两种教学方法。例如，在《社会创业法》课程的教学中，教师通过提供案例分析与讨论，对培养学生的社会创业思维大有益处。[③] 另外，项目教学法、小组讨论、调查研究、商业游戏教学法等也是该校创业教育教师主要的教学方法。

三　启示与借鉴

美国高校创业教育经过数十年的发展已建立起比较系统、完善的创业教育课程体系。课程理念和目标从最初的“培养小企业主，解决就业难题”的功利性取向转变为现在的“以培养学生的创业精神和创

---

① 杨玉兰：《美国研究型大学创业教育课程设置探析——基于三所大学的实证研究》，《现代教育管理》2014年第2期。

② 姚井君：《美国康奈尔大学创业教育课程设置特点及启示》，《统计与管理》2014年第12期。

③ Cornell University, The Social Entrepreneurship Approach, http: //cip. corn - ell. edu / DPub S? Service = UI & version = 1. 0 & verb = Display & handle = dns. gfs & page = social Ent App. 2012 - 12 - 25.

业能力为主”的创业素质说；课程内容丰富，体现了创业教育的实践性和跨学科性，结构完整；课程管理机构健全，实施有序，有一支专业化的教师队伍；课程评价体系规范、内外兼顾。我国高校创业教育课程建设经过十多年的摸索，有了一定的发展。但是对于我国高校来说，创业教育课程建设发展依然是一件长期的、系统的、复杂的工程。因此，为保证我国高校创业教育课程的发展建设，笔者总结美国高校创业教育课程设置的经验，为我国高校创业教育课程设置提出以下建议：

（一）明确创业教育课程的目标定位

创业教育课程的设置不仅对大学生综合素质的提升和个人价值的实现具有重要的意义，对于缓解就业压力、推动生产力发展和建设创新型国家也具有战略性的意义。但是，我们必须充分认识到创业教育并不是“企业家速成教育”，创业教育课程设置的目标并不是为了倡导大学生或研究生毕业离校后就去创业、开公司，因此用创业率的高低来衡量高校创业教育质量的好坏是不合理的。科学的创业教育理念应该以“美国创业教育之父”蒂蒙斯提出的“为未来的几代人设定‘创业遗传代码’，以造就最具革命性的创业一代”为基本的价值取向。我国高校创业教育课程的目标定位应明确两个方向：基本目标——提高受教育者的综合素质，培养具有创业意识、创业知识、创业技能和创新创造精神的人；终极目标——将创新创造精神渗透到整个民族，将“人口难题”转变为“人才强国”，并最终实现创新型国家的战略。

结合我国高校创业教育课程设置的实际，创业教育课程目标的确定应注意以下三个方面：

1. 注重创业教育课程目标的完整性

一个完整的创业课程目标应包括创业知识与技能，创业过程与方法，创业情感、态度和价值观三大部分，并且注重彼此间的统一与完善。[①] 以

① Cornell University. The Social Entrepreneurship Approach, http://cip. corn - ell. edu / DPub S? Service = UI & version = 1. 0 & verb = Display & handle = dns. gfs & page = social Ent App. 2012 - 12 - 25.

斯坦福大学为例，创业教育课程的知识目标包含了对创业财务知识、管理知识以及相关的法律知识、信息技术知识等的掌握；技能目标包括营销能力、管理能力、机会识别、团队建设和合作能力、环境适应能力等；过程目标侧重于资金筹措、企业组织管理和创业的全过程等；方法目标如理财、战略管理、沟通谈判、团队合作等；情感目标不仅包含创业兴趣，还包括参与创业实践的积极性，面对困难的意志和自信心以及成功后的心理体验；态度目标旨在培养学生积极参与的创业态度和关注环境、科技、经济及社会的责任感；价值观目标强调的是个人价值和社会价值的统一，个体在养成创新意识和创业素质的同时，要注意回报社会，具有创业道德和社会使命。

2. 注重创业教育课程目标的层次性

根据专业、年级的差异，创业教育课程目标的确定应该具有层次性，可分为共性目标和个性目标两种（见图 7－3）。共性目标定位于培养学生的创业意识和创业心理品质，将创业教育与通识教育相融合，纳入高校人才培养体系。个性目标面对的是那些有强烈创业意愿的学生，课程目标的定位以培养学生的创业实践能力为核心，可以通过开设有针对性的创业培训体系或创业班级的途径实现。

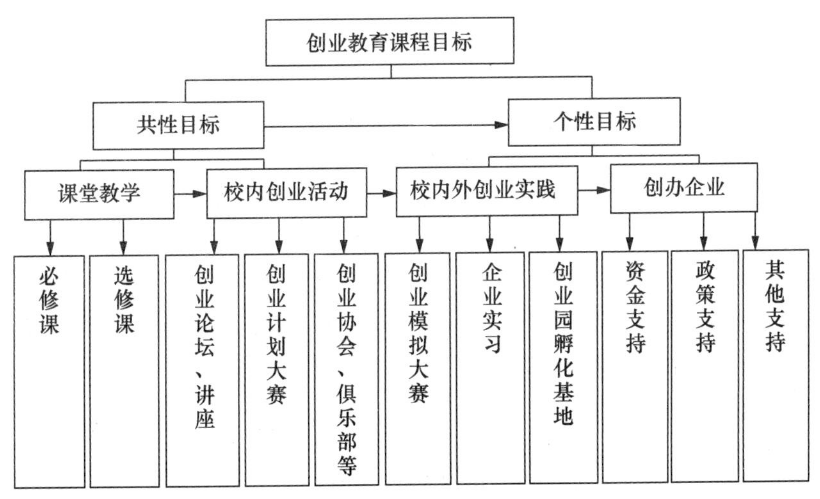

图 7－3　创业教育课程目标层级递进

3. 注重创业教育课程目标的系统性和灵活性的统一

创业教育课程目标会因为受教育者专业背景的差异以及时间、空间的不断变化发生相应的变化。因此灵活性和系统性的融合也应当成为创业教育课程目标在设置时不可忽视的一大特性。

（二）构建跨学科的创业教育课程内容体系

美国高校的创业教育具有典型的跨学科特征。有的高校整合商学院或管理学院的资源，组建跨学科的创业教育中心作为统一的平台，为不同专业的学生提供创业教育课程；如百森商学院 FME 课程打破了传统的商科课程模式，将营销、金融、管理、统计、心理学等学科融合在一门课程中。有些高校则通过组建跨学科的创业教育项目，调动商学、工程学、医学、法学等不同学科背景的学生组队参与，将科技成果商业化。如斯坦福大学 STVP 计划重视与产业部门的合作与交流，聚焦于高科技创业，课程内容涉及管理、财务、金融、战略、法律等不同学科，不仅学生来自不同学院、不同专业，管理人员和校内外指导师也来自多个学科领域和产业领域。目前，我国高校普遍存在跨学科渗透性欠缺的问题。如商学院和经济学院学生所掌握的管理、财务、金融、市场营销等商业知识和能力明显高于其他专业的学生，却缺乏对产品或服务的创新思维；美术设计学科的学生对产品往往有较好的创意灵感，但对市场营销、商业化过程、知识产权、风险资本等敏感性却较差。

因此，我国高校创业教育课程内容的设计应注意加强学科间的沟通和融合，发挥不同学科间优势互补的功能。具体途径有：

1. 开设创业教育通识课程

例如，设计一门面向所有学生的创业基础课程，以创业学科知识为中心，以理论教学和实践活动为手段，以培养学生的创业意识和创业精神为目标，涉及社会学、经济学、哲学、教育学、工程学、艺术学、农学等多个学科领域。①

① 张莉：《中国高校创业教育研究》，硕士学位论文，江苏大学，2010 年。

2. 加强创业教育与专业教育的融合

各专业学院可以通过优化人才培养方案的方式，在课程计划、课程内容及课程教学等环节融入创业教育的元素，根据学科特点设置一些特色课程，将创业教育推入专业学科教学的核心环节，才能真正培养出社会需求的全面发展人才。

3. 在全校形成跨学科创业教育的氛围

鼓励不同院系的师生从跨学科的研究视角和方法开展广泛的交流和合作。同时创业教育课程的设置和开展必须结合高校自身的特点和优势，不同类型高校、不同教育阶段的创业教育课程应梯级开设。[①]

（三）构建四位一体的创业教育课程结构体系

创业教育课程类型要根据我国的具体国情和学校的实际情况来设置，具体可分为四大类：学科课程、活动课程、实践课程和环境课程。学科课程是创业教育课程的基石，活动课程是创业教育课程有效实施的动力，实践课程是创业教育课程有效实施的关键，环境课程是创业教育课程有效实施的保证。只有将这四种创业教育课程类型有机整合，才能构建完整的创业教育课程结构体系。

1. 学科课程

学科课程的目的在于使学生掌握基本的商业知识，了解、发现、分析并解决创业过程中遇到的难题，丰富学生的社会知识和商业知识，发展学生的创新创造能力。大学生 KAB 创业教育项目于 2005 年开始在中国实施，2006 年，清华大学作为 KAB 首批试点院校之一开设了"Know About Business 大学生创业基础"（以下简称 KAB）选修课程，之后越来越多的高校开设了 KAB 选修课，有的高校甚至把 KAB 设置为必修课，如温州大学。因此 KAB 课程可以作为本科生入门或初级创业教育课程。另外，为了加强"创业学"和其他学科之间的互动和交流，可以开设创业教育专业课程，如《企业管理》《创业战略管理》《创业风险管理》《创业管理》《创业项目管理》《管理学》等。同时为了加强学生的创业意识和创业品质，发展学生的创新

① 梅伟惠：《美国高校创业教育》，浙江教育出版社 2010 年版，第 254 页。

创造力和商业知识，可以开设《风险投资》《公司财务》《法律》《知识产权管理》《管理和经济》等课程。

2. 活动课程

活动课程主要有定期邀请校外成功的企业家、风险投资家等开展创业论坛及相关的专题讲座，与学生分享创业经历、传授成功的创业或企业管理经验等；或者开展创业计划大赛，让参赛学生在团队组建、撰写创业计划书、项目选择、市场调研、现场答辩的整个过程中，学会团队合作、沟通交流、组织管理等方面的经验，积累创业方面的知识和能力；同时还要发挥创业协会和创业俱乐部的作用，让学生自行组织或开展与创业相关的活动，培养学生的兴趣和独立思考的能力。

3. 实践课程

实践课程是最能培养学生创业能力的课程形式。因此创业教育课程在内容设计上，要着重突出实践课程的比重和重要性。[①] 一方面，学校提供的“创业园”、“科技园”、“孵化器”等平台成为大学生创业的摇篮和试验田，大学生自主组建团队，选择合适的创业项目，进行筹资、管理和营销，成为真正的创业者；另一方面，学校要加强与企业的合作，为大学生提供更多参与企业经营和管理的机会。

4. 环境课程

环境课程要求学校利用好广播、宣传栏、网络平台等传播媒介，加强对创业知识、创业活动、创业政策的宣传，在校园内营造良好的创业文化氛围，把创业理念融入学校的办学理念中。同时，创业教育课程的顺利开展离不开政府和社会的支持。高校应加强与政府、社会、企业的交流与合作，完善创业教育课程设置的生态环境。

（四）创新创业教育课程的管理机构

随着创业教育课程在全校范围内的普及，单纯依靠学工部、团委或就业指导中心负责创业教育课程的实施已经不能满足创业教育的发

---

① 潘燕：《我国高校创业教育课程建设研究》，硕士学位论文，中南民族大学，2010年。

展，美国高校创业教育课程的实施模式证明，创业教育课程的实施需要有效整合校内外的教学资源。

首先，可借鉴美国“辐射模式”下的课程管理模式，如康奈尔大学。第一步，建立全校范围内的创业教育领导小组，统一负责组织和协调全校相关的创业教育工作。第二步，以商学院或经管学院为依托，成立创业教育研究中心，负责学校创业教育课程的设置及相关工作，并对创业教育展开理论和实践研究。当然，各高校可根据自身的实际状况开设创业教育研究中心，如浙江大学创业教育研究中心就以教育学院为依托，由浙江大学教育学院院长、联合国教科文组织创业教育亚洲唯一讲席徐小洲教授所带领的团队为主力，对国内外创业教育展开了一系列的探索与研究，并取得了十分可观的成就。第三步，成立科技创新实践中心，为学生打造创业实践的平台，由学生自主管理，充分发挥学生的创新实践能力。

其次，考虑到我国高校创业教育发展的实际，以及本书对高校创业教育课程需求的现状调查，建立第三方独立管理机构——创业学院，对全校的创业教育课程进行统一管理，也是推动创业教育课程发展的有效途径，如黑龙江大学创业教育学院、温州大学创业人才培养学院等。中国人民大学于 2015 年 6 月成立了创业学院，致力于打造有温度、有资源的创新创业教育。为了强化学校创新创业教育的办学特色，温州大学创业人才培养学院于 2015 年 3 月成立“众创空间”，全面推动了学校创业教育的发展与进步。

（五）完善创业教育课程的评价机制

创业教育课程评价应作为高校教学评价体系的一部分，成为衡量高校办学水平的依据之一。因此，为了保证创业教育课程评价的合理性与科学性，各高校应加大对创业教育课程评价的理论研究，完善创业教育课程评价的对象、主体和方法。

首先，坚持评价对象的完整性。一个完整的创业教育课程评价机制应包括对课程本身、授课教师及学生三者的评价。对课程本身评价的指标包括课程目标的设置是否符合学生自身和社会的发展需求、课程内容和教材选取是否科学、学时学分的设置是否合理等；对教师的评价指标主要包含两个方面，一是教师自身的创业专业知识是否扎实、综合素养是否良好；二是教学能力的好坏和教学方法的选择；对学生的评价指标主要是指学生的学业评价，如创业大赛获奖情况、发明专利情况、创业情况等，这一指标也是对课程实施效果的评价。因此对学生的评价还包括对毕业生的评价，这就需要建立毕业生的跟踪调研机制。其次，创业教育课程评价的主体应该多元化。目前我国高校创业教育课程的评价主体包括教师和学校两类，学生自身及学生家长、政府、学者、社会媒体等中介机构也应当参与进来，作为创业教育课程评价主体的一部分，从不同角度完善创业教育课程评价机制。最后，评价方法要采用定量和定性评价相结合的方式，向多样化方向发展。如开放性考试、档案袋评定、应答评价、解释性评价。

参考文献

一　专著

[1] 曹胜利、雷家骕：《中国大学创新创业教育发展报告》，万卷出版公司2009年版。

[2] 国家教育部高教司：《创业教育在中国——试点与实践》，高等教育出版社2006年版。

[3] 侯慧君、林光彬：《中国大学创业教育蓝皮书——大学生创业教育实践研究》，经济科学出版社2011年版。

[4] 赫里斯·彼得斯：《创业学》，王玉译，清华大学出版社2014年版。

[5] 黄兆信、王志强：《地方高校创业教育转型发展研究》，浙江大学出版社2013年版。

[6] 贾少华等：《成为淘宝创业的超级毕业生》，电子工业出版社2010年版。

[7] 姜彦福、张帏：《创业管理学》，清华大学出版社2005年版。

[8] [美] 安德森：《创客：新工业革命》，中信出版社2013年版。

[9] [美] 伯顿·克拉克：《建立创业型大学：组织上转型的途径》，王承绪译，人民教育出版社2002年版。

[10] [美] 卡尔·J. 施拉姆：《创业力》，王莉、李英译，上海交通大学出版社2007年版。

[11] [美] 斯劳特、莱斯利：《学术资本主义：政治、政策和创业型大学》，北京大学出版社2008年版。

[12] 廉永杰：《创业教育及比较研究》，科学出版社2006年版。

[13] 李志永：《日本高校创业教育》，浙江教育出版社2010年版。

[14] 梅伟惠:《美国高校创业教育》，浙江教育出版社 2010 年版。
[15] 牛长松:《英国高校创业教育研究》，学林出版社 2009 年版。
[16] 彭钢:《创业教育学》，江苏教育出版社 2000 年版。
[17] 钱贵晴、刘文利:《创新教育概论》，北京师范大学出版社 2009 年版。
[18] 石丹林、湛虹:《大学生创业理论与实务》，清华大学出版社 2012 年版。
[19] 苏振芳:《网络文化研究》，社会科学文献出版社 2007 年版。
[20] 谭蔚沁、林德福、吕萍:《大学生创业教育概论》，云南大学出版社 2011 年版。
[21] 吴吉义、柯丽敏:《中国大学生网络创业现状与趋势》，电子工业出版社 2010 年版。
[22] 席升阳:《我国大学创业教育的观念、理念与实践》，科学出版社 2008 年版。
[23] 宣勇:《激活学术心脏地带——创业型大学学术系统的运行与管理》，高等教育出版社 2013 年版。
[24] 佘宇等:《“村官”小政策，人才大战略——大学生村官政策评估研究》，中国发展出版社 2013 年版。
[25] 叶映华、徐小洲:《中国高校创业教育》，浙江教育出版社 2010 年版。
[26] 严中华:《社会创业》，清华大学出版社 2008 年版。
[27] 游振声:《美国高等学校创业教育研究》，四川大学出版社 2012 年版。
[28] 杨安、夏伟、刘玉:《创业管理——大学生创新创业基础》，清华大学出版社 2012 年版。
[29] 张玉利、李新春:《创业管理》，清华大学出版社 2007 年版。
[30] 中国村社发展促进会:《2015 年中国大学生村官发展报告》，中国农业出版社 2015 年版。
[31] 中华人民共和国教育部高等教育司:《高等学校创业教育经验汇编》，高等教育出版社 2011 年版。

[32] 中华人民共和国教育部高等教育司：《世界主要国家创业教育情况》，高等教育出版社2012年版。

二 期刊论文

[1] 阿莎·古达：《建立创业型大学，印度的回应》，《教育发展研究》2007年第11期。
[2] 陈浩凯、徐平磊：《印度与美国创业教育模式对比与中国的创业教育对策》，《中国高教研究》2006年第9期。
[3] 邓汉慧：《美国的高校创业教育课程设置中国》，《大学生就业》2008年第4期。
[4] 邓汉慧：《美国创业教育的兴起发展与挑战》，《中国青年研究》2007年第9期。
[5] 董世洪：《社会参与：构建开放性的大学创新创业教育模式》，《中国高教研究》2010年第2期。
[6] 丁三青：《中国需要真正的创业教育——基于"挑战杯"全国大学生创业计划竞赛的分析》，《高等教育研究》2007年第3期。
[7] 房国忠、刘宏妍：《美国创业大学生创业教育模式及其启示》，《外国教育研究》2006年第12期。
[8] 范新民：《创业与创新教育——新加坡高校教育成功的启示》，《河北师范大学学报》2014年第3期。
[9] 冯艳飞、童晓玲：《研究型大学创新创业教育质量评价模型与方法》，《华中农业大学学报》（社会科学版）2013年第1期。
[10] 高明：《斯坦福大学——美国研究型大学向创业型大学转型的典范》，《当代教育科学》2011年第19期。
[11] 黄扬杰：《国外学术创业研究现状的知识图谱分析》，《高教探索》2013年第6期。
[12] 黄扬杰、邹晓东：《新美国大学框架下的Asu创业实践》，《高等工程教育研究》2011年第6期。
[13] 黄扬杰、邹晓东：《学术创业研究新趋势：概念、特征和影响因素》，《自然辩证法研究》2013年第1期。
[14] 黄兆信等：《内创业者及其特质对我国高校创业教育的启示》，

《高等教育研究》2011 年第 9 期。
[15] 黄兆信等：《以岗位创业为导向的高校创业教育新模式》，《高等教育研究》2014 年第 8 期。
[16] 黄兆信、王志强：《论高校创业教育与专业教育的融合》，《教育研究》2013 年第 12 期。
[17] 黄兆信、曾尔雷：《以岗位创业为导向：高校创业教育转型发展的战略选择》，《教育研究》2012 年第 12 期。
[18] 黄兆信、曾尔雷、施永川：《美国创业教育中的合作：理念、模式及其启示》，《高等教育研究》2010 年第 4 期。
[19] 黄兆信等：《地方高校融合创业教育的工程人才培养模式》，《高等工程教育研究》2012 年第 5 期。
[20] 黄兆信、赵国靖、唐闻婕：《众创时代高校创业教育的转型发展》，《教育研究》2015 年第 7 期。
[21] 季学军：《美国高校创业教育的动因及特点探析》，《外国教育研究》2007 年第 3 期。
[22] 李华晶：《学者、学术组织与环境学术创业研究评析》，《科学学与科学技术管理》2009 年第 2 期。
[23] 李家华：《我国创业教育发展状况》，《中国大学生就业》2008 年第 2 期。
[24] 李世超、苏俊：《大学变革的趋势——从研究型大学到创业型大学》，《科学研究》2006 年第 4 期。
[25] 李晓华、徐凌霄、丁萌琪：《构建我国高校创新创业教育体系初探》，《中国高等医学教育》2006 年第 11 期。
[26] 李育球：《论大学教师学术创新力的基础：知识谱系能力》，《比较教育研究》2011 年第 7 期。
[27] 刘保存：《确立创新创业教育理念培养创新精神和实践能力》，《中国高等教育》2010 年第 12 期。
[28] 刘帆、陆跃祥：《中美两国高校创业教育发展比较研究》，《中国青年研究》2008 年第 5 期。
[29] 刘军仪：《创业型大学：美国研究型大学发展的新动向》，《全

球教育展望》2008 年第 12 期。
[30] 刘丽君:《美国一流大学理工创业教育与我国创业教育人才的培养》,《中国高教研究》2009 年第 5 期。
[31] 刘莉萍:《日本和新加坡创业教育比较研究及启示》,《工业和信息化教育》2015 年第 2 期。
[32] 刘林青:《创业型大学的创业生态系统初探》,《高等教育研究》2009 年第 3 期。
[33] 刘元芳、彭绪梅等:《基于创新三螺旋理论的我国创业型大学的构建》,《科技进步与对策》2007 年第 11 期。
[34] 刘原兵:《社会创业视域下日本大学社会服务的考察》,《比较教育研究》2015 年第 6 期。
[35] 卢立珏、林娟娟:《地方本科高校创业教育体系的构建——以大学生创业教育中的“温州模式”为案例》,《大学教育科学》2010 年第 2 期。
[36] 卢小珠:《创业教育的国际比较及启示》,《教育与职业》2004 年第 4 期。
[37] 雷家骕:《国内外创新创业教育发展分析》,《中国青年科技》2007 年第 2 期。
[38] 骆四铭:《学科制度与创新型人才培养》,《教育研究》2009 年第 9 期。
[39] 冒澄:《创业型大学研究文献综述》,《理工高教研究》2008 年第 27 期。
[40] 梅伟惠:《美国高校创业教育模式研究》,《比较教育研究》2008 年第 5 期。
[41] 梅伟惠、徐小洲:《中国高校创业教育的发展难题与策略》,《教育研究》2009 年第 4 期。
[42] 马陆亭:《高等教育支撑国家技术创新需有整体架构》,《高等工程教育研究》2016 年第 1 期。
[43] 马志强:《创业型大学崛起的归因分析》,《江西教育科研》2006 年第 7 期。

[44] 木志荣：《我国大学生创业教育模式探讨》，《高等教育研究》2006 年第 11 期。

[45] 倪好：《高校社会创业教育的基本内涵与实施模式》，《高等工程教育研究》2015 年第 1 期。

[46] 荣军、李岩：《澳大利亚创业型大学的建立及对我国的启示》，《现代教育管理》2011 年第 5 期。

[47] 任玥：《创业文化体系视角下的大学社会服务创新》，《比较教育研究》2008 年第 9 期。

[48] 施冠群、刘林青、陈晓霞：《创新创业教育与创业型大学的创业网络构建：以斯坦福大学为例》，《外国教育研究》2009 年第 6 期。

[49] 孙珂：《21 世纪英国大学的创业教育》，《比较教育研究》2010 年第 10 期。

[50] 施永川：《创业教育促进大学生就业问题研究》，《江西社会科学》2015 年第 5 期。

[51] 施永川：《我国高校创业教育十年发展历程研究》，《中国高教研究》2013 年第 4 期。

[52] 施永川、黄兆信、李远煦：《大学生创业教育面临的困境与对策》，《教育发展研究》2010 年第 21 期。

[53] 施永川：《大学生创业教育应为与何为》，《高等工程教育研究》2013 年第 3 期。

[54] 宋斌、王磊：《高校创业教育的现状、问题及对策》，《教育发展研究》2011 年第 11 期。

[55] 宋东林、付丙海等：《创业型大学的创业能力评价指标体系构建》，《科技进步与对策》2011 年第 9 期。

[56] 商光美：《高等院校创业教育体系的构建策略》，《福州大学学报》（哲学社会科学版）2011 年第 6 期。

[57] 文丰安：《地方高校大学生创新创业教育浅谈》，《教育理论与实践》2011 年第 5 期。

[58] 吴峰：《本科专业的创业教育——以环境科学与工程专业为例》，

《高等理科教育》2007 年第 1 期。
[59] 吴金秋：《创业教育的目标与功能》，《黑龙江高教研究》2004 年第 11 期。
[60] 吴伟、邹晓东：《德国研究型大学向创业型大学转型的改革》，《教育发展研究》2010 年第 13—14 期。
[61] 王杏芬：《后金融危机时代的研究生创新创业教育研究》，《高等教育研究》2010 年第 12 期。
[62] 王媛媛：《封闭与开放：走向学科研究与跨学科研究的统一》，《高等教育研究》2010 年第 5 期。
[63] 王正青、徐辉：《论学术资本主义的生成逻辑与价值冲突》，《高等教育研究》2009 年第 8 期。
[64] 王占仁：《英国高校职业生涯教育之启示——以英国里丁大学为个案》，《教育研究》2012 年第 7 期。
[65] 汪忠、廖宇、吴琳：《社会创业生态系统的结构与运行机制研究》，《湖南大学学报》（社会科学版）2014 年第 5 期。
[66] 向春：《创业型大学的理论与实践》，《高等工程教育研究》2008 年第 4 期。
[67] 熊华军、岳芩：《斯坦福大学创业教育的内涵及启示》，《比较教育研究》2011 年第 11 期。
[68] 徐菊芬：《创业教育——大学生社会实践新功能》，《高等理科教育》2002 年第 4 期。
[69] 许俊卿：《大学生网络商业行为调查及其成因和引导》，《青年探索》2010 年第 3 期。
[70] 徐小洲：《社会创业教育：哈佛大学的经验与启示》，《教育研究》2016 年第 1 期。
[71] 徐小洲、李志永：《我国高校创业教育的制度与政策选择》，《教育发展研究》2011 年第 11 期。
[72] 徐小洲、梅伟惠：《高校创业教育的战略选择：美国模式与欧盟模式》，《高等教育研究》2010 年第 6 期。
[73] 徐小洲、叶映华：《大学生创业认知影响因素与调整策略》，

《教育研究》2010 年第 6 期。
[74] 宣勇：《论创业型大学的价值取向》，《教育研究》2012 年第 4 期。
[75] 颜士梅：《并购式内创业维度及其特征的实证分析》，《科学学研究》2007 年第 3 期。
[76] 余新丽：《中国研究型大学创业能力研究——基于多元统计分析》，《复旦教育论坛》2011 年第 3 期。
[77] 殷朝晖、龚娅玲：《美国加州大学洛杉矶分校构建创业生态系统的探索》，《高教探索》2012 年第 8 期。
[78] 曾尔雷、黄新敏：《创业教育融入专业教育的发展模式及其策略研究》，《中国高教研究》2010 年第 12 期。
[79] 曾骊：《“网瘾学生”转型“网创人才”的教育导引》，《当代青年研究》2011 年第 2 期。
[80] 张平：《创业教育：高等教育改革的价值取向》，《中国高教研究》2002 年第 12 期。
[81] 张秀萍：《基于三螺旋理论的创业型大学管理模式创新》，《大学教育科学》2010 年第 5 期。
[82] 张帏、高建：《斯坦福大学创业教育体系和特点的研究》，《科学学与科学技术管理》2006 年第 9 期。
[83] 邹晓东：《创业型大学：概念内涵、组织特征与实践路径》，《高等工程教育研究》2011 年第 3 期。
[84] 张应强：《我国院校研究的进展、问题与前景》，《高等教育研究》2011 年第 12 期。
[85] 朱新秤：《论大学生就业能力培养》，《高教探索》2009 年第 4 期。
[86] 卓泽林、王志强：《构建全球化知识企业：新加坡国立大学创新创业策略研究及启示》，《比较教育研究》2016 年第 1 期。
[87] 祝智庭、孙妍妍：《创客教育：信息技术使能的创新教育实践场》，《中国电化教育》2015 年第 1 期。

三　学位论文

[1] 柴旭东：《基于隐性知识的大学创业教育研究》，博士学位论文，华东师范大学，2010 年。
[2] 陈艾华：《研究型大学跨学科科研生产力研究》，博士学位论文，浙江大学，2011 年。
[3] 陈晨：《基于我国创业教育的大学生成功创业问题研究》，硕士学位论文，中国地质大学，2010 年。
[4] 董晓红：《高校创业教育管理模式与质量评价研究》，博士学位论文，天津大学，2009 年。
[5] 金丽：《英国高校创业教育探究》，硕士学位论文，东北师范大学，2009 年。
[6] 李会峰：《我国大学生创业教育研究——以教育部创业教育试点校及兰州大学为例》，硕士学位论文，兰州大学，2010 年。
[7] 李晶：《组织创业气氛及其对创业绩效影响机制研究》，博士学位论文，浙江大学，2008 年。
[8] 刘文富：《人力资本对大学生创业的影响研究》，硕士学位论文，湖南师范大学，2010 年。
[9] 彭绪梅：《创业型大学的兴起与发展研究》，博士学位论文，大连理工大学，2008 年。
[10] 齐鹏：《大学生创业教育研究》，硕士学位论文，江苏大学，2010 年。
[11] 任世强：《中美大学创业教育比较研究》，硕士学位论文，西南大学，2009 年。
[12] 沈培芳：《大学生创业素质调查研究——以宁波大学为例》，硕士学位论文，华东师范大学，2010 年。
[13] 王彩华：《我国高校创业教育研究》，硕士学位论文，华东师范大学，2007 年。
[14] 王雁：《创业型大学：美国研究型大学模式变革的研究》，博士学位论文，浙江大学，2005 年。
[15] 温正胞：《创业型大学：比较与启示》，华东师范大学博士后工

作报告，2008 年。
[16] 张玲玲：《高校科研团队创新能力提升研究》，博士学位论文，大连理工大学，2010 年。

四　英文参考文献

[1] Andersson. M. , Regional Innovation Systems in Small and Medium – Sized Regions, The Emerging Digital Economy, 2006 (1) .

[2] Babson College, MBA Programs, http: //amle. aom. org/content/2/2/155, short, 2010.

[3] Bercovitz. J. , & Feldman. M. , Academic Entrepreneurs: Organizational Change at the Individual Level, Organization Science, 2008 (19) .

[4] Blanchflower D. G. , & A. Oswald, What makes an entrepreneur? Labour Economics, 1998 (1) .

[5] Bloom. G. , The Social Entrepreneurship Collaboratory (SE Lab): A University Incubator for a Rising Generation of Social Entrepreneurs, Oxford: Oxford University Press, 2006.

[6] Brennan. M. C. , & Mcgowan. P. , "Academic Entrepreneurship: an Exploratory Case Study ", *International Journal of Entrepreneurial Behaviour & Research*, 2006 (3) .

[7] Brockhaus R. , Entrepreneurship Education and Research Outside North America, The Project for Excellence in Entrepreneurship Education, 2004.

[8] Brockhaus, Robert H. , Pamela S &. Horwitz, "*The Psychology of the Entrepreneur*" Entrepreneurship: Critical Perspectives on Business And Management, 2002, 260 – 279. Eds. by Norris F. Krueger, 2ed, London, Routledge.

[9] Chang D. , Impact of venture education on entrepreneurship: Focusing on comparison between university students and junior college students, the Korean Office Automation Society, 2000 (3) .

[10] Clarysse. B. , The Impact of Entrepreneurial Capacity, Experience and Organizational Support on Academic Entrepreneurship, Research

Policy, 2011 (40) .

[11] Colyvas & Powell, From Vulnerable to Venerated: The Institutionalization of Academic Entrepreneurship in the Life Sciences, Research in the Sociology of Organizations, 2007 (25) .

[12] Commission of the European Communities, Report on the implementation of the Entrepreneurship Action Plan, Brussels, 2006.

[13] Cooper S. , Bottomley C. , & Gordon J. , "Stepping out of the classroom and up the ladder of learning: An experiential learning approach to entrepreneurship education", Industry & Higher Education, 2004 (1) .

[14] Czarnitzki. D. , "Is there a Trade – Off Between Academic Research and Faculty Entrepreneurship? Evidence from US NIH Supported Biomedical Researchers", Economics of Innovation and New Technology, 2010 (19) .

[15] Department of Education, National Center for Education Statistics, Digest of Education Statistics, 2004 (Washington, DC), http//nces. ed. gov/programs/digest/d04/index. asp, 2005.

[16] D. Este. P. , & Mahdi. S. , "Inventors and Entrepreneurs in Academia: What Types of Skills and Experience Matter?", Technovation, 2012 (32) .

[17] D. Este. P. , Mahdi. S. , & Neely. A. , Academic Entrepreneurship: What are the Factors Shaping the Capacity of Academic Researchers to Identify and Exploit Entrepreneurial Opportunities, Danish Research Unit for Industrial Dynamics Working Paper, 2010 (10) .

[18] Este. P. , & Perkmann. M. , "Why Do Academics Engage with Industry? The Entrepreneurial University and Individual Motivations", Journal of Technology Transfer, 2011 (36) .

[19] Donald F. , & Kuratko, Entrepreneurship Education in the 21'st Century: from Legitimization to Leadership, A Coleman Foundation White Paper USASBE National Conference, 2004.

[20] D. Orazio, P. Monaco, & E. Palumbo R., Determinants of Academic Entrepreneurial Intentions in Technology Transfer Process: An Empirical Test, Ssrn Electronic Journal, 2012.

[21] Dr. Habil & LászlóSzerb, Student's entrepreneurial attitudes and entrepreneurship education in 14 countries, http://ideas.repec.org/p/ags/cudawp/127271.html.

[22] Eduventures & Inc, The Education Quarterly Investment Report, Year – end Report 2000: Venture Capitalists Seek Reality, Revenues and Rational Business Models, 2001, http://www.eduventures.com.

[23] Eesley. C. E & Miller. W. F., Stanford University's Economic Impact Via Innovation and Entrepreneurship, 2010.

[24] EtzkowitzH, Research groups as "quasi – firms": the invention of the entrepreneurial university. Research Policy, 2003 (32).

[25] Etzkowitz. H., "The Second Academic Revolution and the Rise of Entrepreneurial Science", Technology and Society Magazine, IEEE, 2001 (20).

[26] European Commission, Entrepreneurship Education: A Guide for Educators, Enterprise and Industry, 2013.

[27] European Commission, Entrepreneurship Education in Europe: Fostering Entrepreneurial Mindsets through Education and Learning, Final Proceedings, Oslo, October 2006, pp. 26 – 27.

[28] Frank H., Korunka C., Lueger M., & Mugler J., Entrepreneurial orientation and education in Austrian secondary schools – status quo and recommendations, Small Business and Enterprise Development, 2003 (2).

[29] Gary Gorman, Dennis Hanlon & Wayne King, Some research perspectives on entrepreneurship education, enterprise education and education for small business management: a ten year literature view, International Small Business, 1997 (15).

[30] Gibb A., "In pursuit of a new 'enterprise' and 'entrepreneurship'

paradigm for learning: Creative destruction, new values, new ways of doing things and new combinations of knowledge", International Journal of Management Reviews, 2002 (3).

[31] Godsey, Monica L., Terrence C., & Sebora, "Entrepreneur Role Models and High School Entrepreneurship Career Choice: Results of a Field Experiment", Small Business Institute Journal, 2010 (1).

[32] Greg Dees, "The Meaning of Social Entrepreneurship" (Durham, NC: Fuqua School of Business at Duke University, 1998), http://www.fuqua.duke.edu/centers/case/documents/dees_ SE.pdf.

[33] Grimaldi. R., & Kenney. M., "30 Years After Bayh – Dole: Reassessing Academic Entrepreneurship", Research Policy, 2011 40 (8SI): 1045 – 1057.

[34] Gurau. C., Dana. L., & Lasch. F., "Academic Entrepreneurship in UK Biotechnology Firms: Alternative Models and the Associated Performance", Enterprising Communities: People and Places in the Global Economy, 2012 (2).

[35] Harry Matlay & Charlotte Carey, UCE Business School. Entrepreneurship education in the UK: a longitudinal perspective, Small Business and Enterprise Development, 2007 (2).

[36] Herrmann. W., "The Future of the European University: Issues, Entrepreneurship and Alliances, the Future of the Research University: Meeting the Global Challenges of the 21st Century", Ewing Marion Kauffman Foundation, 2008.

[37] Hiscocks & Peter, "Performance of new business ventures from the University of Cambridge", Institute for Manufacturing, http://www.ifm.eng.cam.ac.uk/ctm /teg/documents.pdf, 2005.

[38] Hurst. E., & Lusardi. A., Liquidity Constraints, Household Wealthand Entrepreneurship, Journal of Political Economy, 2004, 112 (2): 319 – 347.

[39] Hynes, Briga, Yvonne Costin & Naomi Birdthistle, "Practice –

based learning in entrepreneurship education: A Means of Connecting Knowledge Producers and Users", Higher Education, Skills and Work - based Learning, 2011 (1).

[40] Jacob. M., Lundqvist. M., & Hellsmark. H., "Entrepreneurial transformations in the Swedish university system: the case of Chalmers University of Technology", Research Policy, 2007 (9).

[41] Jason Kislin & Roy Probst, The Entrepreneurial Environment of the Lehigh Valley: A Regional Benchmarking Study, Lehigh University Community Research and Policy Service, 1999.

[42] Jensen. R., & Thursby. M., "Facilitating Academic Entrepreneurship", Analysis, 2013 (5): 1 - 17.

[43] Joannisson B., Halvarsson D '& Lovstal E', Stimulating and fostering entrepreneurship through university training—learning within an organizing context, In: Brockhaus, Entrepreneurship Education—A Global View, 2001.

[44] KarenWilson, Entrepreneurship Education in Europe, Enterpreneurship and Higher Education, 2008.

[45] Kelly Smithand Lynn M, Martin & Perry Barr, Graduate entrepreneurship education in the United Kingdom, Education Training, 2007.

[46] Kenney. M., & Goe. W. R., "The Role of Social Embeddedness in Professional Entrepreneurship: A Comparison of Electrical Engineering and Computer Science at UC Berkley and Stanford", Research Policy, 2004 (33): 679 - 844.

[47] Kirby. D. A., Urbano. D., & Guerrero. M., "Making Universities More Entrepreneurial: Development of a Model", Canadian Journal of Administrative Sciences - Revue Canadienne Des Sciences De L Administration, 2011, 28 (3SI): 302 - 316.

[48] Kirbyd, "Creating entrepreneurial universities in the UK: applying entrepreneurship theory to practice", Technology Transfer, 2006

(5) .

[49] Krueger N. , M. D. , & Reillyetal, Competing models of entrepreneurial intentions: Business Venturing, 2006 (1) .

[50] Kuratko, D. F. , Ireland, R. D. , & Hornsby, J. S. , Improving Firm Performance Through Entrepreneurial Actions: Acordia' s Corporate Entrepreneurship Strategy, Academy of Management Executive, 2001 (15) .

[51] Kwiek. M. , "Academic Entrepreneurship vs Changing Governance and Institutional Management Structures at European Universities", Policy Futures in Education, 2008 (6) .

[52] Lange & J. Eetal, Does An Entrepreneurship Education Have Lasting Value? A Study of Careers of 4. 000 Alumni, Frontiers of Entrepreneurship Research, 2011 (6) .

[53] Larse, M. T, The implications of academic enterprise for public science: an overview of the empirical evidence, Research Policy, 2011 (1) .

[54] Laukkanen M. , "Exploring Academic Entrepreneurship: Drivers and Tensions of University – Based Business", Journal of Small Business and Enterprise Development, 2003, 10 (4): 372 –382.

[55] Lazzeretti L. , & Tavoletti E. , "Higher Education Excellence and Local Economic Development: The Case of the Entrepreneurial University of Twenty", European Planning Studies, 2005, 13 (4): 475 –493.

[56] Lee, S. M. , & Peterson S. , Culture, entrepreneurial orientation and global competitiveness, World Business, http: //www. usnews. com/usnews/edu/college/rankings/business/topprogs. htm, 2000.

[57] Louise – Jayne Edwards & Elizabeth J. , Promoting entrepreneurship at the University of Glamorgan through formal and informal learning, Small Business and Enterprise Development, 2005 (4) .

[58] L. Papayannakis, I. Kastelli, D. Damigosand, & G. MavrotaS, Fostering entrepreneurship education in engineering curricula in

Greece: Experience and challenges for a Technical University, European Journal of Engineering Education, 2008 (2).

[59] Mars. M. M., "Academic Entrepreneurship (Re) defined: Significance and Implications for the Scholarship of Higher Education", Higher Education, 2010 (59): 441 – 460.

[60] Martinelli. A., Meyer. M., & Tunzelmann. N., "Becoming an Entrepreneurial University? A Case Study of Knowledge Exchange Relationships and Faculty Attitudes in a Medium – Sized, Research – Oriented University", The Journal of Technology Transfer, 2008, 33 (3): 259 – 283.

[61] Matthew M & Mars. The Diverse Agendas of Faculty within an Institutionalized Model of Entrepreneurship – Education, Entrepreneurship Education, 2007 (10).

[62] McKeown, Julie, Cindy Millman, Srikanth Reddy Sursani, Kelly Smith & Lynn M. Martin, Graduate entrepreneurship education in the United Kingdom, Education + Training, 2006 (48).

[63] Meyer, A. D., Aten, K., Krause, A. J., Metzger, M., & Land Holloway, Creating a university technology commercialization programme: confronting conflicts between learning, discovery and commercialisation goals, Entrepreneurship and Innovation Management, 2011 (2).

[64] Meyer G. Dale, Heidi M. Neck, & Michael D. MeekS, The Entrepreneurship – Strategic Management Interface: Strategic Entrepreneurship Creating a New Mindset, 2002.

[65] M. Gallant, S. Majumdarand, & D. Varadarajan, Outlook of Female Students Towards Entrepreneurship: An Analysis of a Selection of Business Students in Dubai, Education, Business and Scoiety, 2010 (3).

[66] NIRAS Consultants, Survey of Entrepreneurship in Higher Education in Europe, European Commission, Directorate General for Enterprise

and Industry, http: //foranet. dk/publicationer/rapporter. aspx? lang = en, 2008.

[67] Osborne, S. W. , Falcone, T. W. , & Nagendra, P. B. , from unemployed to entrepreneur: A case study in intervention, Development Entrepreneurship, 2000 (8) .

[68] Peterman, N. E. , & Kennedy, J, Enterprise education: Influencing students' perceptions of entrepreneurship, Entrepreneurship Theory and Practice, 2003 (2) .

[69] Pittaway, Luke, Hannon , Paul, Gibb, Allan, Thompson & John, Assessment practice in enterprise education, International Journal of Entrepreneurial Behaviour & Research, 2009.

[70] Porter & Michael E. , Location, Competition and Economic Development: Local Clusters in a Global Economy, Economic Development Quarterly, 2000 (1) .

[71] Report and Evaluation of the Pilot Action High Level Reflection Panels on Entrepreneurship Education initiated by DG Enterprise and Industry and DG Education and Culture, Towards Greater Cooperation and Coherence in Entrepreneurship Education, March 2010, pp. 92 –93.

[72] Rogers E. , Yin J. & Hoffman J. , Assessing the effectiveness of technology transfer offices at US research universities, Association of University Technology Managers, 2000 (12) .

[73] Schaper, M. T. , The impact of tertiary education courses on entrepreneurial goals and intentions, Handbook of Research in Entrepreneurship Education, 2007.

[74] Siegel, Donald S. , Reinhilde Veugelers & Mike Wright, Technology transfer offices and commercialization of university intellectual property: performance and policy implications, Oxford Review of Economic Policy, 2007 (4) .

[75] Solomon, G. T. , Duffy S. & Tarabishy A. , The State of Entrepre-

neurship Education in the United States: A Nationwide Survey and Analysis, Entrepreneurship Education, 2002 (1).

[76] The Aspen Youth Entrepreneurship Strategy Group, Youth Entrepreneurship Education America: A Policymaker's Action Guide, 2008.

[77] Thomas Hopkins Vail Consultancy and Howard Feldman University of Colorado - Boulder, Changing Entrepreneurship Education: Finding the Right Entrepreneur for the Job, Organizational Change Management, 2007.

[78] Timmons, J. A., New venture creation: Entrepreneurship for 21st century, http://www. entrepreneurship. mit. edu, 1999.

[79] Van der Sluis J., Van Praag M. & Vijverberg W., Entrepreneurship selection and performance: A meta - analysis of the impact of education in developing economies. The World Bank Economic Review, 2006 (2).

[80] Williams Middleton, Academic entrepreneurship revisited - university scientists and venture creation, Small Business and Enterprise Development, 2013 (3).

[81] World Economic Forum Switzerland, Educating the Next Wave of Entrepreneurs: Unlocking entrepreneurial capabilities to meet the global challenges of the 21st Century, 2009.

[82] Wright M., Clarysse B., Mustar P. & Lockett A., (2007a), Academic Entrepreneurship in Europe, Edward Elgar, Cheltenham, WrightM, Hmieleski, K. M., 78. Siegel, D. S. & EnsleyM. D., (2007b), The role of human capital in technological entrepreneurship, Entrepreneurship Theory and Practice, 2007 (6).

[83] Y. Güroland & A. Nuray, Entrepreneurial characteristics amongst university students: Some insights for entrepreneurship education and training in Turkey, Education + Training, 2006 (1).

附　件

调查问卷（一）
大学生创业现状调查问卷

亲爱的同学：

为深入了解高校大学生的创业状况，为政府及学校进一步做好创业工作提供决策参考，以更好地促进毕业生创业，特开展此次专项调查活动。问卷结果只用于基础科研与学术论文的撰写，不涉及任何评价或商业用途。我们保证对您所提供的一切信息保密，衷心感谢您的支持与配合！

国家社会科学基金重大招标项目课题组

填写说明：请根据实际情况直接将您的答案或所选的序号填在对应的______或（　　）内，如无特殊说明，每题只选一项。答题时如选项为“其他”，请注明原因。

第一部分　基本信息

1. 您的性别是______，民族是______。

2. 您的政治面貌是（　　）。

A. 中共党员　　B. 共青团员

C. 民主党派　　D. 群众

3. 您就读高校所在的省份是______。

4. 您所就读的学校是（　　）。

A. “985”高校　　B. “211”高校

C. 普通本科　　D. 独立学院

E. 高职高专

5. 您所就读的学校名称是______。

6. 您在读的学历为（　　）。

A. 专科（高职高专）　　B. 本科

C. 硕士研究生　　D. 博士研究生

7. 您的学制是______年。

8. 您的主修专业属于哪个学科门类？（　　）

A. 哲学　　B. 经济学

C. 法学　　D. 教育学

E. 文学　　F. 历史学

G. 理学　　H. 工学

I. 农学　　G. 医学

K. 管理学　　L. 军事学

M. 艺术学　　N. 其他

9. 您的生源地所在省份是______。

入学前您的家庭户籍所在地位于（　　）。

A. 直辖市　　B. 省会城市

C. 地级市城区　　D. 县级市城区或县城

E. 乡镇　　F. 农村

10. 您父母目前的工作单位是：父亲（　　），母亲（　　）。

A. 党政机关　　B. 国有企业

C. 外资企业　　D. 民营企业

E. 科研单位　　F. 高等教育单位

G. 中初级教育单位　　H. 医疗卫生单位

I. 部队　　J. 其他事业单位

K. 农（林、牧、渔）民　　L. 离退休

M. 无业、失业、半失业　　N. 其他

11. 职位是：父亲（　　），母亲（　　）。

A. 高层管理人员　　B. 普通管理人员

C. 技术人员　　D. 普通工人

E. 其他

12. 父母的最高学历：父亲（　　），母亲（　　）。

A. 研究生　　B. 本科生

C. 专科　　D. 高中或中专

E. 初中　　F. 小学及以下

13. 创业前，您的家庭人均年收入大约为______元，您觉得你的家庭经济状况与学校其他学生相比（　　）。

A. 很好　　B. 比较好

C. 一般　　D. 比较差

E. 很差

14. 您的学业成绩一般排在班级的前百分之______。

15. 您在校期间是否担任过学生干部（　　）。

A. 是　　B. 否

16. 您在校期间是否从事过勤工助学（　　）。

A. 是　　B. 否

第二部分　创业状况

第二部分　创业状况

1. 您的企业（公司）的创办地是______省（市）______区（县）。

2. 您是企业的（　　）。

A. 第一发起人

B. 创办的参与人

3. 您的企业是______年______月成立的，企业的人数是______人，（其中，大学生______人，合伙人______人，其他员工______人），固定资产______元，年利润______元，员工平均年收入约______元。

4. 您的企业目前的盈利状况是（　　）。

A. 利润丰厚　　　　B. 稍有盈余

C. 收支平衡　　　　D. 略有亏损

E. 亏损严重

5. 您估计，5 年后，您企业的人数可能达到______人，年利润可能达到______元。

6. 您的企业属于哪个行业（　　）。

A. 农、林、牧、渔业

B. 采矿业

C. 制造业

D. 电力、燃气及水的生产和供应业

E. 建筑业

F. 批发和零售业

G. 交通运输、仓储和邮政业

H. 住宿和餐饮业

I. 信息传输、计算机服务和软件业

J. 金融业

K. 房地产业

L. 租赁和商务服务业

M. 科学研究和技术服务业

N. 水利、环境和公共设施管理业

O. 居民服务、修理和其他服务业

P. 教育

Q. 卫生和社会工作

R. 文化、体育和娱乐业

S. 公共管理、社会保障和社会组织

T. 国际组织

7. 您创业的领域属于（　　）。

A. 与自身专业相结合的领域

B. 自己感兴趣的领域

C. 往当今热门的方向发展（如软件、网络等高科技行业）

D. 启动资金少、容易开业且风险相对较低的行业

E. 其他__________

8. 您的创业属于下面哪种形式？（可多选）（　　）。

A. 合伙投资经营，采取自我雇佣式管理

B. 加盟直营、区域代理或购买特许经营权

C. 将自身专长或技术发明通过技术入股创办企业

D. 争取创业基金投资支持进行创业项目孵化

E. 以具有创新性的设想或创意进行创业活动

F. 借助网络平台、电子商务等进行商贸交易

G. 个体独立投资经营或利用自身专长自谋职业

H. 其他__________

9. 您的企业提供的产品、技术或服务对于顾客而言是（　　）。

A. 全新的　　B. 比较新颖

C. 一般　　D. 不太新颖

E. 完全不新颖

10. 您对创业的兴趣是从什么时候开始的（　　）。

A. 一年级　　B. 二年级

C. 三年级　　D. 四年级

E. 五年级

11. 您的创业想法主要来源于（　　）。

A. 家庭影响　　B. 朋友影响

C. 传媒影响　　D. 学校创业教育影响

E. 个人自发产生　　F. 其他______

12. 促使您做出创业决策最直接的原因是（　　）。

A. 未找到合适的工作

B. 准备创业的朋友的带动

C. 家庭或学校的支持

D. 有好的创业项目

E. 想抓住好商机

F. 个人理想就是成为创业者

G. 可以获得更高收入

H. 其他________

13. 创业资金来源（可多选）（　　）。

A. 家人或亲友支持　　B. 个人积累

C. 风险投资　　D. 政府创业基金等

E. 银行贷款　　F. 与朋友或他人合资

G. 政策性贷款　　H. 私人借款

I. 其他______

14. 您认为您的创业伙伴应当具备何种素质（限选三项）（　　）。

A. 能够给予自己创业信心

B. 在资金上能够给予自己帮助

C. 与自己的性格互补

D. 熟悉法律法规

E. 具备较强的管理、领导能力

F. 具有良好的人际资源

G. 具有较强的创新能力

H. 专业知识技术较好

I. 具有较强的沟通和交际能力

J. 具有较强的挑战精神

K. 具有较强的团队合作能力

L. 其他____________

15. 您认为最佳创业时机是（　　）。

A. 在校期间（不包括毕业当年）

B. 毕业当年

C. 工作 1—3 年后

D. 自由职业 1—3 年后

E. 其他____________

16. 您认为影响创业的客观因素最重要的 3 项是（　　）。

A. 资金　　B. 政策
C. 市场环境　　D. 人脉关系
E. 就业压力　　F. 社会阅历
G. 亲朋好友意见

17. 您认为影响创业的主观因素最重要的3项是（　　）。

A. 责任感　　B. 知行统一
C. 合作意识　　D. 创新精神
E. 市场意识　　F. 兴趣爱好
G. 个人性格

18. 您认为大学生创业相对于社会其他阶层的优势是（限选三项）（　　）。

A. 年轻有活力　　B. 专业素质高
C. 学习能力强　　D. 创新能力强
E. 家庭负担轻　　F. 政策支持等多
G. 其他____________

19. 您认为造成当前大学生很少选择自主创业的最重要原因有（限选三项）（　　）。

A. 害怕承担创业风险
B. 创业与学业的矛盾
C. 缺乏好的项目或创意
D. 追求稳定就业传统观念的影响
E. 大学生普遍缺乏创业意识和创业素质
F. 创业支持环境不够好，大学生创业缺乏各个层面的有效支持
G. 缺乏社会关系
H. 缺乏足够的资金
I. 社会舆论压力影响
J. 亲友不支持创业
K. 对创业没兴趣
L. 看不到创业的美好前景
M. 其他____________

20. 您在校学习期间获取创业知识的来源是（可多选）（　　）。

A. 教师授课　　B. 活动加训练
C. 亲身实践　　D. 家庭环境
E. 同学或朋友　　F. 媒体和社会宣传
G. 阅读有关书籍　　H. 其他______

21. 您在大学的创业教育经历是（　　）。

A. 从未接受过创业教育
B. 听过一些创业课程或讲座
C. 听过很多创业课程或讲座
D. 接受过较为系统的创业教育
E. 接受过非常系统的创业教育

22. 您对高校创业教育的以下方面最满意的有（可多选）（　　）。

A. 创业课程　　B. 创业教育师资
C. 创业项目　　D. 创业竞赛
F. 创业讲座　　G. 创业辅导
H. 创业社团　　I. 创业基金
J. 创业氛围　　K. 创业科技园或孵化器
L. 创业实践　　M. 其他____________

23. 您对高校创业教育的以下方面最不满意的有（可多选）（　　）。

A. 创业课程　　B. 创业教育师资
C. 创业项目　　D. 创业竞赛
F. 创业讲座　　G. 创业辅导
H. 创业社团　　I. 创业基金
J. 创业氛围　　K. 创业科技园或孵化器
L. 创业实践　　M. 其他__________

24. 认为高校采取何种创业教育形式最好（限选三项）（　　）。

A. 创业园实训　　B. 到企业实习实践
C. KAB 教学或 ERP 沙盘　　D. 创业指导课程
E. 企业家创业讲座　　F. 专家或创业者创业讲座
G. 创业计划大赛　　H. 创业社团会俱乐部

I. 其他____________

25. 您认为下列大学生创业支持政策哪些需要进一步加强和落实（　　）。

A. 放宽市场准入条件

B. 资金扶持政策

C. 培训指导服务政策

D. 税费减免优惠政策

E. 在创业地办理落户手续

F. 提供科技创业实习基地

G. 其他______

26 您在创业过程中遇到的最大的困难（最多选三项）（　　）。

A. 个人创业能力经验不足

B. 缺乏亲友的支持

C. 团队合作的不好

D. 缺乏充足的创业信息服务

E. 难以找到合格、稳定的员工

F. 政策变动影响大

G. 市场进入门槛高

H. 难以找到合适的经营场所

I. 找不到合适的项目

J. 资金短缺

K. 用工成本高

L. 市场竞争激烈

M. 缺乏社会关系

N. 其他__________

27. 就大学生创业遇到的困难，您认为哪些方面需要加强（　　）。

A. 大学生创业基金支持

B. 社会专业机构的服务

C. 小额贷款及税收减免等政策扶持

D. 建立大学生创业孵化基地

E. 开设创业指导课程

F. 开展创业能力与实务培训

G. 宣传鼓励，营造鼓励创业的氛围

H. 学校对学生创业提供更多指导和帮助

I. 获得更多创业成功人士的经验

J. 其他__________

28. 您觉得大学生创业过程中最大的阻碍是（　　）。

A. 资金不足

B. 经验技术不足

C. 缺乏社会关系

D. 没有好的创业方向

E. 合作伙伴难找，不了解政策法规

F. 对市场的认识水平不足

G. 家人反对

H. 其他__________

29. 对于以下观点，您的态度是（请在相应框内打“√”）。

	5	4	3	2	1
	完全赞同	比较赞同	说不清楚	比较不赞同	完全不赞同
对于大学生而言，有相当多创办新公司的好机会					
对于大学生而言，创办新公司的好机会比能把握这些机会的人要多					
对于大学生而言，个人很容易把握创业机会					
对于大学生而言，创办公司的好机会在过去5年内大量增长					
大学生创业所需的资金有充足的来源					
政府对大学生创业有许多优惠政策支持					
科技园或企业孵化器等给大学生创业提供了有效支持					
大学里设置了足够的关于创业的课程和项目					
大学创业者在需要时能获得足够的关于创业的培训和指导					

续表

	5	4	3	2	1
政府和学校能够有力支持大学生研究成果的商业化					
大学生创业能够得到足够好的法律、会计、咨询等服务和帮助					
大学生创业能够得到良好的场地等的基础设施的支持					
大学生创业能够很容易地进入新市场					
大学生创业者很受学校、亲朋的理解和支持					
学校的校园文化鼓励创造、创新和创业					
我对创业很感兴趣					
我自身的创业能力很强					
大多数大学生相信创办新的企业是容易的					
许多大学生知道如何管理一家小公司					
许多大学生有创办新公司的经验					
许多大学生能对创办新公司的好机会迅速作出反应					
许多大学生有能力组织创办新公司所需的资源					
当前大学生创业的社会环境很好					
鼓励大学生创业的政策对大学生创业很有作用					
当前学校的创业教育对大学生创业帮助很大					

30. 以下能力素质中您认为对于大学生创业最重要的三个是（　　）；您在这些素质方面的现实状况是（请在相应框内打“√”）。

		很擅长	比较擅长	一般	不擅长	很不擅长
A	领导能力					
B	创新能力					
C	机遇把握能力					
D	资源整合能力					
E	实践能力					
F	学习能力					
G	逻辑分析能力					
H	人际交往能力					

续表

		很擅长	比较擅长	一般	不擅长	很不擅长
I	团队合作能力					
G	抗压能力					
K	踏实执着					
L	责任担当					
M	勇气胆识					
N	自信乐观					

31. 如果您对大学生创业、创业教育问题有更好的意见和建议，请写在下面。

____

调查问卷（二）
大学生社会创业的支持体系研究调查问卷

亲爱的同学：

您好！本问卷旨在了解大学生对于社会创业活动的看法和认知，以此关注大学生社会创业的现状和动向。问卷结果只用于基础科研与学术论文的撰写，不涉及任何评价或商业用途。我们保证对您所提供的一切信息保密，衷心感谢您的支持与配合！

国家社会科学基金重大招标项目课题组

第一部分

您的基本情况（请在相应的选项□中打“√”）

1. 性别：□男　□女

2. 学历：□专科生　□本科生　□研究生

3. 学科：□理科　□工科　□文科　□医科　□农科

4. 年级：□一　□二　□三　□四

5. 您所就读的学校：

□温州大学

□温州大学瓯江学院

□温州医科大学

□温州科技职业学院

☐温州职业技术学院

☐浙江工贸职业技术学院

☐其他__________

第二部分

社会创业（Social Entrepreneurship）又称为公益创业、社会创新或公益创新，是一种新型的创业理念，是指将社会价值与经济价值进行创造性地融合，通过采用商业化的运作模式来解决社会问题，满足社会需要的创业。

填写说明：请根据实际情况直接将您的答案或所选的序号填在对应的______或（　　）内，如无特殊说明，每题只选一项。答题时如选项为“其他”，请注明原因。

1. 您了解社会创业吗？（　　）

A. 第一次听说　　B. 听说过，但不了解

C. 了解一点　　D. 比较了解

E. 非常了解

2. 您认为社会创业的理念有价值吗？（　　）

A. 非常有价值　　B. 比较有价值

C. 一般　　D. 比较没有价值

E. 没有价值

3. 您认为社会创业的发展前景如何？（　　）

A. 发展前景不错，社会公众的接受度和参与度会越来越高

B. 发展前景不明确，随国家政策变化

C. 发展前景不好，客观的限制因素很多，公益事业需要大量资金投入

D. 不清楚

4. 您是否支持大学生创业？（　　）

A. 非常支持　　B. 比较支持

C. 比较不支持　　　D. 反对

5. 您是否支持大学生从事社会创业？（　　）

A. 非常支持　　　　B. 比较支持

C. 比较不支持　　　D. 反对

6. 对于大学生社会创业的总体评价，您认为最准确的一项是（　　）。

A. 解决社会问题，发展公益事业，帮助弱势群体

B. 将公益事业与经济活动相结合，是一种有前途的发展道路

C. 增强个人综合能力，提高个人素质，有利于解决大学生的就业创业问题

D. 社会创业是有钱人的事，对大学生来说困难重重，不提倡

7. 您认为大学生从事社会创业有哪些主要的困难？（　　）（多选题）

A. 时间、精力不够

B. 经验不足

C. 资金短缺

D. 自身的专业素养和社会责任意识欠缺

E. 家人、朋友不支持

F. 学校不够重视社会创业教育

G. 缺少社会创业的孵化与服务支持

H. 缺乏优秀、有创意的社会创业项目

I. 注册、税收等方面的政策限制

J. 公民社会不够成熟

K. 其他__________

8. 如果选择社会创业，您的社会创业动机是什么？（　　）

A. 履行公民义务，更好地服务社会

B. 实现个人价值，提高个人能力，丰富个人经验

C. 迫于传统就业或创业压力

D. 获取经济利益

9. 如果选择社会创业，您最有可能选择哪些行业和领域？（　　）

（多选题）

A. 教育文化　　　　B. 扶贫开发

C. 环境保护　　　　D. 医疗卫生

E. 老人和残障　　　F. 妇女儿童

G. 信息传输、计算机和软件

H. 其他__________

10. 驱使您选择这些行业或者领域的关键因素是（　　）。

A. 与自身专业联系紧密

B. 自己很感兴趣

C. 现实的社会需求

D. 现阶段的热门行业

E. 启动资金少、风险相对较低

F. 其他__________

11. 如果从事社会创业，您最希望得到哪些支持？（　　）（多选题）

A. 政府、企业等给予资金上的支持

B. 相关政策的出台和既有政策的告知与解读

C. 专业技能、相关培训、社会责任意识培养等社会创业教育的支持

D. 社会创业实训基地、服务中心等孵化支持

E. 亲朋好友的理解

F. 社会大众的支持

G. 其他__________

12. 您认为政府可以从哪些方面对大学生社会创业进行扶持？（　　）（可多选）

A. 对大学生社会创业制定单独的政策措施

B. 敦促各大高校重视社会创业教育

C. 为社会创业拓宽资金来源渠道

D. 制定激励大学生社会创业者的奖励方法

E. 引导鼓励大学生社会创业的舆论氛围

F. 其他__________

13. 您是否了解国家、本省、本地区有关社会创业大学生的优惠扶持政策？（　　）

A. 很了解　　　　B. 基本了解

C. 不了解　　　　D. 没听说过

14. 你认为是否应该对大学生进行社会创业的教育？（　　）

A. 不应该，社会创业并不是基础课程，对同学们帮助不大

B. 应该，社会创业是一条良好的发展道路，可以给同学一个新的发展方向

C. 应该，社会创业有自己的一套运营方式，可以拓展视野、提升素质

D. 应该，社会创业有其公益性，可以培养同学们的社会责任感

15. 您是否了解面向社会创业大学生设立的创业园、科技园、企业孵化基地等场所？（　　）

A. 完全了解，自己还参加过相关场所的活动

B. 有所了解

C. 基本不了解，学校没有设立相关场所

D. 完全不了解

16. 您希望高校对社会创业大学生提供哪些支持？（　　）（可多选）

A. 设立大学生社会创业基金，给予资金上的支持

B. 建立健全相关的孵化基地，提供社会创业实践平台

C. 解读相关的支持政策并出台相关的规定

D. 将大学生参加志愿活动、参与社会创业活动纳入学分体系

E. 加强创业教育，将社会创业纳入创业教育体系

F. 加强学生社会责任意识、公益素养的培育，培养具有公益人格的社会创业者

G. 邀请社会企业家进行交流，传递社会企业家精神与经验

H. 其他__________

17. 您认为企业、社会企业和公益组织能够给大学生社会创业提

供哪些支持？（　　）（可多选）

A. 积极与大学生社会创业者进行互动，分享优质资源与经验

B. 进行专业的知识和技能培训，举办社会创业大赛

C. 帮助学校建立健全大实践基地（创业园、科技园、企业孵化器等）

D. 企业可以提供社会创业的资金支持

E. 社会企业和公益组织可以提供公益实习机会

F. 其他__________

18. 以下是生活中常见的社会创业信息来源，请对其实施后的效果和目前的实施现状进行评估。（请在相应的选项中打“√”）

实施后的效果：

	很好	较好	一般	较差	差	不清楚
学校开设的社会创业课程或讲座						
政府、企业和公益组织及开展的活动						
校内外的社会创业组织或社团						
各类社会创业大赛						
报刊、电视、网络等媒体						

目前实施现状：

	很多	较多	一般	较少	偶尔	几乎没有
学校开设的社会创业课程或讲座						
政府、企业和公益组织及开展的活动						
校内外的社会创业组织或社团						
各类社会创业大赛						
报刊、电视、网络等媒体						

调查问卷（三）
“大学生村官”创业的社会支持体系研究调查问卷

亲爱的“大学生村官”：

您好！本问卷旨在了解“大学生村官”对于创业活动的认识、态度和参与度，以此关注“大学生村官”创业的现状和动向。请您在仔细阅读材料之后，填写本问卷。本问卷结果将只用于学术研究，不涉及任何评价或商业用途，我们保证对您所提供的一切信息保密。衷心感谢您的支持与配合！

国家社科基金重大招标项目课题组

填写说明：请根据实际情况直接将您的答案或所选的序号填在对应的______或（　　）内，如无特殊说明，每题只选一项。答题时如选项为“其他”，请注明原因。

1. 您的性别（　　）。

A. 男　　B. 女

2. 您做“大学生村官”的时间（　　）。

A. 刚到任　　B. 一年

C. 一年半　　D. 两年

E. 两年多

3. 您担任的职务是（　　）。

A. 村干部助理　　B. 镇政府助理

C. 其他__________

4. 目前您主要负责哪项工作？（　　）

A. 内勤内务值班

B. 处理村务，村支部书记、主任秘书

C. 独当一面负责某项工作

D. 远程教育管理员

E. 没有固定，随意性大

5. 您认为对创业这一活动描述最为贴近的一项是（　　）。

A. 开办、经营和管理属于自己的企业或公司

B. 开发一项前沿的科技或商业项目

C. 开创任何一项事业

D. 致力于发展和完善特定岗位或行业

6. 您是否有过创业的经历或打算？（　　）

A. 没有创业的经历和准备

B. 曾经创业

C. 准备创业

D. 正在创业

7. 对于“大学生村官”创业活动的总体评价，您认为最准确的一项是（　　）。

A. 创业非常好，能够提升“大学生村官”的综合素质，实现他们的个人价值和社会价值，带领当地村民致富

B. 创业与其他出路相比充满了未知的风险，“大学生村官”需要审时度势，谨慎行事

C. 创业只是培养小老板，“大学生村官”应该有更有价值的事情去做，这项活动不值得提倡

D. 没有看法

8. 如果选择创业，您认为影响您做出创业选择的因素有哪些？（　　）

A. 改善经济状况，获取物质财富

B. 提升个人素质，实现人生价值

C. 应对就业压力获取更多、更广阔的个人发展机会和平台

D. 获得他人和社会的尊重、肯定

E. 改善当地农村生活，带领村民致富

9. 您认为“大学生村官”创业的阻碍因素有哪些？（ ）

A. 资金短缺，集资困难

B. 实用技术欠缺，难以引进项目

C. 村民排斥或不支持，难以开展工作

D. 行业知识和经验的问题

E. 信息不畅通，难以找到门路

F. 创业优惠政策问题

G. 社会舆论环境问题

H. 对村里情况掌握欠缺

I. 村干部的态度

10. 您认为在农村创业的主要难点在哪里？（ ）

A. 没有合适的项目 B. 缺乏创业资金

C. 缺乏技术支持 D. 人员素质差，难管理

E. 市场风险波动大，难以控制

F. 其他______

11. 与当地村干部相比，您认为“大学生村官”的优势在于（可多选）（ ）。

A. 文化程度高，知识面比较广，能够帮助农民解决较多的科学、法律等问题

B. 年轻有活力，能够比较好地带动工作的气氛

C. 头脑灵活，获取有用信息能力强

D. 具有开拓创新精神

E. 有良好的组织能力

F. 有先进的管理理念

G. 能够传播先进科技、文化知识与新思想

H. 与村民无利益关系，更易获取信任与支持

I. 没什么优势

J. 其他__________

12. 与当地村干部相比，您认为自己的劣势在于（可多选）（ ）。

A. 缺乏工作经验

B. 缺乏对农村尤其是所在村的了解

C. 解决问题的实用办法少

D. 与村民的沟通太少

E. 语言表达能力差

F. 应变能力较差

G. 组织协调能力较差

H. 其他（请填写）__________

13. 如果选择创业，您的创业资金主要来源于（　　）。

A. 个人积蓄和家庭支持

B. 向朋友借

C. 政府政策支持下的相关创业贷款

D. 企业的创业帮扶基金

E. 个人的银行借贷

F. 学校的创业基金

G. 其他__________

14. 您是否了解国家、本省、本地区有关“大学生村官”的优惠扶持政策？（　　）

A. 没听说过　　B. 基本了解

C. 不了解　　D. 很了解

15. 您了解相关创业政策及信息的渠道主要包括哪些？（可多选）（　　）

A. 政府门户网站

B. 政府相关部门的宣传材料

C. 手机终端（短信、微博、微信等）

D. 学校的创业就业管理机构

E. 他人的口头传播

F. 创业信息网站

G. 其他__________

16. 您希望政府在帮扶“大学生村官”创业方面做出哪些举措？

（可多选）（　　）

A. 放宽贷款限制　　B. 引导舆论支持

C. 提供税收优惠　　D. 放宽小微企业审批及简化程序

E. 拓宽融资渠道　　F. 创业导师帮扶政策，鼓励当地企业帮扶指导“大学生村官”创业

G. 其他__________

17. 您是否曾经学习过高校开设的面向大学生的相关创业教育课程？（　　）

A. 没有听说过，学校没有开设过

B. 学校没有开设，没有学习过

C. 作为公选课有过接触

D. 系统学习过，参加过学校的创业班级培训

18. 您认为高校创业教育应该注重哪方面知识的学习？（　　）

A. 经济和商业法律法规

B. 创业心理和创业精神

C. 市场营销

D. 人际交流与沟通技巧

E. 个性化辅导

F. 财务税收

G. 其他__________

19. 您觉得当前高校创业教育课程的改革趋势是（可多选）（　　）。

A. 创新教育内容，优化课程结构，渗透到专业教学中

B. 根据我国高校实际，重组教学体系

C. 鼓励实践教学，丰富教学手段

D. 转变教学理念

E. 组成专业教师团队，专兼结合，提升师资水平

F. 其他

20. 大学期间是否曾经参与创业活动（　　）。

A. 参加过学校的职业生涯规划大赛、营销大赛等

B. 参加过省级的挑战杯等类似活动

C. 自己开过工作室

D. 没了解

21. 您是否了解面向大学生设立的创业园、科技园、企业孵化基地等场所？（　　）

A. 完全了解，自己就在相关场所创业

B. 有所了解

C. 基本不了解，学校没有设立相关场所

D. 完全不了解

22. 您希望高校在帮扶“大学生村官”创业方面做出哪些举措？（可多选）（　　）

A. 设立相关创业基金，鼓励大学生到村创业

B. 建立健全面向大学生的创业实践基地

C. 协助政府按时对“大学生村官”普及创业教育

D. 解读支持政策

E. 开展培育创业精神，做好创业心理辅导活动

F. 邀请成功企业家进行交流，传递经验

G. 其他__________

23. 您认为社会企业在帮扶“大学生村官”创业方面所起的作用是（可多选）（　　）。

A. 为“大学生村官”创业提供企业导师的指导

B. 为“大学生村官”提供创业实践基地

C. 设立当地企业创业支持基金

D. 帮助政府开展对创业“大学生村官”的技能培训

E. 其他__________

24. 当前，您多是从哪儿了解“大学生村官”的发展信息（　　）。

A. 电视新闻　　B. 报纸

C. 微信手机终端　　D. 腾讯手机终端

E. 其他__________

25. 社会舆论报道多是关于“大学生村官”哪些方面的消息（　　）。

A. 宣传“大学生村官”政绩，鼓励“大学生村官”创业

B. 宣传各地“大学生村官”政策，吸引创业投资

C. 描述“大学生村官”日常生活

D. 吐槽“大学生村官”一职

26. 您觉得当前社会舆论对于大学生村官的创业活动的大多数看法是（　　）。

A. 鼓励和支持：缓解就业压力，实现“大学生村官”更大价值

B. 批评和反对：“大学生村官”不应该做小老板，大材小用，荒废自身的高学历

C. 中立：一种合理的自我选择途径

D. 没有关注过，不了解当前的舆论动向

调查问卷（四）
大学生对高校创业教育课程的需求现状调查问卷

亲爱的同学：

您好！

感谢您抽出宝贵的时间来参与本课题的研究。本研究旨在关注大学生对高校创业教育课程的需求现状。请您在仔细阅读材料之后，填写本问卷。本问卷结果将只用于学术研究，不涉及任何评价或商业用途，我们保证对您所提供的一切信息保密，衷心感谢您的支持与配合！

国家社会科学基金重大招标项目课题组

第一部分 您的基本情况

（请在相应的选项□中打“√”）：

1. 性别：□男 □女

2. 年级：□大一 □大二 □大三 □大四 □硕士 □博士

3. 所在学校名称：____________________

4. 专业类别：□人文社科 □理工学 □信息 □农业生命环境 □医学 □经管学 □其他______

5. 您是否接受过创业教育：□是 □否

6. 您对创业教育的认识：（单选）

□　创业教育是培养将来实际创办企业的自主创业者的教育

□　创业教育是使受教育者更具社会竞争力（包括求职）同时具有创新意识和企业家精神的教育

□　创业教育是一种提升受教育者综合素质的基础教育，不一定致力于培养创业者或商业人才

□　其他________________

第二部分　关于参与高校创业教育课程的目标

根据您的真实想法，对下面每个项目的符合程度进行评分（在相应的数字上打“√”，请尽量保证打分梯度）	十分符合	很符合	比较符合	一般符合	比较不符	很不符合	十分不符
1. 您参加创业教育课程主要是为了成为自主创业者	7	6	5	4	3	2	1
2. 您参加创业教育课程主要是为了提高商业素养利于求职	7	6	5	4	3	2	1
3. 您参加创业教育课程主要是为了锻炼创新思维和能力	7	6	5	4	3	2	1
4. 您参加创业教育课程主要是为了激发创业意识	7	6	5	4	3	2	1
5. 您参加创业教育课程主要是为了寻求资源、积累人脉	7	6	5	4	3	2	1
6. 您参加创业教育课程主要是为了进入精英组织有优越感	7	6	5	4	3	2	1
7. 您参加创业教育课程主要是为了修满学校要求的学分	7	6	5	4	3	2	1
8. 您参加创业教育课程主要是为了额外补贴和荣誉	7	6	5	4	3	2	1

续表

根据您的真实想法，对下面每个项目的符合程度进行评分（在相应的数字上打“√”，请尽量保证打分梯度）	十分符合	很符合	比较符合	一般符合	比较不符	很不符合	十分不符
9. 您参加创业教育课程主要是为了跟随创业潮流避免落伍	7	6	5	4	3	2	1
10. 您参加创业教育课程主要是为了满足父母的期望	7	6	5	4	3	2	1

第三部分　对高校创业教育课程内容的需求

根据您的实际需求，对下面每个项目的需求程度进行评分（在相应的数字上打“√”，请尽量保证打分梯度）	十分符合	很符合	比较符合	一般符合	比较不符	很不符合	十分不符
1. 您很需要培养创业意识的创业基础课程	7	6	5	4	3	2	1
2. 您很需要创业专业型知识（如创业流程、融资）	7	6	5	4	3	2	1
3. 您很需要经营管理型知识（如金融、经济、法律、法规）	7	6	5	4	3	2	1
4. 您很需要创业综合素养的培养（如人际关系、公关）	7	6	5	4	3	2	1
5. 您很需要创业技能的培训（如 PS、烹饪、维修）	7	6	5	4	3	2	1
6. 您很需要政府扶持创业政策等解读	7	6	5	4	3	2	1
7. 您很需要创业心理品质培养（如合作、冒险、拼搏等）	7	6	5	4	3	2	1
8. 您很需要成功创业者经验的分享	7	6	5	4	3	2	1
9. 您很需要与专业知识结合的创业教育课程	7	6	5	4	3	2	1
10. 您很需要学校开设关于创业理论研究的课程	7	6	5	4	3	2	1

第四部分 对高校创业教育课程实施类型的需求

根据您的实际需求，对下面每个项目的需求程度进行评分（在相应的数字上打"√"，请尽量保证打分梯度）	十分符合	很符合	比较符合	一般符合	比较不符	很不符合	十分不符
1. 您很需要创业通识课程、公选课	7	6	5	4	3	2	1
2. 您很需要创业类专题讲座	7	6	5	4	3	2	1
3. 您很需要集中成体系授课的创业类班级	7	6	5	4	3	2	1
4. 您很需要沙盘模拟机会，虚拟公司运营	7	6	5	4	3	2	1
5. 您很需要创业计划大赛等形式的实践课程	7	6	5	4	3	2	1
6. 您很需要企业管理者指导的课程	7	6	5	4	3	2	1
7. 您很需要创业企业实践实习的机会	7	6	5	4	3	2	1
8. 您很需要创业者指导的课程	7	6	5	4	3	2	1
9. 您很需要创业咨询，如校方设立的创业资讯中心	7	6	5	4	3	2	1
10. 您很需要创业相关团体活动的机会，如创业类社团	7	6	5	4	3	2	1

第五部分 对高校创业教育师资的需求

根据您的实际需求，对下面每个项目的需求程度进行评分（在相应的数字上打"√"，请尽量保证打分梯度）	十分符合	很符合	比较符合	一般符合	比较不符	很不符合	十分不符
1. 您很需要学校经管类专业资深教授指导	7	6	5	4	3	2	1
2. 您很需要实际创业经验（不一定经管专业）老师指导	7	6	5	4	3	2	1

续表

根据您的实际需求，对下面每个项目的需求程度进行评分（在相应的数字上打“√”，请尽量保证打分梯度）	十分符合	很符合	比较符合	一般符合	比较不符	很不符合	十分不符
3. 您很需要企业管理者的实战经验指导	7	6	5	4	3	2	1
4. 您很需要成功创业者的经验指导	7	6	5	4	3	2	1
5. 您很需要正在初创阶段毕业创业者的经验指导	7	6	5	4	3	2	1
6. 您很需要创业相关经验的高年级在校学生的指导	7	6	5	4	3	2	1
7. 您很需要熟悉创业政策的政府工作人员或老师的指导	7	6	5	4	3	2	1
8. 您很需要就业指导中心老师的指导	7	6	5	4	3	2	1

第六部分　对创业教育课程管理的需求

根据您的直观感受，请对所在学校创业教育的需求程度进行评分（在相应的数字上打“√”，请尽量保证打分梯度）	十分符合	很符合	比较符合	一般符合	比较不符	很不符合	十分不符
1. 您认为很需要对提供创业教育课程的老师进行考核	7	6	5	4	3	2	1
2. 您认为很需要对接受创业教育课程的学生进行考核	7	6	5	4	3	2	1
3. 您认为很需要建立第三方独立考核机构	7	6	5	4	3	2	1
4. 您认为很需要建立统一管理创业教育课程的管理机构	7	6	5	4	3	2	1
5. 您认为很需要搭建跨学科交流平台	7	6	5	4	3	2	1
6. 您认为接受创业教育课程的学生很需要退出机制	7	6	5	4	3	2	1

第七部分 对高校创业教育课程的总体评价

根据您的直观感受，请对所在学校创业教育的不足进行评分（在相应的数字上打“√”，请尽量保证打分梯度）	十分符合	很符合	比较符合	一般符合	比较不符	很不符合	十分不符
1. 您认为学校提供的创业教育课程目标与您的需求不一致	7	6	5	4	3	2	1
2. 您认为学校提供的创业教育课程内容与您的需求不一致	7	6	5	4	3	2	1
3. 您认为学校提供的创业教育课程类型与您的需求不一致	7	6	5	4	3	2	1
4. 您认为学校提供的创业教育师资与您的需求不一致	7	6	5	4	3	2	1
5. 您认为学校提供的创业教育课程时间与您的需求不一致	7	6	5	4	3	2	1

《众创时代高校创业教育新探索》课题组成员

组　长：黄兆信

副组长：罗志敏　黄扬杰　王志强

成　员：刘燕楠　李炎炎　赵国靖　曲小远　曾　骊　黄蕾蕾　刁振强　王占仁　向　敏　李远煦　林爱菊　冯婵璟　郭丽莹　谈　丹　张中秋　刘丝雨　杨　义